MERCEDES-BENZ-Automobile

Heribert Hofner

MERCEDES-BENZ Automobile

Band 5

Vom 600 zum 450SEL 6.9 (1964 - 1980)

HEEL

HEEL-Verlag GmbH
Hauptstraße 354
53639 Königswinter
Tel.: 0 22 23/ 2 30 26
Fax: 0 22 23/ 2 30 28

Fotos und Zeichnungen: Daimler-Benz AG (Presseabteilung), Daimler-Benz AG (Abt. Archiv, Geschichte, Museum), Mercedes-Benz of North America, Inc., Mercedes-Benz United Kingdom, Ltd., Crayford Auto Development, Ltd., Wolfgang Fröschner, Rüdiger Kranz, Siegfried Maier, Halwart Schrader, Henoch Wider, Archiv des Autors.

Redaktion: Halwart Schrader

Gestaltung: artplan Anderle & Salewski

Druck: PDC, Paderborn
Printed in Germany

ISBN 3-89365-349-X

Inhaltsverzeichnis

S-RV 686
S-SE 267
S-RR 429

Vorwort

Der vorliegende Band 5 der BLV-Mercedes-Edition hat die Aufgabe, sich in aller Ausführlichkeit mit jenen Personenwagen auseinanderzusetzen, die aus Platzgründen aus dem chronologischen Rahmen des vierten Bandes herausgelassen werden mußten. Dazu zählen das Spitzenmodell 600 wie auch die Achtzylinder der Baureihen 108, 109 und 111. Die »kleine« Modellreihe findet hier Anschluß durch die überaus erfolgreichen »Strich-Acht«-Typen, wie die Serie 114/115 im Volksmund heißt. Auch diese verbreitete Wagenfamilie ist nun Geschichte geworden. Die Folgegeneration der S-Klasse (W 116) hat in diesem Band ebenso ihren Platz wie die – allerdings nur an den Schläfen – im Dienst ergrauten Roadster des Grundmusters 107, deren Coupé-Nebenlinie, die SLC-Reihe, bereits Liebhaberstatus erlangt hat.

Wenn das vorliegende Buch auch recht moderne Automobile zum Gegenstand hat, so wird es doch auch in vielen Fällen das Gefühl ansprechen: Neben dem Großen Mercedes, dem 600, zählen auch die schon zu Lebzeiten klassisch-antiquiert wirkenden Achtzylinder-Coupés und -Cabriolets, deren Basiskonzept bis in die ausgehenden fünfziger Jahre zurückreicht, und selbst die parallel dazu gefertigten V 8-Limousinen der Oberklasse bereits zu den ausgesprochenen Sammlerexemplaren. Auch die Konfektionscoupés der »Neuen Generation« (W 114) sind dabei, das bloße Gebrauchtwagenstadium zu verlassen, während die 1971 lancierten SL-Typen längst als »Liebhaberautos ab Werk« gelten. Und wird nicht auch der 450 SEL 6.9 als hubraumstärkster deutscher Nachkriegs-Pkw bereits als Gustostück verehrt und gehandelt?

Daß Personenwagen von Daimler-Benz erheblich früher als die Erzeugnisse der meisten vergleichbaren Fabrikate – in Kleinstserie gebaute Supersportwagen ausgenommen – zu wertstabilen automobilen Delikatessen avancieren, obwohl die Stückzahlen in vielen Fällen eher dagegensprechen, ist ein bemerkenswertes Phänomen, das einer vielschichtigen Erklärung bedarf: Einerseits mag für diese Erscheinung die den Mercedes-Typen zuzusprechende überdurchschnittliche Haltbarkeit verantwortlich sein. Zum anderen beruht sie wohl auf dem besonderen Flair dieser Marke, das von hervorragender Verarbeitungsqualität, klassisch-schönem Styling, hoher Zuverlässigkeit und individualistisch geprägter Ausstattung bestimmt ist. Natürlich spielt hier letztlich auch das Prestige eine Rolle, wobei aber zu bedenken ist, wie der Mercedes-Stern zum Statussymbol wurde. Dazu sei ein sinniger Spruch aus der Untertürkheimer Werbung zitiert: »Nicht der Stern hat das Auto berühmt gemacht, sondern das Auto den Stern.«

Die besprochenen Mercedes-Benz-Automobile dürften aber auch das Interesse automobiltechnisch orientierter Leser finden, war doch die zugrundeliegende Epoche von einem ungeheuren Zuwachs an Technologie geprägt wie keine andere zuvor. Nach der Stagnation der

Ein interessanter Größenvergleich aus dem Jahre 1966: Neben den beiden Sechshundertern wirkt der Flossen-200 geradezu zierlich.

sechziger Jahre, während der – von wenigen Ausnahmen abgesehen – die europäische Automobilindustrie auf den kurz vor dem Krieg und zu Beginn der fünfziger Jahre erworbenen Lorbeeren rastete, geriet das Untertürkheimer Know-how nun in einen kräftigen Aufwind. Während der 600 auf fast allen Gebieten der Kraftfahrzeugtechnik noch als einsamer Trendsetter fungierte, begann gegen Ende der sechziger Jahre der massive Durchbruch auf mehreren Ebenen des Serienbaus: Neue Achtzylinder mit elektronisch gesteuerter Benzineinspritzung und Transistorzündung bewiesen eine ebenso progressive Tendenz im Triebwerkbau wie die wenig später auf den Markt gebrachten dohc-Sechszylinder. Die Getriebeautomaten – lange Zeit ein Stiefkind bei Daimler-Benz – wurden von Modell zu Modell verfeinert und gewannen seitens der Klientel ungeheuer an Popularität. Fahrwerkstechnisch waren die Mercedes-Personenwagen mit den neuen Schräglenker-Hinterachsen schlagartig up to date. Erst die raffinierte Raumlenkerachse des kleinen 190 wies noch effektvollere Wege auf. Während die passive Sicherheit bei Daimler-Benz von jeher einen hohen Stellenwert einnahm, optimierte man nun auch die aktive Sicherheit in jeder Beziehung – das Antiblockiersystem mag hier stellvertretend stehen. Der erste große Ölschock von 1973 und das weltweit plötzlich stark ausgeprägte Energiebewußtsein führten auch in Untertürkheim zu einschneidenden Überlegungen, die eine verbesserte Wirtschaftlichkeit der Fahrzeuge betrafen. Nicht nur triebwerkstechnisch – hier sei an die Leichtmetall-Achtzylinder erinnert – waren Neukonzeptionen nötig, auch die Entwicklung aerodynamisch akzentuierter Karosserien war in den siebziger Jahren unabdingbar geworden.

Auch in der hier beschriebenen Epoche steuerte das schwäbische Traditionsunternehmen einen sorgfältig determinierten, glückhaften Kurs, der zum anhaltenden, sprichwörtlich gewordenen Daimler-Benz-Erfolg führte. Der Umsatz steigerte sich innerhalb von zehn Jahren von sechs auf 27 Milliarden Mark im Jahre 1978. Die Zahl der Mitarbeiter nahm im gleichen Zeitraum weltweit von knapp 100 000 auf weit über 160 000 zu. Während andere Automobilhersteller gegen Ende der siebziger Jahre unter Stagnation oder Absatzeinbußen litten, konnte die Daimler-Benz AG ihre Marktanteile im Pkw-Verkauf beharrlich ausbauen: Im Inlandsgeschäft stieg die Zulassungsrate von sieben Prozent in den ausgehenden sechziger Jahren innerhalb eines Jahrzehnts auf knapp zehn Prozent. Dabei konnte Ford in der bundesdeutschen Zulassungsstatistik vorübergehend vom angestammten dritten Platz – hinter VW-Audi und Opel – verdrängt werden. Durch eine geschickte Produktionsstrategie, die längeren Lieferfristen den Vorzug vor einer kurzsichtigen und kurzlebigen Erweiterung der Produktionskapazitäten einräumte, war man in Untertürkheim in der Lage, eine mehr als stabile Personalpolitik zu verfolgen, sich damit von Anfang an den zunehmend bedrohlichen Tendenzen des Arbeitsmarktes zu entziehen und so ein weiteres beachtenswertes Exempel strahlender Gesundheit zu statuieren.

Während die Personalwagenfertigung im Jahre 1967 eine Stückzahl von 200 000 erreichte, verließen zehn Jahre später fast doppelt so viele Mercedes-Pkw die Produktionsstätten. Dabei lag der Exportanteil bei durchschnittlich 50 Prozent. Mercedes-Fahrzeuge wurden in nahezu alle Länder der Erde ausgeführt, der Löwenanteil jedoch nach Nordamerika verschifft. Während 1952 ganze 66 Neuwagen aus Sindelfingen ihren Weg dorthin nahmen, waren es zwei Jahre später 437, im Jahre 1957 bereits 6500. 1962 liefen in den USA über 60 000 Mercedes-Benz-Personenwagen – zwanzig Jahre später befand sich in den Vereinigten Staaten und in Kanada fast eine halbe Million Exemplare des »drüben« mit einem erweiterten Image behafteten schwäbischen Qualitätsprodukts im Verkehr.

All diese großartigen Erfolge fußten zwar auf der fast ein Jahrhundert alten Tradition der ältesten Automobilfabrik der Welt, auf Serien von Rennsiegen wie in alten Tagen konnten und wollten die Untertürkheimer jedoch nicht mehr zurückgreifen, um ihr Image zu modellieren. Auch der in den sechziger Jahren erfolgreich betriebene werksseitige Rallye- und Renneinsatz der großen Limousinen wurde zum Ende der Saison 1965 eingestellt. Ausnahmen bildeten schüchterne Versuche mit einem sporadischen Wettbewerbsengagement des 300 SEL 6.3, das nur mäßigen Erfolg einbrachte. Tatkräftiger schritt man 1977 mit dem Einstieg in die Rallye-Weltmeisterschaft zur Sache: Mit einem zweifachen Sieg in der Klasse der »Großen« beim Marathon London–Sydney vermochte man einen glorreichen Einstand zu feiern. Drei Jahre lang wurden Werkswagen der Typen 280 E, 280 CE, 450 SLC und 500 SLC von Fall zu Fall bei – meist außereuropäischen – Langstreckenwettbewerben eingesetzt und fuhren ansehnliche Plazierungen ein. Mit dem Doppelsieg bei der afrikanischen Bandama-Rallye 1980 erfolgte ein strikter Schlußpfiff für den Werksmotorsport.

Mittlerweile gibt es auf dem deutschsprachigen Buchmarkt neben der BLV-Mercedes-Edition weitere Titel anderer Art zur Typengeschichte der Mercedes-Benz-Personenwagen, sowohl systematisch-tabellarischer oder vorwiegend illustrativer Natur. Ihre Daseinsberechtigung sei unbestritten; der Verfasser des vorliegenden Werkes aber darf für sich in Anspruch nehmen, selbst eine Art Quelle für historische Belange in Sachen Mercedes-Benz-Fahrzeuge von 1931 bis heute darzustellen. Alle in diesem Buch beschriebenen Fahrzeuge wurden keineswegs vom Schreibtisch aus betrachtet, die Informationen nicht aus alten Zeitschriftenartikeln oder knappen »Testfahrten« im üblichen Journalistengalopp ermittelt. Sondern, oft über längere Zeiträume, in

Klassik in Reinkultur: Ein 280 SE 3,5 Cabriolet, heute ein begehrtes Sammlerstück, vor mittelalterlicher Kulisse.

eigener Er-Fahrung gesammelt. Nicht wenige Modelle zählen (oder zählten) zu meiner Wagensammlung; ähnlich sind die Dinge bei den vorausgehenden Bänden dieser Reihe gelagert.

Bei Motorleistungs-Angaben wurde in diesem Buch – abweichend von den im Gesetz über Einheiten im Meßwesen vom Juli 1970 verankerten Normen – die alte Benennung PS an Stelle von Kilowatt benützt. Pferdestärken stellen noch immer die weitaus gebräuchlichere und verständlichere Vergleichseinheit dar und dürften in einem automobilhistorischen Buch eher am Platze sein.

Allen Fahrzeugdaten liegen die Angaben des Herstellers zugrunde. Abweichungen im Falle der Leergewichte sind möglich, da diese in hohem Maße von der gewählten Ausstattung abhängen. Die in den Tabellen aufgelisteten Werte beziehen sich ausschließlich auf die in der Bundesrepublik Deutschland ausgelieferten Personenwagen.

Last but not least gilt mein Dank den Herren Rainer Karnowski, Stanislav Peschel und Johann Koller von der Abteilung Archiv/Geschichte/Museum der Daimler-Benz AG, Frau Elvira Pott von der Daimler-Benz-Presseabteilung und meinem in der Daimler-Benz-Verkaufsorganisation tätigen Freund Rüdiger Kranz. Sie alle standen mir stets mit Rat und Tat, mit Fakten und Fotos zur Seite und halfen aus mancher Klemme. Dank sage ich auch Halwart Schrader, der mit der redaktionellen Arbeit betraut war und dabei viel Geduld bewies. Den vielen Fahrzeugbesitzern, die ihre Schmuckstücke für die Farbaufnahmen zur Verfügung stellten, sei an dieser Stelle ebenfalls meine Verbundenheit ausgesprochen.

Heribert Hofner

Man nannte ihn das beste Auto der Welt, einen Trendsetter, eine Musterkollektion der Automobiltechnik, schlichtweg den »Großen«:

Mercedes-Benz 600

Jahrzehntelang gehörte es zur Tradition von Daimler-Benz, ein von der übrigen Personenwagen-Modellpalette deutlich distanziertes Spitzenmodell im Programm zu führen, das als Staatskarosse Monarchen genauso zur Verfügung stand wie Diktatoren und demokratisch gewählten Regierungschefs, darüber hinaus auf die Crème der High Society und Wirtschaftsmagnaten zielte. Dem Modell K der zwanziger Jahre folgten im nächsten Jahrzehnt die imposanten 770 der Baureihen W 07 und W 150, als »Große Mercedes« bezeichnet. Besonders die letzte Ausführung bewies in Technik, Formgebung und Leistung international eine deutliche Vormachtstellung und manifestierte ihre Spitzenposition schon durch gigantische Ausmaße.

Nach dem Neubeginn war in den fünfziger Jahren ein Umdenken nötig geworden. Das neue Topmodell 300, von seinen Fans posthum als »Adenauer-Wagen« apostrophiert, war alles andere als ein Hubraumgigant und wies durchaus vernünftige Abmessungen auf. Dennoch galt der 300 in jenen Jahren veränderter Wertvorstellung, in denen geboten war, sich in vielerlei Hinsicht zu bescheiden, als exklusiv und einer winzigen Minderheit vorbehalten. International gesehen, konnte der Dreihunderter freilich neben seinem modernen Konzept nur das Mercedes-Image ins Gefecht des Prestigemarktes führen. Für höchste Repräsentationsansprüche wurden nicht selten die britischen Leviathane von Rolls-Royce, Bentley und Daimler oder die von Technik und Raffinement her wenig anspruchsvollen amerikanischen Superkreuzer von Cadillac, Lincoln, Packard und Imperial bevorzugt. Als der 300d im März 1962 in dem um fast 20 Prozent billigeren und trotz einer hochkarätigen Dreilitermaschine, Luftfederung und gehobener Ausstattung auf dem Großserientyp 220b basierenden 300 SE einen vorläufigen Platzhalter fand, vergrößerte sich der Abstand zur internationalen Extraklasse – weniger technologisch als imageorientiert – auf deutliche Weise, ganz ohne Zweifel.

Was auf dem Höhepunkt der Wirtschaftsblüte zur deutlich abgesetzten Nobelkarosse gereichen konnte, waren ein verschwenderisches Raumangebot, vielfältige Bedienungsautomatismen – in der zweiten Hälfte dieses Jahrhunderts wurde eine Tendenz von der chauffeurbewegten Limousine zum »Herrenfahrer«-Wagen immer ausgeprägter – und eine formale Differenzierung. Daß Daimler-Benz zu Beginn der sechziger Jahre an einem diese Kriterien erfüllenden Modell arbeitete, war ein offenes Geheimnis – der Anschluß an die automobile Deckschicht stand in greifbarer Nähe.

Im Jahre 1956 hatte ein Konstruktionsteam unter der Leitung von Friedrich van Winsen – später Chef der Karosserieabteilung – den Auftrag erhalten, eine große Repräsentationslimousine internationalen Zuschnitts zu entwickeln. Der Traum aller Ingenieure wurde Realität. Die Aufgabenstellung erfolgte nämlich ohne jegliche Restriktionen und Vorgaben; Entwicklungs- und Produktionskosten durften eine untergeordnete Rolle spielen. Das alleinige Ziel bestand darin, ein Flaggschiff, einen wirklich Großen Mercedes zu schaffen, der das gesamte Mercedes-Benz-Know-how zum Inhalt hatte.

Das Karosseriekonzept sah eine Limousine unauffällig-schlichter Linienführung vor, die in drei Radständen lieferbar sein sollte. Dabei entschied man sich frühzeitig für eine Abkehr von der Vollrahmenbauweise des 300 hin zu einer selbsttragenden Karosserie mit besonders kräftig ausgebildeter Bodengruppe. Da die Entwicklungsmannschaft völlige schöpferische Freiheit erhalten hatte, war man zu keiner Zeit auf die Verwendung oder Anpassung von Serienbauteilen angewiesen. So wurde ein vollkommen neues Triebwerk entwickelt, dessen Basisgedanke langwierigen Überlegungen entsprang. Während beispielsweise Rolls-Royce gegen Ende der fünfziger Jahre noch mit antiquierten, fast fünf Liter großen Reihensechszylindern operierte, kam in Untertürkheim ein derartiger Motor von vorneherein nicht in Frage. V 8 oder V 12 – das war die Frage. Eingehende Studien brachten schließlich die Erkenntnis, daß ein Zwölfzylinder keine nennenswerten Vorzüge gegenüber einer V 8-Maschine bot. Die amerikanischen Luxus-Automobile waren von jeher mit nahezu geräuschlos laufenden, voluminösen V 8-Aggregaten ausgerüstet, und die britische Nobelmarke aus der Grafschaft Ceshire, die von sich traditionell behauptet, die »besten Wagen der Welt« zu bauen, lieferte ihren Silver Cloud II seit 1959 schließlich ebenfalls mit einem 90-Grad-V 8 mit ohv-Steuerung. So war die Leitlinie 1959 fixiert: Das Triebwerk des Großen Mercedes sollte ein V 8 mit 5,4 Liter Hubraum, je einer obenliegenden Nockenwelle pro Zylinderkopf und Benzineinspritzung, mit der man aus dem Flugmotoren- und Rennwagenbau sowie vom

Gegenüberliegende Seite: IAA Frankfurt 1963, offizielle Vorstellung des neuen großen Mercedes 600.

Rechts: Zwei Generationen des Großen Mercedes – der 600 neben einem 770 des Jahrgangs 1940.

300 SL und 220 SE her jahrzehntelange Erfahrungen hatte, werden. Im Herbst 1962 liefen die Prototypen des Großen Mercedes im Straßenversuch, im Dezember veröffentlichte die Tagespresse Erlkönig-Fotos, die den Wagen mit der fertigen Karosserie zeigten, allerdings noch mit seitlichen Luftauslässen à la 300 SL hinter den vorderen Radausschnitten. Zu Beginn des Jahres 1963 wurde der Hubraum durch Aufbohren auf 6,3 Liter erhöht – wohl nicht ohne einen verstohlenen Seitenblick auf die 6,2 Liter des Rolls-Royce. Um die Mitte des Jahres 1963 war die Erprobung des 600, wie der Große Mercedes nun hieß, abgeschlossen. Im August waren drei Wagen der Nullserie – zwei Normallimousinen und eine Pullman-Limousine – fertiggestellt. Diese drei Vorserienexemplare verliehen dem Debüt des 600 bei der Internationalen Automobilausstellung in Frankfurt im September 1963 einen eindrucksvollen Rahmen.

Neben dem großartigen Achtungserfolg, den die Daimler-Benz AG bei der internationalen Fachwelt verbuchen konnte, erzielte der 600 bei der Frankfurter Show auch einen beachtlichen Auftragseingang. Dennoch kam die Produktion des Großen Mercedes erst mehr als ein Jahr später in Gang, da Abstimmung und Ausstattung des Wagens noch Detailarbeit erforderten.

Die Fertigungskapazität der für den 600 vorgesehenen Produktionsstätte – in der Ruhe und Weltabgeschiedenheit des Kellergeschosses unter dem Sindelfinger Karosseriewerk gelegen – war zunächst großzügig auf zehn Einheiten pro Arbeitstag festgelegt worden. Da die Herstellung des Großen Mercedes jedoch fast ausschließlich in Handarbeit erfolgte, erwies sich dann eine Fertigstellungsrate von ein bis zwei Wagen am Tag als praktikabel. Eine Normallimousine des Typs 600 erforderte eine Bauzeit von zehn bis elf Wochen, eine Pullman-Limousine benötigte von der Kiellegung bis zur Ablieferung 18 Wochen und ein Landaulet gar ein halbes Jahr. Unter diesen Umständen nimmt es nicht wunder, daß der erste 600 nicht vor Dezember 1964 zur Auslieferung gelangte. Dieser Erstgeborene ging übrigens

Röntgendarstellung des 600. Der Wagen repräsentiert ein großartiges Stück Technik.

Rechts: Armaturentafel des 600 mit axial verstellbarem Lenkrad und Fußfeststellbremse.

Rechts außen: Die Fondtüren des 600 wiesen eine Vielzahl von Bedienungselementen auf.

nicht an einen blaublütigen Besteller, sondern an einen Architekten im amerikanischen Bundesstaat Missouri.
Die manuelle Einzelanfertigung des 600 bedingte eine gezielte Auswahl und besondere Ausbildung der zuständigen Arbeitskräfte. Nur wer mindestens 15 Jahre »beim Daimler geschafft« hatte, wurde der Spezialistencrew zugeteilt. Diese Mannschaft bestand – den Mitarbeitern von Rolls-Royce oder Morgan vergleichbar – aus Handwerkern des sprichwörtlichen alten Schlages, aus hochqualifizierten Sattlern, Polsterern, Karosseriespenglern, Schreinern, die unter der Ägide von Abteilungsleiter Karl Benseler mit fast roboterhafter Präzision, aber eben auch mit der nötigen handwerklichen Flexibilität, die ein solches Produkt wie der 600 bedingte, am Werk waren.
Dabei stellte der – wie üblich – von den Untertürkheimer Fertigungsstraßen bezogene Motor ein hausinternes Zulieferteil dar. Der Achtzylinder des Baumusters M 100 war der erste Mercedes-Benz-V 8 für Serienfahrzeuge und neben dem M 165 der 1,5-Liter-Rennformel der Vorkriegszeit der zweite bei Daimler-Benz konzipierte V 8 überhaupt. Die Zylinderreihen des Graugußblocks bildeten einen Winkel von 90 Grad. Die beiden Nockenwellen waren jeweils in den Leichtmetall-Zylinderköpfen angeordnet, die Kurbelwelle lief in fünf Lagern. Die Zylinderabmessungen hatten als deutlich überquadratisch zu gelten. Bemerkenswerter war die intermittierende Saugrohreinspritzung à la 220 SE. Eine Bosch-Achtstempelpumpe dosierte die Kraftstoffmengen. Das mechanische System wurde durch eine thermostatische Start- und Warmlaufautomatik gesteuert, die auf Gaspedalstellung, Motordrehzahl, Luftdruck und Kühlwassertemperatur reagierte. Der Abspritzdruck lag bei 15 atü. Gegenüber der Direkteinspritzung des 300 SL und 300 Sc gewährleistete die zivilere Saugrohreinspritzung geschmeidigeren Motorlauf und höhere Leistung im unteren Drehzahlbereich, wobei das unterlegene Drehvermögen der Maschine, das durch die nicht optimierte Füllung bedingt war, angesichts des Hubraums und der Zweckbestimmung des M 100 durchaus nicht als Mangel in Erscheinung trat.
Eine elektrische Benzinpumpe im Wagenheck förderte den Treibstoff vom 112-Liter-Tank zur Einspritzpumpe. Eine getrennt geführte Doppelauspuffanlage sorgte für freieres Ausatmen durch die intensiv schallgedämpften Rohre.
Die Kurbelwelle trieb indirekt sieben Nebenaggregate an: den Lüfter mit thermostatisch gesteuerter Kupplung, die Wasserpumpe, eine Hydraulikpumpe für die unzähligen Servo-Gags, einen Luftkompressor für die Luftfederung und die Bremskraftunterstützung, einen Kältekompressor für die Klimaanlage und zwei 490-Watt-Drehstromlichtmaschinen von Bosch, die damals soeben auf den Markt gekommen waren und im 600 eine Art Debüt feierten. Diese wirkungsvolle Stromversorgung war durch die Vielzahl der Verbraucher des weitverzweigten 12-Volt-Bordnetzes bedingt. Kein Wunder, daß die Nebenantriebe ein Sechstel der Nettoleistung des Motors schluckten.
Das Urkonzept hatte ursprünglich einen Leichtmetall-Motorblock vorgesehen, der das Fahrverhalten günstiger beeinflußt und andererseits naturgemäß eine intensivere Wärmeableitung ermöglicht hätte. Die zu erwartende höhere Geräuschentwicklung – Leichtmetall ist erheblich »hellhöriger« als Stahlguß – erstickte diese Idee jedoch alsbald im Keime. Nach dem Willen seines geistigen Vaters, Chefkonstrukteur Professor Fritz Nallinger, sollte der völlig vibrationsfrei laufende Achtzylinder zudem gekapselt werden, um nicht einmal den Hauch eines Geräusches zur Fahrgastzelle und Umwelt durchdringen zu lassen.

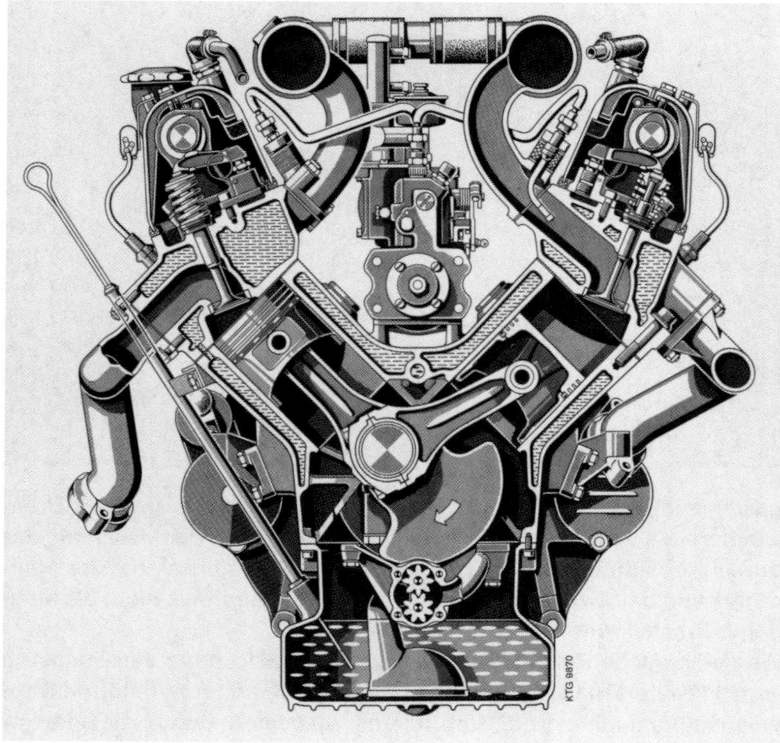

Dieses Vorhaben mußte aber wieder ad acta gelegt werden, da die Maschine damit trotz eines mit 23 Litern reichlich dimensionierten Kühlsystems zu Überhitzung neigte (erst zwanzig Jahre später konnte die Motorkapselung beim 190 D effektvoll realisiert werden). Beim 600 war aber auch ohne Dämmung von dem potenten Kraftwerk kaum mehr als ein sonores Summen zu hören.

Die Nennleistung von 250 PS stand bereits bei braven 4000/min zur Verfügung. Bei der Kraftstoffqualität war die mit 9,0:1 recht zivil verdichtete Maschine nicht wählerisch – Superbenzin mittlerer Klopffestigkeit (96 ROZ) genügte. Für einige Exportländer wurde das Verdichtungsverhältnis gesenkt, die Motorleistung gab man für diesen Fall mit 220 PS an. Das Drehmoment des 6,3-Liter-Triebwerks konnte mit 51 mkg bei einer Nenndrehzahl von 2800/min als geradezu gigantisch bezeichnet werden und übertraf damit so manchen großvolumigen Motor amerikanischer Provenienz. Bei einer spezifischen Leistung von 39,5 PS pro Liter Hubraum lag der Achtzylinder des 600 auf dem Niveau der Normalversion des Opel Kadett und konnte mit Fug und Recht als Drosselmotor bezeichnet werden – auch hier sei an die Parallele zu Rolls-Royce erinnert.

Das vierstufige Automatikgetriebe entsprach der Daimler-Benz-Praxis jener Epoche: Eine hydraulische Kupplung war mit den Planetensätzen verbunden. Die Lamellenkupplungen waren gegenüber der normalen Serienausführung verstärkt und die Zahl der Planetenräder angesichts des hohen Drehmoments der 6,3-Liter-Maschine von drei pro Satz auf sechs verdoppelt worden. Der Wählhebel befand sich an der Lenksäule. Die sonst orthodoxe Kraftübertragung wurde durch ein Sperrdifferential ergänzt.

Das Fahrwerk des 600 barg zahlreiche Innovationen und interessante Konstruktionsdetails, basierte aber im Prinzip auf der Mercedes-Benz-Großserientechnik. Die Vorderräder waren an Trapez-Dreiecks-Querlenkern aufgehängt und stützten sich gegen den Fahrschemel ab. Hinten kam die bei Daimler übliche Eingelenk-Pendelachse mit tiefliegendem Drehpunkt und Bremsmoment-Abstützung zur Anwendung. Man hatte dieser Bauart den Vorzug vor moderneren Konzeptionen eingeräumt, weil die Schwingachse eine gute Voraussetzung für optimalen Fahrkomfort bot und weil man der bei Daimler-Benz bereits in Entwicklung befindlichen hinteren Einzelradaufhängung an Schräglenkern hinsichtlich der Belange des Großwagens noch skeptisch

Rechts: Das absolute Mercedes-Spitzenmodell nach dem Zweiten Weltkrieg – der 600 Pullman in Landaulet-Ausführung.

Links außen: Querschnittszeichnung des 6,3-Liter-V8 mit der innerhalb des Zylinderwinkels plazierten Saugrohr-Einspritzung.

Links: Längsschnitt durch den Achtzylinder des 600.

gegenüberstand. Die Klassenkameraden des 600 wiesen anfangs der sechziger Jahre immerhin noch hintere Starrachsen auf...

Mit der beim 600 praktizierten Luftfederung konnte man auf die beim 300 SE erworbenen Erfahrungen zurückgreifen. Die Rollbalgfederung wurde durch Gummizusatzfedern ergänzt. Ein Novum war die Niveauregulierung mittels Steuerung der zugeführten Druckluft, die es erlaubte, die ansonsten recht geringe Bodenfreiheit des Wagens durch Betätigung eines Zugknopfes unter dem Armaturenbrett um fünf Zentimeter zu vergrößern – allerdings mit der Auflage verhaltenen Tempos. Einem Ausfall der Luftfederung, etwa durch Beschädigung eines der Luftkammer-Federbälge, konnte durch die Montage von provisorischen, mit dem Fahrzeug gelieferten Gummipuffern – allerdings unter starken Komfort-Abstrichen – begegnet werden. Im großen und ganzen erwies sich die Luftfederung des 600 zwar als ausgesprochen dauerhaft, aber eben auch wartungsunfreundlich. Durch das unvermeidliche, permanente Entweichen kleinerer Luftmengen und den deshalb in den Federkammern drohenden Druckabfall mußte ständig Außenluft angesaugt werden, die einen oft hohen Feuchtigkeitsgehalt besaß. Alle 5000 Kilometer mußte das Kondenswasser aus dem System abgelassen werden, der Filter des Luftpressers war zu reinigen. Im Winter waren eine alkoholgefüllte Frostschutzvorrichtung in Betrieb zu nehmen und die üblichen Wartungsintervalle zu halbieren.

Dennoch: Die Luftfederung ermöglichte ein unter allen Fahrbedingungen gleichbleibendes Niveau des Wagenkörpers und obendrein konstante Federwege. Auch der Stoßdämpfung war erhöhte Aufmerksamkeit geschenkt worden. Die Dämpfer konnten zunächst ab Werk in verschieden straffen Grundeinstellungen geordert werden. Durch einen Hebel links an der Lenksäule ließ sich das Absorptionsvermögen der Teleskopdämpfer dann der jeweiligen Fahrsituation und Fahrbahnoberfläche anpassen. Diese Regulierung erfolgte durch das Drucköl der zentralen Hydraulik. Zwei Torsionsstäbe ergänzten die ingeniöse Fahrwerksabstimmung des 600.

Erstaunlich wirkte zunächst, daß der Große Mercedes – auch in der Endphase seiner Karriere – nicht mit Gürtelreifen ausgerüstet wurde. Die Diagonalreifen der Dimension 9.00-15 gewährleisteten bei einer nutzfahrzeugtypischen Tragfähigkeit wesentlich besseren Abrollkomfort auf Kopfsteinpflaster und Rauhasphalt als entsprechende Radialpneus. Betriebsökonomische Faktoren wie möglichst geringer,

verbrauchsmindernder Abrollwiderstand und hohe Laufleistung spielten beim 600 ohnehin nur eine untergeordnete Rolle. Abgelegte Reifen des Großen Mercedes erfreuten sich übrigens bei den Anhängern der in Deutschland aufkommenden Buggy-Welle großer Beliebtheit – diese Dimension war das Maximum, das der TÜV damals für die Hinterräder jener VW-Käfer-Derivate erlaubte.
Für das automobilhistorische Panoptikum sei vermerkt, daß der 600 sowohl der letzte Pendelachser als auch der letzte Diagonalreifen-Konsument aus bundesdeutscher Produktion war – wenn man den Mexiko-Käfer zu den Importwagen rechnet.
Auch die Bremsanlage des 600 ist eine detaillierte Würdigung wert. Das hydraulische Zweikreissystem betätigte vier Scheibenbremsen – vorne mit je zwei Zangen – bei einer ungewöhnlichen Servounterstützung. An Stelle des üblichen durch Saugluft aufgebauten Unterdrucks verminderte der im Kompressor erzeugte Überdruck – vergleichbar mit den Bremsanlagen mittelschwerer Nutzfahrzeuge – die Pedalkraft. Bei der Druckluftversorgung rangierte die Bremse vor der Federung: Druckabfall wurde durch eine Warnlampe am Armaturenbrett signalisiert, die Bremskraftverstärkung blieb dann aber noch für längere Zeit – allerdings zu Lasten der Luftfederung – gewährleistet. Die Feststellbremse wurde, wie es bei amerikanischen Personenwagen üblich war und mittlerweile bei zwei der Hauptmodellreihen von Mercedes-Benz Usus ist, mit einem Pedal betätigt. Die Freigabe erfolgte entweder automatisch bei Einlegen einer Fahrstufe des Automatikgetriebes durch ein Ventil der zentralen Hydraulik oder durch Ziehen des Auslösehebels unter der Armaturentafel. Die hauseigene Kugelumlauflenkung verfügte über eine hydraulische Lenkhilfe und einen Lenkungsdämpfer – dem Daimler-Klischee entsprechend. Das schlicht gehaltene Lenkrad konnte durch die Entriegelung der Polsterplatte axial verstellt und somit der Körpergröße des Chauffeurs angepaßt werden. 1968 erhielt der 600 eine teleskopartig ausgebildete, stoßabsorbierende Sicherheitslenksäule mit einem Pralltopf unter dem Lenkrad, das nun ein neugestaltetes Polster ohne Chromzierat besaß.
Äußerlich bot sich der 600 in einer unverwechselbaren Mischung von Schlichtheit, Massivität und unaufdringlicher und doch eindrucksvoller Eleganz dar. Das Styling dieses gigantisches Automobils – schon die Normallimousine maß in der Länge fünfeinhalb Meter und war fast zwei Meter breit, die Pullman-Limousine hatte fast Omnibusformat – war sicher keine leichte Aufgabe, zumal man die Schaffung eines Wagens der Weltspitzenklasse, eines deutschen Flaggschiffes, vor Augen hatte. Karl Wilferts Design-Team schuf ein stilistisch zwar nicht zeitüberdauerndes, aber trotz der Übernahme von Stilelementen der hauseigenen Großserienprodukte markantes Werk. Front- und Heckgestaltung zeigten Anklänge an die 220 SE- und 300 SE-Coupés und -Cabriolets. Dagegen erwies sich die Fahrgastzelle als formal absolut eigenständig: Hohe, großflächige Fenster, ein auffällig flaches, abgekantetes Dach und schmale Pfosten kompensierten durch ein nahezu graziles Erscheinungsbild die Schwere der ungegliederten Karosserieflanken. Die Windschutzscheibe folgte noch einer bereits abklingenden Modeströmung und war als Panoramascheibe ausgebildet. Das dritte Seitenfenster war unabdingbarer Bestandteil eines Wagens dieses Genre.
Die sachliche Linienführung des Großen Mercedes strahlte erheblich mehr Ruhe und Zurückhaltung aus als die barocke Blechfülle transat-

Rechts: Natürlich konnte der 600 auch mit Autotelefon und Diktiergerät ausgerüstet werden.

Rechts außen: Fond eines 600 Landaulet mit Klappsitzen und massiver Mittelkonsole, die mit Fernseher, Klimaanlage, Kassettenrekorder und Telefon ausgestattet ist.

Links unten: 600 und 600 Pullmann auf eindrucksvoller Demonstrationsfahrt.

lantischer Konkurrenzmodelle; die aristokratisch-distanzierte, letztlich vom Konservatismus geprägte Formgebung britischer Top-Modelle wurde hingegen nicht erreicht. Daß sich am 600 die Geister der Beschauer schieden, lag vor allem aber am üppigen Zierat der Karosserie. Die durchwegs aus Messing gefertigten, von Hand angepaßten und in der betriebseigenen Galvanisierabteilung dick verchromten Fensterrahmen, Verkleidungsbleche und Radlauf-Zierleisten sollten offensichtlich in Ergänzung der vornehm-schlichten Blechgestaltung einen gewissen Wohlstand dokumentieren. Der etwas zu heftig dosierte Metallschmuck konnte – mehr oder weniger bösartig – mit dem Attribut »protzig« belegt werden, wirkte nur bei einem hell lackierten Wagen dezenter.

Vom ursprünglichen Vorhaben, den 600 in drei verschiedenen Radstandsvarianten anzubieten, war man gegen Ende der Projektierungsphase abgerückt. Zunächst umfaßte die Ausführungspalette die Normallimousine mit 3200 mm Radstand und die viertürige Pullman-Limousine, bei der zwischen beiden Türen praktisch ein siebzig Zentimeter langes Zwischenstück mit einem weiteren Seitenfenster eingeschoben worden war, mit einem Radstand von 3900 mm. Die anfangs vorgesehene kompaktere Limousine mit einem auf 3050 mm verkürzten Achsabstand war gestrichen worden. Im März 1965 kam indessen eine sechstürige Version der Pullman-Limousine hinzu, bei der die zur Streckung eingesetzten Seitenpaneele durch ein weiteres – natürlich entsprechend schmales – Türpaar ersetzt wurden. Eine weitere Ergänzung erfolgte im April 1965 durch das viertürige Landaulet auf dem langen Radstand – eine Aufbauform alten Stils, ein Paradewagen, bei dem die hintere Dachhälfte cabrioletartig zu öffnen war, während Fahrersitz und mittlere Sitzreihe bedeckt blieben. Ein kurzzeitig geplantes Landaulet auf Basis der Normallimousine wurde nicht realisiert. Für Sonderaufbauten fremder Hersteller standen – zumindest theoretisch – teilkarossierte Fahrgestelle beider Radstände zur Verfügung, laut Baumusterliste für Krankenfahrzeuge vorgesehen. Auf dem kürzeren Radstand entstand ein King-Size-Bestattungswagen beim Bremer Karossier Pollmann.

Das Interieur des Typs 600 bot sich, wie die Schweizer *Automobil Revue* schrieb, in »gedämpfter Pracht« dar – nichts von Detroiter Glitzerornamentik, aber auch nichts von altenglischer Kaminzimmer-Atmosphäre. Polierte, mehrfach versiegelte Edelhölzer, aus denen beispielsweise der Instrumententräger oder die Fensterschlüssel bestanden, und erstklassiges, handvernähtes Leder trugen zu jener »qualitätsvollen Schlichtheit« bei, wie Reinhard Seiffert das Flair des 600 einmal in *auto, motor und sport* umschrieb. Hochwertige Materialien und ein nicht zu überbietender Fertigungsstandard dominierten über jegliches oberflächliche Showgebaren. Edelholzfurnier am Armaturenbrett, Veloursteppiche im Fußraum, Boucléauslage im Kofferraum, Spanngardinen an den hinteren Seitenscheiben und am Rück-

600 Landaulet mit Pariser Zulassung. Heute befindet sich der Wagen im Besitz eines amerikanischen Sammlers.

fenster – das alles zeugte von der Philosophie der Mercedes-Qualität. Dagegen stellte die Komfortausrüstung des Großen Mercedes ein Konglomerat technischer Delikatessen dar. Das Außenluftthermometer, das auf überraschende Straßenglätte hinwies, vier Zigarettenanzünder, die Dreiklangfanfare mit umschaltbarem Starktonhorn, die von innen einstellbaren Außenspiegel waren ebenso wie die an 13 Stellen des Interieurs plazierten Leuchten und die mit Verzögerungsschalter arbeitende Einstiegsbeleuchtung, die zehn Sekunden nach Schließen der Türen verlöschte, noch alltägliche Accessoires der Luxusklasse. Als bahnbrechend muß hingegen die zentrale, über eine Drucktastengruppe beeinflußte Komforthydraulik gelten: Eine Hochdruckpumpe versorgte über einen Druckspeicher ein weitverzweigtes Leitungsnetz mit Spezialöl. Neben der Stoßdämpferverstellung und dem Lösen der Feststellbremse besorgte dieses System eine Vielzahl hilfreicher Tätigkeiten. Es zog die Türen ins Schloß, öffnete und schloß die Seitenfenster, betätigte die Heizungs- und Lüftungsklappen, verstellte die Sitze in Längsrichtung und Höhe und – auch im Fond – deren Lehnenneigung, öffnete und schloß den Kofferdeckel und bot gar Servounterstützung für das Bewegen des Getriebewählhebels. Der Druckvorrat reichte bei stehendem Motor für einige Vorgänge. Alle Aktionen vollzogen sich nahezu geräuschlos. Ein weiterer Vorzug der zentralen Hydraulik war ihre Zuverlässigkeit.
Erstmals wandte Daimler-Benz beim 600 die unterdruckgesteuerte Zentralverriegelung an. Mit einem Schließvorgang wurden alle Türen sowie Kofferdeckel und Tankklappe versperrt. Heizung und Lüftung stellten eine ausgeklügelte Anlage dar, die sich allerdings in der Praxis als weniger wirkungsvoll erwies. Chauffeurabteil und Fond verfügten über getrennte Systeme mit je einem Gebläse. Vorne waren zwei und hinten ein weiterer Wärmeaustauscher vorgesehen. Die Temperaturregelung erfolgte elektronisch. Während sich die Heizung sehr wirksam zeigte, wurde die Frischluft indessen nicht gleichmäßig genug im Wagen verteilt.
Die Pullman-Limousine war serienmäßig mit einer Trennwand mit hydraulisch versenkbarer Scheibe ausgerüstet. Während die viertürige Version entweder zwei mittlere Klappsitze mit Armlehnen oder zwei komfortablere Fauteuils in Vis-à-vis-Anordnung besaß, waren beim Sechstürer zwei Klappsitze in Fahrtrichtung angeordnet. In die Separation waren Schwenktische mit indirekter Beleuchtung und zwei Schränkchen integriert, eine Erfrischungsbar und ein Necessairefach, deren Deckel als weitere Ablagen benützt werden konnten.
Testberichte über den Großen Mercedes bedeuteten delikates Lesevergnügen. Die Fahreigenschaften des 600 stachen vom Standard der Top-Klasse derart vehement ab, daß die Fachkritiker in aller Welt zu Begeisterungsstürmen hingerissen wurden. Selbst auf engen, kurvenreichen Straßen ließ sich der 600 wie ein Sportwagen bewegen, auch bei nasser Fahrbahn. Die hervorragende Bodenhaftung der Räder, das absolut neutrale Fahrverhalten, der unbeirrbare Geradeauslauf und die Seitenwind-Unempfindlichkeit stellten den Ertrag ausgefeilter Fahrwerksabstimmung dar und bewiesen, daß man die Pendelachse fest im Griff hatte. Die Bremsen konnten auch bei Parforcejagden nicht überfordert werden. Angesichts der Leistungsfähigkeit und des Wagengewichts – das zulässige Gesamtgewicht belief sich auf 3050, beim Pullman gar auf 3280 kg – grenzte die Fadingfreiheit an ein Wunder. Bemerkenswert ist, daß sich der riesige 600 Pullman, der zur Zeit seines Erscheinens als längster Serien-Personenwagen der Welt galt und in dieser Disziplin selbst den Cadillac Fleetwood 75 um 2,5

Zentimeter schlug – genauso sicher, exakt und nicht zuletzt sportlich zu fahren war wie sein kürzeres Pendant.
Im Fahrkomfort zeigte sich der 600 den Vergleichsmodellen von Rolls-Royce und Cadillac überlegen. Bodenwellen und Unebenheiten des Fahrbahnbelags wurden unmerklich geschluckt – auch bei Langsamfahrt. Nachschwingungen und Kurvenneigung des Aufbaus waren kaum feststellbar. Dabei konnte von einer weichen Federung durchaus keine Rede sein – die Gesamtabstimmung war eher als stark gedämpft anzusprechen. Das betraf auch die Akustik: Mechanische Lautstärke und Windgeräusche waren bis in den Hochgeschwindigkeitsbereich hinein kaum wahrnehmbar.
Auch die Fahrleistungen bewegten sich auf Sportwagenniveau, wobei die Pullman-Limousine kaum hinter der Normalversion zurückstand. Die vom Hersteller mit 205 km/h angegebene Höchstgeschwindigkeit wurde in den meisten Tests übertroffen. Die Beschleunigung ließ nichts von der schwergewichtigen Beschaffenheit dieser Giganten erahnen: Zehn Sekunden für den Sprint aus dem Stillstand auf 100 km/h waren damals ein hervorragender Wert. Ein Verbrauchswunder vermochte der 600 unter all diesen Gesichtspunkten allerdings nicht zu sein. 25 bis 30 Liter Superkraftstoff für 100 Kilometer Fahrstrecke waren kaum zu unterbieten, wenn man das Leistungspotential des Wagens nur halbwegs ausnützte. Da schrumpfte der Aktionsradius trotz des 112-Liter-Tanks auf 350 bis 450 Kilometer – einem Kleinwagen war die rollende Residenz in dieser Hinsicht nicht überlegen.
Als der 600 im September 1963 in Frankfurt vorgestellt wurde, hatte man die Preise mit 49 000 Mark für die Normalausführung und 56 000 Mark für den Pullman angegeben. Bei Serienanlauf kosteten die beiden Hauptversionen dann 56 500 bzw. 63 500 Mark. Im Jahre 1969 wurden die Preise um mehr als 4000 Mark angehoben. Im Vergleich zum Rolls-Royce Silver Shadow, der mit 91 580 Mark zu Buche schlug, konnte der 600 als geradezu preisgünstig gelten.
Das Landaulet erforderte in Basisausstattung einen Aufpreis von 50 000 Mark auf den Preis des Pullman. Ständige, inflationsangepaßte Preiserhöhungen führten schließlich zu der stolzen Summe von 157 296 Mark, für die der »kurze« 600 am Ende seiner Laufbahn zu haben war. Diese Preise, sofern sie überhaupt offiziell angegeben wurden, stellten Basistarife dar, da kaum ein Fahrzeug ohne zuschlagpflichtige Sonderausstattung ausgeliefert wurde. Dagegen beinhalteten die Verkaufspreise eine ansehnliche Kollektion an Spezialwerkzeugen und sogar einigen Hauptverschleißteilen, auch einen zweitägigen Schulungskurs für künftige 600-Chauffeure im Werk.
Umfangreich war der Katalog der für den 600 lieferbaren Sonderausrüstung. So war auch der Normal-600 mit einer Trennwand erhältlich. Ein angepaßter Standard-Koffersatz zählte ebenso zu den Extras wie Polstersessel im Fond, ein Kühlschrank oder Fernsehgerät. Gegen Aufpreis waren getönte Scheiben, ein Autotelefon, ein Diktiergerät oder eine Gegensprechanlage lieferbar. Wahlweise konnte der 600 nicht nur mit einem Autoradio im Armaturenbrett und automatischer Motorantenne, sondern auch mit einem zusätzlichen Receiver im Fond ausgerüstet werden. Ein von der zentralen Hydraulik betätigtes Stahlschiebedach war beim Fünfsitzer über den Vordersitzen, beim Pullman über dem Wagenfond plaziert. Auch ein elektrischer Rasierapparat in der hinteren Mittelarmlehne war einer der vielen Gags, die man der Sonderausstattungsliste entnehmen konnte. Dieses Register setzte aber dem Anspruchsniveau und auch der Phantasie des Käufers keine Grenzen: In Sindelfingen war man flexibel genug, auch ausgefallenen Wünschen Rechnung zu tragen und einen 600 in Lackierung, Innenarchitektur und Ausrüstung individuell zu gestalten, je nach Gusto des Bestellers. Nicht selten kam dann ein Pullman auf einen Endpreis von einer Viertelmillion Mark . . .

Links außen: Derart reichhaltig konnte der Fond des 600 Pullman ausgestattet werden. Da blieb kein Wunsch mehr offen.

In der ersten Promotion-Anzeige, die den Großen Mercedes im Jahre 1962 dem Publikum präsentierte, hieß es, der Typ 600 diene »in erster Linie den besonderen Verpflichtungen und Aufgaben führender Persönlichkeiten aus Politik, Wirtschaft und Kultur«. Inwieweit konnten die angesprochenen Zielgruppen tatsächlich erreicht werden? Heute steht fest, daß kein Staatschef einer der traditionellen Automobilnationen einen 600 zu seinem Fuhrpark zählte. Nicht einmal in seinem Mutterland fand er Zugang zur Regierungsflotte: Als die legendären Staatskarossen vom Typ 300 zur Zeit der Großen Koalition ersatzbedürftig wurden, folgte ihnen nicht das Mercedes-Topmodell. Die Bundesregierung beschied sich auf die Typen der S-Klasse. Lediglich hohen Staatsgästen stand der Sechshunderter – als Pullman-Limousine oder Landaulet – zur Verfügung. Dabei handelte es sich aber um Leihfahrzeuge, die im Besitz der Daimler-Benz A. G. verblieben.
Dafür erfreute sich der Große aus Schwaben regen Zuspruchs bei den Staatsspitzen Zyperns, Ghanas, Kenias, Indonesiens, der Türkei und

Rumäniens – das südosteuropäische Ostblockland erwarb eine ganze Flotte. Auch der Große Vorsitzende Mao erwies sich als 600-Fan und importierte über Hongkong ein Geschwader von elf Wagen. Marschall Tito von Jugoslawien und Präsident Bourghiba von Tunesien bevorzugten die Landaulet-Version. Auch in die Marställe gekrönter Häupter hielt der 600 Einzug: Die Königshäuser von Belgien, Marokko und Thailand, das Fürstenhaus von Liechtenstein, der Schah von Persien und Prinz Aga Khan bedienten sich des größten Mercedes. Der Heilige Stuhl orderte ein speziell für die Zwecke des Vatikans ausgerüstetes Landaulet, das die berühmte päpstliche Nummer SCV 1 erhielt. Wirtschaftsmagnaten und Prominente aus der Welt der Hochfinanz wie Nubar Gulbenkian, der Oppenheimer-Clan, Marcel Dassault oder Onassis waren ebenso 600-Eigner wie die Leinwandstars William Holden, Michèle Mercier und Bryan Forbes. Große Namen aus dem Reich der klassischen Musik – beispielsweise Herbert von Karajan, Rudolf Schock oder Peter Hofmann – befanden sich genauso unter den 600-Käufern wie populäre Vertreter der leichteren Muse wie Elvis Presley, Reinhard Mey, Udo Jürgens oder Danyel Gérard.

Trotz der Unzahl prominenter 600-Besitzer blieb die Karriere des Super-Daimler nicht ungebrochen. Sein stärkstes Jahr erlebte er gleich zu Beginn seines Lebenslaufes: 1965 verließen 408 Sechshunderter die Sindelfinger Endmontage, darunter 63 Wagen auf langem Radstand. Danach pendelte sich die Jahresproduktion bei durchschnittlich 200 Einheiten ein, wobei die lange Version einen Anteil von etwa 20 bis 30 Prozent besaß. Beim ersten weltweiten Energieschock im Krisenjahr 1973 fiel die Produktion des 600 rapide ab. 1974 wurde noch ein Wagen pro Woche fertiggestellt, fünf Jahre später nur mehr ein Exemplar in zwei Wochen. Im Jahre 1977 wurde aufgrund verschärfter Bestimmungen der offizielle Export nach Großbritannien und in die USA eingestellt. Gegen Ende der siebziger Jahre erwies sich die Produktion des 600 aus kaufmännischer Sicht als überkommen – kein Wunder, daß der Große Mercedes zu dieser Zeit bereits als

Servobetätigungen beim 600:
1 Trennscheibe
2 Schiebedach
3 Sommerlüftung
4 Fahrerfenster rechts
5 Schiebedach
6 Fondfenster rechts
7 Sitzverstellung
8 Heckdeckelschloß
9 Türschließen
10 Sitzverstellung
11 Fondfenster links
12 Trennscheibe
13 Fahrertürschloß
14 Verstellung der Vordersitze
15 Fondfenster rechts
16 Fondfenster links
17 Fahrerfenster rechts
18 Fahrerfenster links
19 Stoßdämpfer.

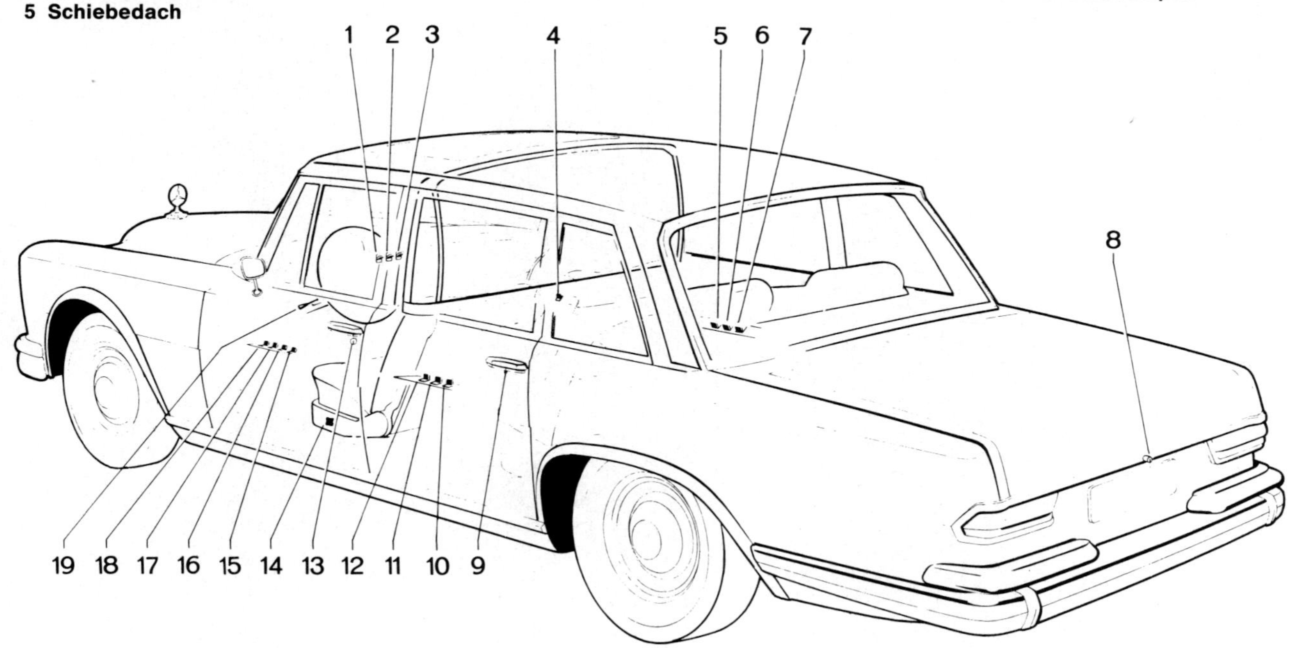

Links: Meist erhielten die 600 Pullman hellere, leichtere Farbtöne als das formelle Schwarz.

totgesagt galt und in Katalogen und Preisverzeichnissen nicht mehr erwähnt wurde. Für die abnehmende Nachfrage waren letztlich auch soziologisch begründete Gesichtspunkte verantwortlich: Bei der vermögenden internationalen Oberschicht setzte ein Wandel ein – Understatement ersetzte Repräsentation, Exponieren und Zur-Schau-Stellen begannen einer gewissen Tarnung zu weichen. Die Epoche der Superautomobile zeigte morbide Symptome, der Markt wurde kleiner. Dazu kam, daß der 600 in seinem Gesamtkonzept nun doch allmählich Patina ansetzte.

Ein deutlich überarbeiteter Nachfolger hatte auf den Reißbrettern längst konkrete Gestalt angenommen. Ein Vorstandsbeschluß wies jedoch in eine andere Richtung: Das Top-Modell 500 SEL der Baureihe W 126 wurde für geeignet befunden, das oberste automobile Statussymbol einer veränderten Welt zu verkörpern. Damit war der 600 für die Stuttgarter passé.

Im Mai 1981 wurde die Produktion des letzten Großen Mercedes eingestellt. In knapp siebzehnjähriger Bauzeit waren 2677 Einheiten – 2190 Limousinen auf Normalradstand, 428 Pullman-Limousinen und 59 Landaulets. Davon waren 44 Wagen gepanzert worden – eine Parallele zum Vorgänger 770 der ausgehenden dreißiger Jahre. Der letzte 600, der das Sindelfinger Souterrain verließ, war auf firmeninternen Auftrag hin gebaut worden – sozusagen als Archivstück. Er steht heute im Depot des Daimler-Benz-Werksmuseums. Auf dem normalen Gebrauchtwagenmarkt wurde der 600 nur in ganz seltenen Fällen gehandelt und war dort auch nur schwer an den Mann zu bringen; um so größer wurde in den achtziger Jahren die Nachfrage nach Superexemplaren seitens betuchter Sammler. Etliche 600 wurden in Kalifornien eingemottet, andere fanden ihren Weg in japanische Garagen. Ein Großteil der 2677 Sechshunderter ist sicher noch am Leben.

Der 600 glänzte mit einem überdurchschnittlich hohen Exportanteil. Zwei Drittel, zuweilen sogar drei Viertel der Jahresproduktion wurden ausgeführt. An der Spitze der ausländischen Zielgebiete standen die USA, Saudi-Arabien, die Staaten der Golfregion, Großbritannien, die Schweiz und Frankreich. In die Vereinigten Staaten wurden fast doppelt so viele Sechshunderter verkauft wie im Inland!

Auf der Basis des Großen Mercedes wurden – meist im Auftrag von

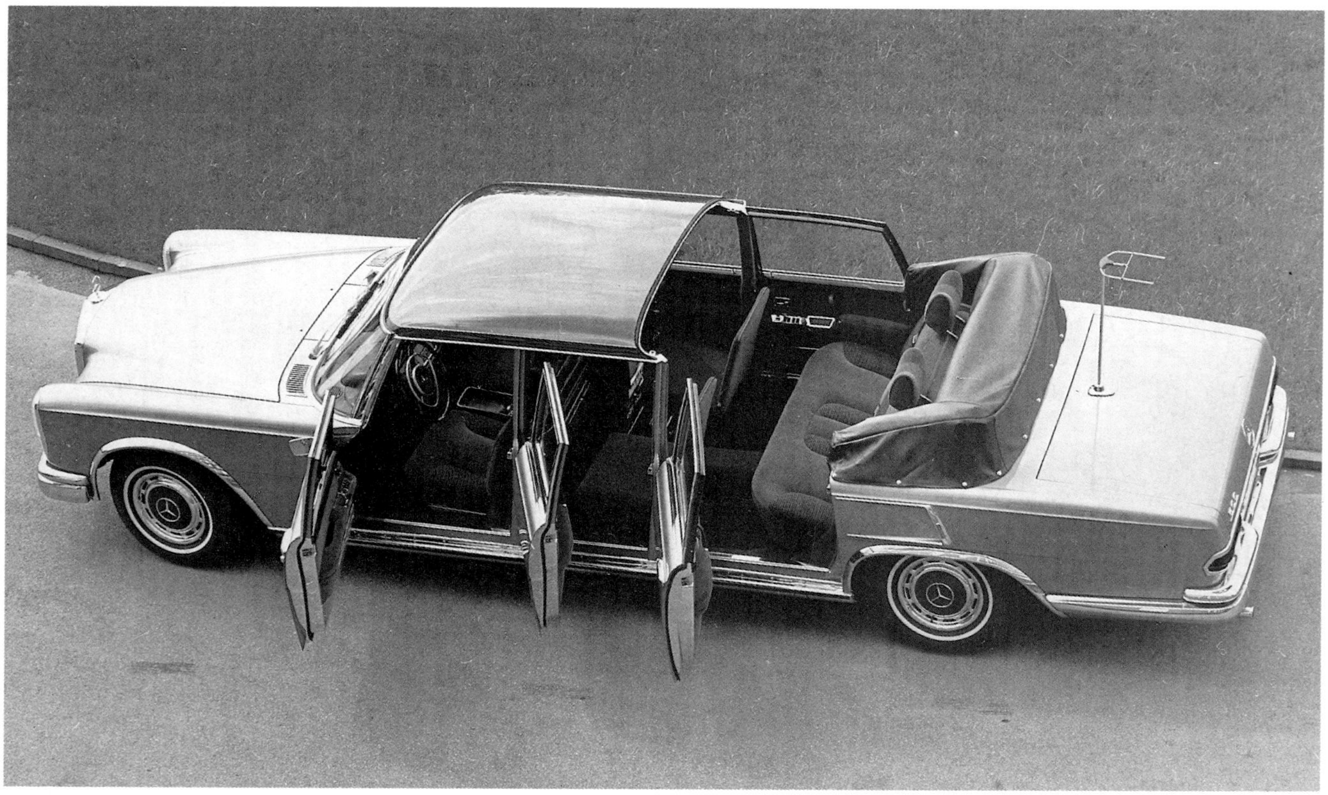

Sechstüriges Pullman-Landaulet mit Fernsehantenne auf der Kofferklappe.

Sechstürige Version des 600 Pullman. Solche Versionen lieferte Daimler-Benz vor allem nach USA und in den Vorderen Orient.

Links: Weißwandreifen zählten beim 600 zur Grundausstattung.

Rechts: Der letzte 600 rollt von der Endmontage ins Depot.

Unten: Instrumentenkonsole des 600 mit Fahrstufenanzeige im Drehzahlmesser.

Modell	600 (W 100)	600 Pullman (W 100)	600 Landaulet (W 100)
Produktionszeit	September 1964 – Juni 1981	November 1964 – Mai 1981	April 1965 – Mai 1981
Motor	V-Achtzylinder M 100		
Bohrung × Hub/ccm	103 × 95; 6332 ccm		
Verdichtung	9,0:1		
Leistung	250 PS b. 4000 U/min.		
Ventilsteuerung	2 × 1 obenliegende Nockenwelle (ohc)		
Schmierung	Druckumlauf, 6 l Öl		
Kühlung	Wasserkühlung 23 l, Lüfterkupplung		
Einspritzung	intermittierende Saugrohreinspr., Bosch-8-Stempel-Pumpe		
Elektrik	Batterie 12 V 88 Ah		
Getriebe	Viergang-Automatik mit hydr. Kupplung		
Lenkung	Servo-Kugelumlauflenkung		
Fußbremse	hydr. 2-Kreis-Vierrad-Scheibenbr. Dunlop		
Feststellbremse	mechan. auf Hinterräder, fußbetätigt		
Aufbau	selbsttr., Lim. 4türig	selbsttr., Lim. 4- o. 6türig	selbsttr., 4- o. 6türig
Radstand; Spur v/h	3200 mm; 1590/1580 mm	3900 mm; 1590/1580 mm	
Gesamtabmessungen (mm)	5540 × 1950 × 1485 mm	6240 × 1950 × 1500 mm	
Bereifung	9.00 H 15.6 PR		
Tankinhalt	112 l		
Leergewicht	2470 kg	2640 kg	2690 kg
Höchstgeschwindigkeit	210 km/h	200–205 km/h	
Stückzahl	2190	428	59

Kunden, die ein Unikat suchten – zahlreiche Derivate kreiert. Im Hause Daimler-Benz entstanden 1965 studienhalber zwei etwas klobige Coupés mit einem um 22 Zentimeter verkürzten Radstand, die wieder in der Versenkung verschwanden. Ebenfalls aus Sindelfinger Fertigung stammte gemäß einem Kundenauftrag ein sechstüriges Landaulet. Weitere Schöpfungen, die sich vom Serienprodukt mehr oder weniger stark entfernten, sind professionellen »Veredlern« wie dem Frankfurter Hause Buchmann zuzuschreiben.

In einer Anzeigenserie wurde der 600 als »neues Leitbild im internationalen Automobilbau« propagiert. Ohne Zweifel hatte er dieses Ziel erreicht. Mit der Einstellung seiner Produktion verschied nicht nur »der größte Sportwagen der Welt« – so die Zeitschrift *The Autocar* in England –, sondern auch schlicht und einfach »das beste Auto der Welt«. Dieses Prädikat war dem 600 vom US-Magazin *Car & Driver* verliehen worden. Der Große Mercedes war zum automobilen Klassiker, zur vorprogrammierten Rarität auf den Straßen der Welt geboren.

Fahrwerkstechnisch und stilistisch setzte Daimler-Benz mit dieser Modellreihe einen neuen Meilenstein. Und mit einer Stückzahl von zwei Millionen geriet sie zum Verkaufsschlager:

Mercedes-Benz der neuen Generation

Als das letzte Pontonmodell der Mercedes-Benz-Mittelklasse, der 190b, im Sommer 1961 vom außen und innen erheblich gewachsenen »Flossentyp« 190c abgelöst wurde, begannen – wie bei Daimler-Benz üblich – bereits die Arbeiten am Nachfolger. Die Aufgabenstellung lautete grob umrissen: Abkehr von der Einheitskarosserie, somit unterschiedliche Karosserien für gehobene und obere Mittelklasse einerseits und Oberklasse andererseits, modernes Fahrwerk, reduzierte Außenabmessungen bei großzügig dimensioniertem Fahrgastraum sowie optimierte aktive und passive Sicherheit.

Im Herbst 1963 hatte das Designteam unter der Ägide von Paul Bracq, Leiter der Hauptgruppe Stilistische Vorentwicklung im Werk Sindelfingen, und unter maßgeblicher Mitarbeit des heutigen Chefstilisten Bruno Sacco die elementaren Karosseriestudien abgeschlossen. Das Produkt wirkte auf dem Reißbrett zierlicher als der 190c und war mit dem gleichzeitig in Entwicklung befindlichen 250 S/SE stilverwandt. Dieser Projektwagen war mit seinen Peilkanten auf den Vorderkotflügeln noch recht phantasievoll gezeichnet – die neue Leitlinie war aber unschwer zu erkennen: ausgewogene Proportionen, flachere und breitere Kühlermaske, Absage an die Trapezlinie und neue Rechteckscheinwerfer, vorerst noch horizontal angeordnet.

Um die Jahreswende 1963/64 hatte auch das unter Leitung des Entwicklungschefs Dr. Hans Scherenberg erstellte Basiskonzept für Fahrwerk, Lenkung und Kraftübertragung definitiv Gestalt angenommen. Allein fünf verschiedene Hinterradaufhängungen waren, in umgerüsteten Serienwagen erprobt, verworfen oder in die engere Wahl gezogen worden, bis man sich für das im Prinzip auch bei der BMW-Vierzylinderreihe praktizierte System entschied – für die Schräglenkerachse. Nach unzähligen Gipsstudien im Maßstab 1:10 war im Juli 1964 das *mock-up* in natürlicher Größe fertiggestellt. Dieses Arbeitsmodell wies bereits die Linienführung der späteren Serienversion auf, hatte allerdings einen flacheren Dachabschluß und noch waagrecht liegende Scheinwerfer.

Ein halbes Jahr später tauchten die ersten Erlkönige im Straßenversuch auf und gaben der Presse zu allerlei Spekulationen Anlaß – man glaubte noch an eine unmittelbar bevorstehende Wachablösung, die sich dann aber auf das Erscheinen der mäßig überarbeiteten »Flossentypen« 200/230 beschränkte. Schließlich pflegte man in Untertürkheim komplette Modellwechsel in einem ziemlich konsequent eingehaltenen Siebenjahresrhythmus zu vollziehen, zum anderen war der Neue längst noch nicht serienreif. Die handgeschmiedeten Prototypen wiesen noch den fliehenden hinteren Dachabschluß mit stark geneigter C-Säule auf und waren gar nicht so leicht als Untertürkheimer Erzeugnisse zu identifizieren: Ein horizontal verfremdeter Kühllufteinlaß war mit Rundscheinwerfern kombiniert.

Im Jahre 1966 wurden die ersten Erlkönige mit der endgültigen Silhouette gesichtet, die allerdings noch eine Ausarbeitung von Details vermissen ließen. Im Laufe dieser Jahre waren 26 Wagen in verschiedenartigen Crash-Tests nach USA-Standard zu Schrott verarbeitet worden, um Schwächen des selbsttragend ausgeführten Aufbaus und seiner Sicherheitszelle offenzulegen und hier und da Verbesserungen vorzunehmen. Schließlich lag das Ergebnis weit über dem gesetzlich vorgeschriebenen Minimum. Im Frühjahr 1967 wurden letzte Retuschen vollzogen und im Sommer und Herbst die Vorserien der einzelnen Varianten gestaffelt aufgelegt. Ab Januar 1968 lief der neue Mittelklassewagen dann in großer Stückzahl vom Band; der 250 befand sich schon seit Dezember 1967 in Produktion.

Von 1958 bis 1965 war die Daimler-Benz A. G. Eigentümerin des traditionsreichen Auto Union-Konzerns. Als dieses Unternehmen ab 1964 schrittweise an das Volkswagenwerk überging, blieben die ehemaligen Markenbezeichnungen Horch und Wanderer auch nach der Veräußerungsaktion für den schwäbischen Großkonzern geschützt. Mutmaßungen, daß die neue Mercedes-Modellreihe unter einem dieser altehrwürdigen Markenzeichen auf den Markt kommen könnte, bestätigten sich indessen nicht.

Als die taufrischen Autos Mitte Januar 1968 der Presse vorgestellt wurden – das offizielle Debüt fand beim Genfer Salon im März statt –, war von einer »Neuen Generation« die Rede. Dieses Schlagwort wurde von Daimler-Benz auch in Pressemitteilungen und Anzeigense-

Links: Mercedes 220/8 in seiner ersten Ausführung, wie er 1968 vorgestellt wurde.

Rechts: Polizei-Streifenwagen 200/8, von der baden-württembergischen Landespolizei seinerzeit in größeren Zahlen angeschafft.

rien benützt – im Volksmund setzte sich jedoch für diese Mittelklassewagen bald die Bezeichnung »Strich Acht« durch. Dieses eigenartige Kürzel bezog sich auf das Suffix der Typenbezeichnung, z. B. 200/8 oder 250/8, das zur Unterscheidung gegenüber den in einigen Fällen identisch bezifferten Vorgängermodellen diente und sich auf das Erscheinungsjahr 1968 bezog. Die umfangreiche Modellfamilie bedingte ein ungewohntes Aufspalten des typischen Mercedes-Baumustercode: Die Sechszylinder gehörten der Baureihe W 114 an, während alle übrigen Varianten – ob Benziner oder Diesel – mit vier und fünf Zylindern die Fabrikationsbezeichnung W 115 führten.
Mit der Modellfamilie 114/115 war bei Daimler-Benz einmal mehr eine radikale stilistische Wende vollzogen worden: Die behäbigen, in einigen Details etwas bizarr wirkenden »Flossentypen« erhielten einen klar und schlicht gezeichneten Nachfolger, den man als formal geglückt bezeichnen mußte. Die Neuen wirkten nicht nur zierlicher als ihre Vorgänger – sie waren es auch. Die Länge war um 4,5 Zentimeter, die Breite um 2,5 Zentimeter geschrumpft. Die Höhe war um 5,5 Zentimeter reduziert worden, die vor allem der Bodenfreiheit fehlten. Bei einem um fünf Zentimeter gestreckten Radstand hatte besonders der hintere Überhang deutlich abgenommen – zu Lasten des Kofferraumvolumens. Dagegen waren beim Innenraum kaum Platzeinbußen hinzunehmen. »Trotz gestraffter Karosserie sind die Wagen innen um keinen Zentimeter weniger komfortabel«, versprach die Daimler-Benz-Werbung. Durchschnittlich hatten die neuen »Kleinen« – wie sie in der Presse beharrlich hießen – indessen gegenüber ihren vergleichbaren Vorläufern 35 Kilogramm Mehrgewicht angesetzt, die auf das Konto einer intensiver versteiften Rahmen-Boden-Anlage und der neuen Hinterradaufhängung gingen. Das Kofferraumvolumen war – bezogen auf den Vorgänger mit seinem Riesenstauraum – um 20 Prozent geschrumpft, umfaßte aber noch immer 440 Liter.
Das Styling der Typen 114/115 war zwar am 1965 erschienenen 250 S/SE orientiert, jedoch im Vergleich zum größeren Modell merklich gestrafft worden. Eine abgesenkte Taille, große Fenster, eine trapezförmig begrenzte Heckpartie und ein flacher gewordenes Dach

Rechts: Armaturentafel der Modellreihe 114/115, erste Ausführung 1968/69 mit kleinem Aschenbecher.

Links: Vierzylindermotor des 230.4 mit Stromberg-Horizontalvergaser, ab Sommer 1973.

mit kräftig ausgebildeter C-Säule bestimmten die Silhouette der Neuen Generation. Die Horizontale wurde durch eine durchlaufende seitliche Zierleiste, die zur Absorption von Türremplern bei Schrägparkboxen mit einer Hartgummieinlage versehen war, betont. Eine Aufgliederung der Wagenseite wäre an sich gar nicht notwendig gewesen, da das Styling der Neuen Generation optisch keinesfalls »schwer« wirkte.

Im Zuge einer kontinuierlichen, an den Zeitgeschmack angepaßten Entwicklung erfuhr das Gesicht der neuen Modellreihe eine weitere Zuwendung zur Horizontalen: Die Kühlerattrappe war gegenüber der des Vorläufers flacher und breiter, die Stoßstange weniger massiv und hörnerlos. Die rechteckigen Leuchteinheiten, die den Scheinwerfern der 1963 erschienenen SL-Reihe nachempfunden waren und neben dem Stand- und Fahrlicht auch die Blinker und wahlweise Nebelleuchten umfaßten, waren vertikal angeordnet, nachdem sich eine waagrechte Plazierung am *mock-up* als formal wenig ansprechend erwiesen hatte.

Auch bei der Heckgestaltung dominierte die Horizontale: Eine Fortsetzung der Zierleiste um die untere Begrenzung des Kofferdeckels, die übrigens durch ihre abgesenkte Lage ein Beladen im Gegensatz zu den meisten Konkurrenzmodellen wohltuend erleichterte, und waagrecht angeordnete, große Rückleuchten verliehen den 114/115-Typen zusammen mit dem großflächigen Heckfenster eine ausgewogene Leichtigkeit, die ganz im Gegensatz zu der zu sehr modisch beeinflußten Stilistik des letztlich zerklüftet wirkenden Hinterteils der Vorgängermodelle stand.

Trotz der formgestalterischen Meisterleistung steckten die großen Umwälzungen unter dem Blech: Das Fahrwerk war rigoros überarbeitet worden. An der mit der Karosserie verschweißten Rahmen-Boden-Anlage waren sowohl für die Vorder- wie auch für die Hinterräder Fahrschemel radialreifenfreundlich in Gummi gelagert. Die Geometrie der Hinterradführung bot völlig Neues: Der werksseitig propagierte, von der Fahrwerksmechanik her gesehen zwar logische, aber technisch-historisch irreführende Terminus »Diagonal-Pendelachse« ließ den Markstein nicht erahnen, den Daimler-Benz bei der Typenfamilie 114/115 für kommende Generationen von Mercedes-Personenwagen setzte. Erstmals war ein Serien-Pkw aus Untertürkheim mit einer Einzelradaufhängung der Hinterräder ausgerüstet. Endlich zogen die Schwaben mit den bayerischen Konkurrenten – BMW versah seine Mittelklassewagen seit dem Debüt im Jahre 1962 mit hinteren Schräglenkeraufhängungen – gleich, übertrafen sie sogar in puncto Fahrkomfort.

Die kräftig konstituierten Diagonal-Schräglenker der neuen Daimler waren am bumerangförmigen hinteren Fahrschemel angelenkt und stützten sich auf Schraubenfedern mit darinliegenden Bilstein-Gasdruckdämpfern ab. Die Achsen der Lenkerdrehpunkte waren so plaziert, daß als Pendellänge fast die gesamte Spurweite zur Verfügung stand. Die daraus resultierenden äußerst geringen Sturz- und Spuränderungen bei Kurvenfahrt und beim Ein- und Ausfedern beliefen sich nicht einmal auf die Hälfte der entsprechenden Werte bei der Eingelenk-Pendelachse des Vorläufers, die in der Endphase durchaus von hoher Fahrstabilität zeugten. Das Fahrverhalten hatte ungeheuer gewonnen, zumal Radführung und Antrieb funktionell voneinander getrennt waren.

Auch die Vorderradaufhängung hatte wesentliche Änderungen erfahren, wenn auch die Doppelquerlenker in Trapezanordnung im Prinzip geblieben waren. An Stelle der Gewindebolzen und -buchsen und der durchgehenden Achsschenkelbolzen waren die Achsschenkel in wartungsfreien Traggelenken gelagert. Diese Kugelköpfe ermöglichten ein Verschränken der Querlenker gegeneinander und setzten dem Bremsnicken damit einen »Anti-Dive-Effekt« entgegen.

Das Bremssystem war ebenfalls aktualisiert worden. Scheibenbremsen – die Scheiben waren mit denen der S-Klasse identisch – an allen vier Rädern und ein wirksameres Servogerät sorgten für Standfestigkeit auch bei üppiger motorisierten Versionen und für angemessenen Bedienungskomfort. Die Feststellbremse wirkte auf die an die hinteren Bremsscheiben angegossenen Trommeln und wurde – ein zweifelhaftes Novum! – durch ein günstig im geräumigen Fußraum plaziertes Pedal betätigt und durch einen Zugknopf am Armaturenbrett gelöst. Hier war man amerikanischen Vorbildern gefolgt, ohne in Betracht zu ziehen, daß jenseits des Atlantiks das Automatikgetriebe uneingeschränkt regierte, während in Europa noch immer dem Schaltgetriebe der Vorzug eingeräumt wurde. Während Automatikwagen am Berg mit dem Gasfuß gehalten werden können, bedarf das schlagartige Lösen der Feststellbremse mit gleichzeitigem sanftem Einkuppeln doch einer gewissen Routine. Der Handbremskrückstock unter dem Armaturenbrett, wie er bei der parallel gebauten S-Klasse W 108/109 noch Verwendung fand, war wegen der ungenügenden Erreichbarkeit für Fahrer, die sich mit den zunächst starren Sicherheitsgurten angeschnallt hatten, verworfen worden. Auf eine praxisgerechtere Stockhandbremse zwischen den Vordersitzen mußten Mercedes-Fahrer noch bis zum neuen 190 warten...

Die traditionsgemäß angewandte Kugelumlauflenkung war sehr leichtgängig, aber auch reichlich indirekt übersetzt. Knapp fünf Lenkradumdrehungen von Anschlag zu Anschlag galten kaum mehr als mustergültig. So empfahl es sich unbedingt, die gegen einen Aufpreis von 511,50 Mark (1968) lieferbare Servolenkung zu wählen, die angenehm direkt übersetzt war, den Fahrbahnkontakt nie vermissen ließ und die Lenkkräfte auf ein Minimum reduzierte.

Erstmals waren bei der Neuen Generation Fahrwerke von Mercedes-Personenwagen von vorneherein auf Gürtelreifen ausgelegt. Serienmäßig wurden zunächst Diagonalreifen der Dimension 6.95 S 14, für die Sechszylinder 6.95 H 14, vorgesehen, gerieten aber zugunsten der gegen Aufpreis lieferbaren Radialpneus der Größe 175 SR bzw. HR 14 ins Hintertreffen. Besonders die Michelin-Reifen zX und XAS machten hier eine gute Figur. Die 14-Zoll-Räder trugen der allgemeinen Tendenz zum steigenden Felgendurchmesser Rechnung. Die fünfeinhalb Zoll breiten Felgen boten eine ausreichend solide Basis auch für eine voluminösere Bereifung. Die ab Herbst 1968 ausgelieferten Modelle mit verlängertem Radstand verfügten über Reifen der Spezifikation 185 HR 15, die auch für die Tropenausführung des W 114/115 und für Krankenwagen galt.

Auch das Getriebeangebot für die neue Modellreihe wurde neu konzipiert. Die neuen Schaltgetriebe mit Sperrsynchronisierung waren die Antwort auf permanente Rügen, die das fast traditionelle Haken der Schaltung bei den Vorgängertypen betrafen. Die neue Viergangautomatik mit hydraulischer Kupplung – ein Drehmomentwandler wurde mehr und mehr vermißt – und Sekundär-Ölpumpe, die im Gegensatz zu den Lösungen bei anderen Fabrikaten ein An- oder Abschleppen des Wagens gestattete, besaß nun drei an Stelle der bisherigen zwei Planetensätze. Beim Anfahren und im untersten Geschwindigkeitsbereich wurde nun der erste Gang »geholt«, ohne daß man durch Kickdown schalten mußte. Dadurch ergaben sich ein verbessertes Temperament und eine optimierte Nutzung der Kraftreserven der Motoren. Die Abstufung war nun breiter gefächert und entsprach in etwa der des handgeschalteten Getriebes. Ohne einen Mehrpeis bedenken zu müssen, konnte man sich zwischen an der Lenksäule und auf dem Mitteltunnel plazierten Wählhebeln entscheiden. Gleiches galt für die Position der Schalthebel beim Standardgetriebe.

Die Karosserie entsprach in ihrem Finish der gewohnten Mercedes-Machart. Angesichts der aufwendigen Gesamtkonzeption der neuen Typenreihe mutete aber die puritanische Serienausstattung der Wagen diskrepant an: Offensichtlich war bei der Ausgestaltung des Fahr-

200/8 der ersten Ausführung mit der schmalen Kühlermaske.

gastraumes der Rotstift der Kaufleute zugunsten des Fahrwerks angesetzt worden. Die Seriensitzbezüge und die Kunststoffflächen des Armaturenbretts – erst beim 250 gab es Holzfurnier – wirkten trotz ihrer Materialqualität und Haltbarkeit steril und erinnerten in ihrer soliden Schlichtheit an die Einrichtung öffentlicher Verkehrsmittel.
Die Serienausstattung war mit hinterer Mittelarmlehne, drei Haltegriffen, Tunnelablage und Kartentaschen in den Vordertüren nicht als üppig, aber als befriedigend zu bezeichnen. Lang war die Liste der Sonderausstattungen: Gegen Aufpreis konnte man beispielsweise elektrische Fensterheber an Stelle des manuellen Kurbelapparates bestellen, Sicherheitsgurte oder eine vordere klappbare Armlehne und eine heizbare Heckscheibe ordern.
Bei der durchdachten Plazierung der Bedienungselemente und der Instrumente zeigte sich einmal mehr das Untertürkheimer Know-how. Durch den bereits vom 250 S/SE her bekannten Kombihebel links an der Lenksäule waren Blinker, Fernlicht, Lichthupe und Scheibenwischer – dieser durch einen integrierten Kippschalter in zwei Geschwindigkeiten, ab März 1973 auch mit Intervallschaltung – zu betätigen. Die blendfrei gestaltete Instrumentenkonsole war weitgehend baugleich mit dem Skalenträger des 1965 erschienenen 250 S/SE der Oberklasse. Sie umfaßte den großen Tachometer, ein Kombiinstrument mit Tankanzeige, Ölmanometer, Kühlwasserthermometer und Leuchtanzeigen für Ladekontrolle, Fernlicht und Feststellbremse bzw. Bremsdefekt und konnte durch die geschickte Klemmfixierung mit einem Handgriff herausgenommen werden. Zwischen den beiden großen Skalen war eine kleine Zeituhr mit elektrischem Aufzug angeordnet, die – gegen Mehrpreis – auch durch einen Drehzahlmesser ersetzt werden konnte. Weniger günstig plaziert waren der Lichtdrehschalter und der Knebel zur Leerlaufverstellung bei den Dieselmodellen hinter dem großen, mit Pralltopf, Polsterplatte und Signalring versehenen Lenkrad.
Obwohl sich die »Strich-Acht«-Modelle einer mit fast neun Jahren ungewöhnlich langen Produktionsdauer erfreuten und sich während dieser Spanne einem nicht fachkundigen Betrachter kaum verändert darboten, waren die einzelnen Typen doch mehrmaligen Modifikationen und gemäßigten Modernisierungen unterworfen. Bereits kurz nach Produktionsbeginn erfuhr die Innenausstattung im Herbst 1969 eine Aufwertung durch einen stark vergrößerten Klappascher mit integriertem Zigarettenanzünder, die durch die ergänzte StVZO erforderlich gewordene Warnblinkanlage, serienmäßig gelieferte Bodenteppiche und den Textilbelag der Hutablage vor dem Rückfenster. Im September 1970 gab es einen neuen umschäumten Mittelschalthebel bzw. einen eleganteren, golfschlägerartig ausgebildeten Automatik-Wählhebel. Im April 1972 ging mit der Ergänzung durch ein neues Motoren-

Paul Bracq mit zwei Gipsmodellen des W 114/115 in natürlicher Größe und mit endgültiger Formgebung neben einem Arbeitsmodell im Maßstab 1:5.

angebot ein weiterer Zuwachs an Gegenwert einher: Die Verbundglas-Frontscheibe zählte nun zur Serienausstattung, die Bedienung des Automatikgetriebes erhielt eine mattschwarze Kunststoffkulisse mit dem international üblichen Buchstabencode statt der Ziffernbezeichnungen. Augenfälliger waren neue, freundlichere Polsterbezüge und eine veränderte Farbpalette für die elf Serien- und sieben Sonderlackierungen, die auch – damals mehr eine Modeströmung – sogenannte Sicherheitstöne wie ahorngelb und signalrot umfaßte.
Ab März 1973 erhielten die Wagen ein umschäumtes Sicherheitslenkrad mit vergrößerter Prallplatte und eine Quarzuhr an Stelle der kurzlebigen Zeituhr mit elektromechanischem Aufzug. Dreipunkt-Sicherheitsgurte und integrierte Kopfstützen gehörten nun zum normalen Lieferumfang.
Im August 1973 schließlich kam es zur letzten und gleichzeitig umfassendsten Änderung: Die Karosserie glich man in einigen Stilelementen und Ausrüstungsdetails an die ein Jahr zuvor präsentierten S-Modelle der Baureihe W 116 an. Das Kühlergrill wurde niedriger und zehn Zentimeter breiter, die Motorhaube dadurch flacher. Eine weitere Veränderung der Physiognomie der Wagen bestand in dem hutzenförmig ausgebildeten Luftleitblech unter der Stoßstange. Die Säulen der Windschutzscheibe erhielten analog zur S-Klasse Profile, die Luftwirbel und damit Schmutzwasser von den Seitenscheiben fernhielten. Auch die Heckscheibe bekam eine spritzwasserbremsende Einfassung. Die voluminöser gewordenen Außenspiegel in weichen Kunst-

Paul Bracq bei der Arbeit – Anfang 1967. Die Baureihe 114/115 hat auf der unteren Skizze ihre endgültige Gestalt angenommen.

stoffgehäusen waren von innen durch einen Knebelgriff manuell einstellbar, bedingten aber durch ihre Befestigung im Fensterbereich den Fortfall der praktischen Drehfenster in den Vordertüren. Die in ihrem Elektrikteil unveränderten Heckleuchten waren nun mit gerippten, schmutzabweisenden Aufsätzen versehen.

Eine wichtige Neuerung war ab Herbst 1973 unter dem Blech zu finden: Die antiquierte hydraulische Kupplung des Automatikgetriebes wurde in Angleichung an die internationale Praxis durch einen zwar etwas mehr Motorleistung schluckenden, aber sanfter arbeitenden Drehmomentwandler ersetzt. Die Gangwechsel waren nun – im Gegensatz zu den deutlichen Schaltrucken der früheren Ausführung – kaum mehr spürbar. Im normalen Fahrbetrieb wurden lediglich drei Fahrstufen verwendet.

Verwirrend geriet die Vielfalt der während des Regnums der Neuen Generation gleichzeitig oder in Abfolge angebotenen Typen: Elf verschiedene Motorvarianten – drei Vierzylinder-Benzinmotoren, drei Vierzylinder-Dieselmotoren, ein Fünfzylinder-Diesel und vier Sechszylinder-Benziner – verkörperten eine reiche Auswahlpalette.

Vierzylinder-Benzinmodelle 200, 220, 230.4 (W 115)

Die beiden Vierzylinder-Benzinmodelle 200 und 220 basieren triebwerkstechnisch auf dem Zweiliter-Vorgänger der Flossengeneration. Der Motor des 200 unterscheidet sich in erster Linie durch die Aspiration vom Vorgänger: Ein Stromberg-Horizontalvergaser der Type 175 CDS – nahezu baugleich mit dem »Gaswerk« der Volvo 140-Serie

– ersetzte die beiden recht durstigen Solex-Fallstromvergaser. Der Stromberg war zwar für Hobbybastler nur sehr bedingt einstellbar, aber er sorgte für erhöhte Wirtschaftlichkeit, da das Gasgemisch stets exakt auf alle Betriebsbedingungen abgestimmt war. Vor allem aber war er für eine erheblich verbesserte Laufkultur und Elastizität und für ein spontaneres Ansprechen auf Gaspedalbewegungen verantwortlich. Der Motor war nun in vier Punkten gelagert. Eine Nockenwelle mit verändertem Profil, fülligere Ansaugwege und neue Kolben mit molybdänveredelten Kolbenringen vervollständigten die Modernisierung der im Grunde bereits 14 Jahre alten Maschine.

Die Nennleistung von 95 PS war unverändert geblieben, wurde nun allerdings bei einem um 200/min niedrigeren Drehzahlniveau erreicht. Der Gewinn an Elastizität drückte sich im gestiegenen Höchstdrehmoment von 15,9 mkg aus, das bereits bei 2800/min zur Verfügung stand. Der neue Typ 220 war mit den von 1951 bis 1965 angebotenen Sechszylindern gleicher Modellbezeichnung nicht im entferntesten verwandt, sondern stellte ein Derivat des 200 dar: Durch Verlängern des Kolbenhubs um 8,8 Millimeter bei gleichbleibender Bohrung – man verwendete eine flacher gekröpfte Kurbelwelle – entstand ein zwar elastisches, aber nicht allzu kultiviertes 2,2-Liter-Triebwerk, das eine Leistung von 105 PS abgab. Dabei gab sich der voluminöse Motor weniger laufruhig als sein kleiner Bruder. Er lief deutlich rauher und schien die ungeschriebene Regel der Zweilitergrenze für Vierzylindermaschinen zu bestätigen. Der Langhuber erreichte immerhin Kolbengeschwindigkeiten von über 18 m/s – ein ständiges Inanspruchnehmen der Maximaldrehzahl von 6000/min erschien im Hinblick auf die Motorlebensdauer nicht ratsam.

Im August 1973 wurde der 220 vom 230.4 abgelöst. Daimler-Benz hatte damit auf einen Punkt vielfacher Kritik reagiert und den großen Vierzylinder neu konzipiert: Den Zweiliterblock des 200 hatte man um 6,75 Millimeter aufgebohrt, die für einen Hub von 83,6 Millimetern ausgelegte Kurbelwelle des 200 indessen weiterverwendet. Der Kurzhuber bot weitere günstige Voraussetzungen für Laufkultur und Leistungszuwachs: Überarbeitete Einlaßkanäle und deutlich vergrößerte Einlaß-

Modell	200 (W 115 V 20)	220 (W 115 V 22)	230.4 (W 115 V 23)
Produktionszeit	Januar 1968 – Dezember 1976	Februar 1968 – August 1973	August 1973 – Dez. 1976
Motor	Reihen-Vierzylinder M 115		
Bohrung × Hub/ccm	87 × 83,6; 1988 ccm	87 × 92,4; 2197 ccm	93,75 × 83,6; 2307 ccm
Verdichtung	9,0:1	9,0:1	9,0:1
Leistung	95 PS b. 4800 U/min	105 PS b. 4800 U/min	110 PS bei 4800 U/min
Ventilsteuerung	1 obenliegende Nockenwelle (ohc)		
Schmierung	Druckumlaufschmierung, 4 l Öl, ab August 1973, 5 l Öl		
Kühlung	Wasserkühlung 10,5 l; ab August 1973 10,7 l		
Vergaser	1 Horizontalvergaser Stromberg 175 CDS		1 Horiz. Stromb. 175 CDT
Elektrik	Batterie 12 V 55 Ah		
Kupplung	Einscheiben-Trockenkupplung, hydr. betätigt		
Getriebe	4-Gang-Vollsynchron, a. W. 4-G.-Automatik		
Lenkung	Kugelumlauflenkung, a. W. Servo		
Fußbremse	hydr. 2-Kreis-Vierrad-Scheibenbremse ATE-Dunlop		
Feststellbremse	mechan. auf Hinterräder, fußbetätigt		
Aufbau	selbsttragend, Limousine 4türig		
Radstand; Spur v/h	2750 mm; 1445/1440 mm		
Gesamtabmessungen (mm)	4680 (ab 8/73 4685) × 1770 × 1440 mm		
Bereifung	6.95 S 14 oder 175 SR 14 tbl		
Tankinhalt	65 l		
Leergewicht	1330 kg	1335 kg	1350 kg
Höchstgeschwindigkeit	160 km/h	168 km/h	172 km/h
Stückzahl	288 785	128 732	87 765

Ganz oben: Ein Motor-Heizer am Parkplatz bei der Firma Philipsons, dem schwedischen Mercedes-Importeur.

Oben: Ein Gipsmodell des 200/230 im Maßstab 1:1: aufgenommen im Juli 1964.

Links: 220/8 mit Rechtssteuerung für den britischen Markt.

Rechts: 200 D zweiter Ausführung mit breiter Maske und Lufthutze. Als Taxis waren die Mercedes-Diesel aus dem Städtebild nicht mehr wegzudenken.

ventile veränderten den Charakter dieses Triebwerks gründlich. Bei gutbürgerlichen 4800/min wurde eine Höchstleistung von 110 PS abgegeben. Weitaus bemerkenswerter war jedoch das satte Drehmoment: Schon bei 2500/min standen bullige 19 mkg zur Verfügung. In dieser Disziplin schlug der 230.4 selbst seine Sechszylinderbrüder ganz klar und erwies sich in der Tat als Dampfhammer, der im direkten Gang aus niedriger Drehzahl kräftigen Antritt ermöglichte und schaltfaul gefahren werden konnte. Daimler-Benz hatte mit dem 230.4 einen betriebsinternen Konkurrenten für den Sechszylinder-230 geschaffen. 220 und 230.4 waren in ihrem äußeren Erscheinungsbild und ihrer Basisausstattung identisch mit dem 200. Die im Sommer 1973 eingeführten Karosseriemodifikationen kamen beiden Vierzylindern zugute, ebenso wie eine Verbesserung der Motorkühlung durch eine Verlegung des Thermostaten zum Kühlwassereintritt, was die Warmlaufphase beträchtlich verkürzte. Eine weitere, alle Vierer – auch die Diesel – betreffende Neuerung im Sommer 1973 war die Erhöhung der Ölfüllmenge der Kurbelwanne von vier auf fünf Liter bei einem Minimalstand von 3,5 Liter, um auch in flott gefahrenen Kurven eine gleichbleibende Schmierung sicherzustellen und das Schwappen auszugleichen. Gleichzeitig wurde bei allen Varianten der Neuen Generation der Öl-Wasser-Wärmeaustauscher durch einen im Luftstrom liegenden Ölkühler ersetzt, um die Standfestigkeit auch bei scharfer Fahrt zu gewährleisten. Dabei schaltete sich der Ölkühler bei Öltemperaturen über 95 Grad über ein Thermostatventil im Filterkopf automatisch zu.

Trotz ihres mit rund 1380 Kilogramm ansehnlichen Leergewichts waren die »kleinen« Mercedes durchaus keine lahmen Autos: Die Zweihunderter übertrafen in Tests nicht selten die Werkangabe für die Höchstgeschwindigkeit von 160 km/h, der 220 lief knapp 170 km/h und der 230.4 lag darüber – gut gehende Exemplare schafften nicht selten auch 175 km/h. Für die Standard-Beschleunigungszeit für 0–100 km/h brauchten die Mercedes-Vierzylinder zwischen 14,5 (Typ 200) und 12,4 Sekunden (Typ 230.4) nach Messungen der Fachzeitschrift *auto motor und sport.* Beim Verbrauch wirkte sich trotz der bei den drei Varianten verwendeten, äußerst exakt arbeitenden Gleichdruckvergaser die Masse der Wagen aus: Beim 200 war mit einem Konsum von 13,5 Liter auf 100 Kilometern zu rechnen, beim 220 waren es 14 Liter und beim Modell 230.4 14,5 Liter – natürlich durchwegs Superkraftstoff.

Die Vierzylinder-Benziner brachten es auf ein Produktionsergebnis von mehr als einer halben Million Einheiten, wobei sich der 200 als das mit deutlichem Abstand populärste Modell erwies. Damit war der 200 auf dem heimischen Markt Spitzenreiter seiner Preis-Hubraum-Klasse – vor dem weniger geräumigen, aber temperamentvolleren BMW 2000 bzw. dessen in puncto Komfort eher vergleichbaren Nachfolgetyp 520. Im Export – besonders im angloamerikanischen Kulturkreis und in den EFTA-Ländern – stellten die etwas antiquierten Volvos der Reihe 140 potente Marketing-Gegner dar – waren sie doch bezüglich Haltbarkeit, Sitzkomfort und Zuverlässigkeit den schwäbischen Sternträgern ebenbürtig, wenn ihnen auch das gewisse Raffinement fehlte.

Auch die großen Citroën-D-Modelle und der Peugeot 504 konnten als Klassenkameraden eingestuft werden, sprachen aber auf den meisten Märkten eine unterschiedliche, fest eingeschworene Klientel an. In ihrem Mutterland freilich hatten die Mercedes-Vierzylinder in den Sechszylindern von Ford und Opel kalkulatorisch interessante und von der Laufkultur her durchaus erwägenswerte Mitbewerber. Gegen manchen temperamentvollen Opel Commodore wurde ein »kleiner« Mercedes in Zahlung genommen.

Dieselmodelle 200 D, 220 D, 240 D, 240 D 3.0 (W 115)

Auch der Vorkammer-Dieselmotor des 200 D war vom entsprechenden Vorläufermodell übernommen worden. Durch eine modifizierte Aufhängung im Fahrschemel werkelte das im übrigen verfeinert abgestimmte Triebwerk nur noch sehr unauffällig – das arttypische Nageln war im Innenraum angenehm gedämpft zu vernehmen und das Fahrgeräusch ließ nur noch für Kenner Rückschlüsse auf das Verbrennungsverfahren zu. Die Motorleistung war mit 55 PS bei unveränderten 4200 U/min gleichgeblieben. Nach wie vor wurde die Einspritzpumpe bei 4350 U/min abgeregelt. Trotz der in bescheidenem Rahmen vorgenommenen Verbesserungen erhielt die Maschine einen neuen Motorencode – OM 615 statt OM 621.

Nachdem mit dem 2,2-Liter-Triebwerk eine ausgezeichnete Basis für eine Dieselversion zur Verfügung stand, wurde diese Chance in Untertürkheim wahrgenommen, um dem 200 D einen leistungsfähigeren Schwestertyp an die Seite zu stellen. Beim 220 D, der sich allein durch die Kröpfung der Kurbelwelle vom 200 D unterschied und ebenfalls den Motorencode OM 615 führte, erwies sich die langhubige Auslegung, die dem Benziner zum Nachteil geriet, geradezu als Segen. Wegen des reduzierten Drehzahlniveaus blieb die Kolbengeschwindigkeit unter 14 m/s und wurde weder für den Geräuschpegel noch für die Motorlebensdauer relevant. Der Langhuber entwickelte in Verbin-

dung mit der beträchtlichen Schwungmasse des Motors ein beachtliches Durchzugsvermögen und zeigte sich trotz nur fünf PS Mehrleistung gegenüber dem 200 D als ungleich lebendiger und temperamentvoller.

Parallel zum 230.4 debütierte im August 1973 der 240 D, dieser allerdings im Gegensatz zum Benziner als Ergänzung zum weitergebauten 220 D. Der 2,4-Liter-Selbstzünder des Baumusters OM 616 stammte – wie gewohnt – aus dem Baukasten und war durch Aufbohren des 220 D-Motors um vier Millimeter entstanden, demnach noch immer als gemäßigter Langhuber anzusprechen. 65 PS leistete der Vierzylinder mit den dicken Töpfen bei 4200/min, das Höchstdrehmoment stieg von 12,8 auf 14 mkg bei 2400/min. Die Leistungssteigerung war nicht nur auf die Hubraumanhebung, sondern auch auf die vergrößerten Ein- und Auslaßventile zurückzuführen. Die Kurbelwellenlager waren angesichts der hohen Arbeitsdrücke mit einer Laufschicht aus einer Alu-Legierung versehen. Die Achsuntersetzung des 240 D war gegenüber der des 200 D und 220 D mit 3,69 : 1 statt 3,92 : 1 länger ausgelegt worden, um den Geräuschpegel auch bei höherer Geschwindigkeit niedrig zu halten.

Als der 240 D vorgestellt wurde, befand sich ein triebwerkstechnisches Unikum im Straßenversuch – ein Fünfzylinder-Diesel. Im Juli 1974 erhielt die Dieselreihe ihr Flaggschiff, als der 240 D 3.0 – für den nordamerikanischen Markt hieß dieses Auto weniger kompliziert 300 D – der Presse vorgestellt wurde. Der mit den Vierzylinder-Dieselmodellen äußerlich völlig identische Edel-Oiler, dessen Produktionsanlauf sich noch bis Oktober 1974 verzögerte, bot unter der Haube eine Kombination aus Bewährtem und bahnbrechend Neuem: Dem Wunsch der Diesel-Klientel nach einer auch dem Schnellverkehr angepaßten Leistung wurde mit einem weiteren Griff in den Baukasten Rechnung getragen. Durch Erweitern des OM 616 durch eine Zylindereinheit war der fünfzylindrige OM 617 mit drei Liter Hubraum entstanden, zweifellos ein gutes Rezept für eine elegante Laufcharakteristik. Gleichwohl konnte man sich hier die Frage stellen, warum man sich nicht gleich – wie wenig später Volvo bzw. das Volkswagenwerk – dem Sechszylinder-Diesel zugewandt hatte. Offensichtlich sprachen keinerlei konstruktive Barrieren dagegen: Ein Dreiliter-Sechszylinder hätte sich durch »Anhängen« zweier Arbeitseinheiten an den 200 D-Motor realisieren lassen – und daß unter der Haube Platz für einen Motor dieser Baulänge war, bewiesen die Modelle 230.6, 250 und 280. So hatten wohl kalkulatorische Gesichtspunkte den Ausschlag gegeben, um das Auto nicht aus dem Preisrahmen fallen zu lassen. Sicher spielte auch die Achslastverteilung bei diesen Überlegungen eine Rolle, zumal die Dieselaggregate – zum Beispiel wegen des Graugußzylinderkopfs – ein höheres Gewicht als die entsprechenden Ottomotoren aufwiesen.

Auch mit fünf Zylindern lief der Dreiliter-Ölmotor geschmeidig und sanft – nicht zuletzt ein Verdienst der sechsfach gelagerten Kurbelwelle mit Schwingungsdämpfer. Während die Hub-Bohrung-Relation sowie Dreipunktaufhängung, Einspritzdüsen, Brennräume, Ventile, Ventiltrieb und Steuerzeiten denen des OM 616 entsprachen, stellte die Einspritzpumpe eine Neuentwicklung dar. Die ab März 1974 gefertigten Vorserienwagen wiesen zwar noch eine herkömmliche Pumpe mit pneumatischer Regelung auf, in die Serie wurde jedoch dann eine Reihenpumpe mit mechanischer Einspritzmengensteuerung übernommen. Dieses Prinzip bot gegenüber der Unterdruckregelung den Vorteil gedämpfter Lastwechselreaktionen und weicherer Schaltvorgänge im Teillastbereich. Das Bosch-Aggregat war an den Schmierölkreislauf des Motors angeschlossen und dadurch praktisch wartungsfrei. Die Vorkammern waren geringfügig vergrößert worden, und die Querschnitte der Wasserpumpe hatten eine angepaßte Dimensionierung erfahren. Statt des bisher üblichen Ölbad-Luftfilters fand nun eine Trockenpatrone Verwendung.

Neu war auch die Anlaß-Automatik ohne separaten Vorglühschalter. Die Glühkerzen wurden mit Hilfe der Fahrstellung des Zündschlüssels über ein Relais in Betrieb gesetzt. Gegenüber den drei anderen Dieseltypen, bei denen die Vorglühbetätigung ebenso wie die Leerlaufregulierung unter dem Lenkrad nur mit Fingerakrobatik zu erreichen war, konnte dies als Zuwachs an Bedienungskomfort gelten.

Der Fünfzylinder leistete bei der gegenüber den Parallelmodellen abgesenkten Nenndrehzahl von 4000/min 80 PS. Das maximale Drehmoment erlebte eine Steigerung auf 17,5 mkg bei 2400 Touren. Dieser Energiezuwachs bedingte eine verstärkte Kupplung. Auch die Hinterachse wurde der Leistungscharakteristik des neuen Motors angepaßt: Der 3.0 erhielt einen mit 3,46 : 1 noch direkter übersetzten Achsantrieb.

Kein Wunder, daß man in Untertürkheim versuchte, die Leistungs- und Standfestigkeitsgrenzen des an und für sich noch relativ gering belasteten Dreiliter-Diesels auszureizen, um dabei Erfahrungen für künftige Serien von Ladermotoren zu gewinnen. Daß der OM 617 über einige thermische und mechanische Reserven verfügte, wurde deutlich,

Links: 200 D und 240 D 3.0 markieren Basis und Vollendung der »Strich-Acht«-Dieselfamilie.

Rechts: Motorraum des 220 D/8 mit dem Vorkammertriebwerk, ein ausgereiftes und langlebiges Aggregat.

als 1976 eine weitgehend unbearbeitete Versuchsversion dieses Motors mit Garrett-Abgasturbolader auf dem Prüfstand 190 PS abgab. Dieser Turbomotor bewies im Juni 1976 auf dem Oval von Nardo in Süditalien sein außerordentliches Stehvermögen, als er in einem Versuchswagen des legendären Typs C 111-II D auf Anhieb mehrere Weltrekorde und internationale Klassenrekorde für Dieselfahrzeuge nach Hause fuhr. Dabei wurden Dauergeschwindigkeiten jenseits von 255 km/h erreicht.

Mit derartiger Vehemenz konnten die vier bürgerlichen Serien-Diesel natürlich nicht aufwarten. Während 200 D, 220 D und 240 D mit 130, 135 bzw. 138 km/h im Verkehr gut mitschwimmen konnten – für den 2,2-und 2,4-Liter wurden von Fachblättern sogar Höchstgeschwindig-

Links: 220 D/8 mit langem Radstand und sieben bis acht Sitzen in Taxiausführung.

Unten links: 200 D/8 in der Version »Taxi International«.

keiten gemessen, die deutlich über 140 km/h lagen –, konnte der 240 D 3.0 mit einer Spitze von knapp 150 km/h als vergleichsweise flottes Gefährt angesprochen werden. Auch in der Beschleunigung ragte der Fünfzylinder mit knapp 20 Sekunden für die Spanne Null bis 100 km/h heraus, während die kleineren Diesel dafür zwischen 31 (200 D) und 24 Sekunden (240 D) benötigten.

Hier den spezifischen Verbrauchsvorteil eines Dieselmotors zu rühmen, dürfte sich erübrigen. Interessant ist jedoch, daß gerade die gewiß nicht federgewichtigen Mercedes-Diesel auf ständigen Lastwechsel – beispielsweise im Stadtverkehr – bezüglich ihres Kraftstoffkonsums wesentlich unempfindlicher reagieren als vergleichbare Versionen mit Ottomotoren. Dagegen schlugen längere Autobahnjagden mit deutlich erhöhtem Verbrauch zu Buche. Die Vierzylinder waren bei maßvollem Einsatz mit Schnitten unter zehn Liter auf 100 Kilometer Fahrstrecke zu betreiben; dagegen galten beim 240 D 3.0 Werte um 13 Liter als realistischer. Volles Ausnützen des Leistungspotentials brachte bei diesem Typ kaum mehr Ersparnis – an die 18 Liter je 100 km waren dann als durchaus möglicher Extremwert anzusehen. Von allen Dieselversionen der Neuen Generation waren 945 206 Einheiten produziert worden – das entsprach einem Anteil von über 51 Prozent an der Gesamtstückzahl der Modellreihe W 114/115. Erfolgreichste Variante war dabei mit Abstand der 220 D, der zum populärsten Mercedes wurde und auch in den USA auf Anhieb zum Daimler-Bestseller avancierte: Im ersten Verkaufshalbjahr konnten dort mehr als 12 000 der durchzugsstarken Langhub-Diesel abgesetzt werden.

OHC-Sechszylinder 230 und 250 (W 114)

Wie bei der Vorgängerreihe wurde das Angebot auch bei der Neuen Generation im Sinne kräftiger motorisierter Kompaktmodelle nach oben ergänzt – jetzt aber durch zunächst zwei Sechszylindertypen,

1968, als dieser 200 D ausgeliefert wurde, waren Taxis noch schwarz lackiert.

Modell	200 D (W 115 D 20)	220 D (W 115 D 22)	240 D (W 115 D 24)	240 D 3.0 (W 115 D 30)
Produktionszeit	Jan. 1968 – Dez. 1976	Jan. 1968 – Dez. 1976	Aug. 1973 – Dez. 1976	Okt. 1974 – Nov. 1976
Motor	Reihen-Vierzylinder-Diesel OM 615		R.-4-Zyl.-Diesel OM 616	R.-5-Zyl.-Diesel OM 617
Bohrung × Hub/ccm	87 × 83,6; 1988 ccm	87 × 92,4; 2197 ccm	91 × 92,4; 2404 ccm	91 × 92,4; 3005 ccm
Verdichtung	21,0:1	21,0:1	21,0:1	21,0:1
Leistung	55 PS b. 4200 U/min	60 PS b. 4200 U/min	65 PS b. 4200 U/min	80 PS b. 4000 U/min
Ventilsteuerung	1 obenliegende Nockenwelle (ohc)			
Schmierung	Druckumlauf 4 l (ab 8/73 5 l) Öl		5 l Öl	5,5 l Öl
Kühlung	Wasserkühlung 10,5 l, ab Aug. 1973 10,7 l		10,7 l	10,8 l
Einspritzung	Bosch-Einspritzpumpe			
Elektrik	12 V 66 Ah	12 V 88 Ah	12 V 88 Ah	12 V 88 Ah
Kupplung	Einscheiben-Trockenkupplung, hydraul. betätigt			
Getriebe	4-Gang-Vollsynchron, a. W. 4-G.-Automatik			
Lenkung	Kugelumlauflenkung, a. W. Servo			
Fußbremse	hydraul. 2-Kreis-Vierrad-Scheibenbremse Ate-Dunlop			
Feststellbremse	mechanisch auf Hinterräder, fußbetätigt			
Aufbau	selbsttragend, Limousine 4türig			
Radstand; Spur v/h	2750; 1450/1440 mm	2750 (220 D lang 3400); 1450/1440 mm	2750 (240 D lang 3400); 1450/1440 mm	2750; 1450/1440 mm
Gesamtabmessungen (mm)	4680 × 1770 × 1440 mm	4680 (5335) × 1770 × 1440 mm	4680 (5330) × 1770 × 1440 mm	4680 × 1770 mm × 1440 mm
Bereifung	6.95 L 14 o. 175 SR 14 tbl	175 SR 14 (220 D lang: 185 HR 15)	175 SR 14 (240 D lang: 185 HR 15)	175 SR 14 tbl
Tankinhalt	65 l	65 l	65 l	65 l
Leergewicht	1375 kg	1385 kg (220 D lang 1540 kg)	1390 kg (240 D lang 1560 kg)	1430 kg
Höchstgeschwindigkeit	130 km/h	135 km/h	138 km/h	148 km/h
Stückzahl	339 927	420 270	131 319	53 690

Oben links: 220 D/8 im Jahre 1968.

Oben: Der 240 D 3.0 vermochte auf der Autobahn nicht nur mitzuschwimmen. Er erwies sich als flotter Dauerläufer.

Links: 240 D/8 als Hoteltaxi mit verlängertem Radstand.

den 230 und den 250. Auch diese von den schwächeren Versionen preislich doch bereits deutlich distanzierten Wagen waren – die Antriebsquelle ausgenommen – bis auf wenige Details mit den Vierzylindern baugleich.
Der Motor des 230 (ab August 1973 hieß dieser Typ zur Unterscheidung vom Vierzylinder gleichen Hubraums 230.6) war im Konzept mit einem Dienstalter von 17 Jahren nicht mehr jugendlich-frisch. Das kurzhubig ausgelegte ohc-Triebwerk mit nur vierfach gelagerter Kurbelwelle trug noch immer den Code M 180. Die Vergaseranlage – zwei Zenith 35/40 INAT Registervergaser – war vom Vorgänger her beibehalten worden. Dagegen hatte man die Nockenwelle überarbeitet, um in Verbindung mit den geänderten Steuerzeiten mehr Elastizität im unteren Drehzahlbereich zu gewährleisten. Neu waren auch die molybdänveredelten Kolbenringe. Die Höchstleistung belief sich bei unveränderter Verdichtung und Nenndrehzahl auf die gewohnten 120 PS. Für den Export in einige Länder waren geringer verdichtete Motoren mit 106 PS – und dadurch etwas verminderter Endgeschwindigkeit – erhältlich.
Die erwähnten Exportländer, in die Daimler-Benz vor allem die geringer verdichteten Versionen lieferte, liegen im Nahen Osten. Vorzugsweise im Libanon sieht man den 106-PS-Mercedes in erstaunlichen Stückzahlen, woran die politischen Wirrnisse der letzten Zeit nichts geändert haben.
In der Disziplin Laufruhe waren diese Triebwerke zwar den Vierzylindern überlegen, wirkten aber wegen der wenig spontan ansprechenden Vergaser deutlich träger und antiquierter. Zwei von der Zeitschrift *auto motor und sport* in den Jahren 1968 und 1972 veröffentlichte Vergleichstests der oberen Mittelklasse ergaben zwar beide einen überlegenen Sieg des 230 – in der Wertungskategorie »Motor« war der Senior der Neuen Generation aber jeweils deutlich abgeschlagen Letzter.
Aus den Tests der Fachblätter ging der 230 als flottes Auto hervor. 172 bis 178 km/h Spitzengeschwindigkeit und Beschleunigungszeiten, die bei 13 Sekunden für Null bis 100 km/h lagen, zeugten von Temperament, das aber mit Verbrauchswerten zwischen 15,8 und 17,5 Liter pro hundert Kilometer erkauft werden mußte.

Rechts: Wenn's auch so aussieht – verschneite Steigungen waren nicht gerade das Element dieser Wagen!

Der 230 errang sogar sportlichen Lorbeer, als er im Jahre 1968 bei der 1800 Kilometer langen Rallye Tansania das Gesamtsiegerauto stellte. In Australien gewann der 230 einen Wettbewerb ganz anderer Art, als er bei einer Leserumfrage der Zeitschrift *Modern Motor* schlicht und einfach zum »Besten Auto der Welt« gewählt wurde.
Einziges äußeres Unterscheidungsmerkmal zu den Vierzylindern war – außer dem Heckschriftzug – ein größer kariertes Kühlerschutzgitter.

Unten: 250/8, kenntlich an den zusätzlichen Stoßecken unterhalb der Stoßstange.

Rechts: Sechszylindermotor des 230 mit den beiden Zenith-Registervergasern. Das ohc-Aggregat lieferte 120 PS.

Ab 1969 gab es den 230 ebenso wie den 220 D und später den 240 D auch mit einem um 65 Zentimeter gestreckten Radstand. Diese sieben- bis achtsitzige Taxiversion wurde 1970 durch eine Art »Pullman-Limousine« mit nur fünf Sitzen ergänzt. Die verlängerte Variante war auch als teilkarossiertes Fahrgestell für Krankenwagenaufbauten erhältlich.
Keinen Vorgänger hatte der Typ 250, vier Jahre lang Spitzenmodell der Kompaktklasse. Neben der weitmaschigeren Kühlerattrappe unterschied sich der 250 durch einige Ausstattungsdetails von seinen geringeren Brüdern: Vorn wies er eine doppelte Stoßstange mit Aussparung für das Nummernschild im unteren Teil auf, der Frischlufteinlaß vor der Windschutzscheibe war ebenso verchromt wie die inneren Türrahmen. Bodenteppiche auch im hinteren Fußraum, Holzfurnier am Armaturenbrett und Armlehnen an den Fondtüren dokumentierten den Rang des Flaggschiffs.
Neu, wenn auch keineswegs sensationell, war das Triebwerk des 250. Dieser Motor des Baumusters M 114 mit siebenfach gelagerter Kurbelwelle hatte mit der Maschine des ehrwürdigen 250 S trotz identischer Bezifferung nur wenig zu tun; er basierte vielmehr auf dem Block der 2,8-Liter-S-Klasse (280 S–300 SE), wies also bereits die gleichmäßigen Zylinderabstände auf. Die Zylinderbohrung war allerdings gegenüber dem 280 S um 4,5 Millimeter zurückgenommen worden, um einen Hubraum von 2496 ccm zu erreichen. Bei nominell 5400/min leistete der M 114 130 PS.

Ab Juli 1970 baute man in die USA-Exportmodelle den 2,8-Liter-Vergasermotor des 280 S ein, der hier allerdings – niedriger verdichtet – 130 PS leistete und den verschärften amerikanischen Abgasbestimmungen entsprach. Dieses M 130 benannte Triebwerk fand ab Mai 1972 für die gesamte 250-Serie, also auch für den Heimatmarkt, Verwendung. An der Leistungsabgabe änderte sich nichts, die voluminösere Maschine wartete allerdings mit einem um sechs Prozent gesteigerten Höchstdrehmoment auf, das bereits bei 3200 statt 3600/min zur Verfügung stand. Der 250 war dadurch ein ungemein durchzugskräftiges Automobil geworden.

Mit seinem beträchtlichen Gewicht und wenig vorbildlichen Luftwiderstand konnte der 250 kein Asphaltbrenner sein, erreichte aber mit einer Spitze von 182 km/h und einer Null-bis-Hundert-Zeit von 11,6 Sekunden – nach einem Test in *auto motor und sport* – ansehnliche Fahrleistungen. Dabei verbrauchte er nicht mehr Sprit als der 230.

Mercedes 230.6 in der zweiten Ausführung. Dieser Wagen wurde ab August 1973 angeboten und blieb bis November 1976 im Programm. Insgesamt waren die Zwodreißiger als Bestseller zu bezeichnen; fast eine Viertelmillion wurden von ihnen gebaut und verkauft. Noch heute hat ein gepflegter 230 einen guten Wiederverkaufswert.

Modell	230 bzw. 230.6 (W 114 V 23)	250 (W 114 V 25)	250 (W 114 V 28)
Produktionszeit	Jan. 1968 – Nov. 1976	Dez. 1967 – Mai 1972	Juli 1970 – Juli 1976
Motor	Reihensechszyl. M 180	Reihensechszyl. M 114	Reihensechszyl. M 130
Bohrung × Hub/ccm	81,75 × 72,8; 2292 ccm	82 × 78,8; 2496 ccm	86,5 × 78,8; 2778 ccm
Verdichtung	9,0:1	9,0:1	8,7:1
Leistung	120 PS bei 5400 U/min	130 PS bei 5400 U/min	130 PS bei 5000 U/min
Ventilsteuerung	1 obenliegende Nockenwelle (ohc)		
Schmierung	Druckuml. 5,5 l (ab 8/73 6 l)	Druckumlauf 5,5 l Öl	Druckumlauf 6 l Öl
Kühlung	Wasserkühlung 10,1 l	Wasserkühlung 9,9 l	Wasserkühlung 10,6 l
Vergaser	2 × Zenith 35/40 INAT		
Elektrik	Batterie 12 V 55 Ah		12 V 66 Ah
Kupplung	Einscheiben-Trockenkuppl., hydraul. betätigt		
Getriebe	4-Gang-Vollsynchron; a. W. 4-Gang-Automatik, ab 9/69 a. W. mech. 5-Gang		
Lenkung	Kugelumlauflenkung, a. W. Servo		
Fußbremse	hydraul. 2-Kreis-Vierrad-Scheibenbr. Ate-Dunlop		
Feststellbremse	mechan. auf Hinterräder, fußbetätigt		
Aufbau	selbsttragend, Limousine 4türig		
Radstand; Spur v/h	2750 (230 lang 3400) mm; 1445/1440 mm	2750 mm; 1445/1440 mm	
Gesamtabmessungen (mm)	4680 (5335) × 1770 × 1440 (1485) mm	4680 × 1770 × 1440 mm	
Bereifung	6.95 S 14 o. 175 SR 14 (230 lang 185 HR 15)	6.95 H 14 oder 175 H 14 oder 175 SR 14	
Tankinhalt	65 l	65 l	65 l
Leergewicht	1345 kg (230 lang 1515 kg)	1360 kg	1395 kg
Höchstgeschwindigkeit	175 km/h	180 km/h	180 km/h
Stückzahl	221 783	78 303	34 061

Gegenüberliegende Seite unten: 250/8 mit aufgewerteter Front in der Camargue.

Links: 280 und 280 E waren an den vorderen Stoßecken und der vorgezogenen Heckstoßstange zu erkennen. Die Leichtmetallräder gab es gegen Aufpreis.

Rechts: Mercedes 280 vom Sommer 1973. Unauffällige Eleganz, zeitlos im Design, stramm in der Leistung.

DOHC-Sechszylinder 280, 280 E (W 114)

Kaum war die »Neue Generation« eingeführt, begannen in Untertürkheim Mitte 1969 die Entwicklungsarbeiten an einem Nachfolge-Sechszylinder. Achtzehn Jahre waren die ohc-Triebwerke aus dem »Baukasten« nun in Produktion und machten mittlerweile gegen konkurrierende Aggregate – vor allem aus Bayern und aus dem englischen Coventry – nicht in allen Disziplinen eine gute Figur. Dazu kam, daß nicht nur für den Verkauf in Nordamerika, sondern auch in der Heimat mit einschneidenden ökologisch begründeten Gesetzesmaßnahmen zu rechnen war und ein Beibehalten von Leistungsfähigkeit und Haltbarkeit angesichts sinkender Treibstoffqualitäten mit dem vorhandenen Triebwerkspotential eine gewisse Hürde darstellte, wollte man den Ausweg nicht nur über ständige, letztlich nur in Grenzen mögliche Hubraumvergrößerung suchen.
Eine optimale Gasführung war die Grundvoraussetzung für eine neue Motorengeneration – große Ventile, V-förmig über hemisphärischen Brennräumen im Querstromprinzip angeordnet. Diese konstruktiven Vorgaben konnten nur von einem Hochleistungsmotor mit zwei obenliegenden Nockenwellen à la Alfa Romeo, Jaguar, Osca oder Lotus erfüllt werden.
Es war sicher nicht bloßes Leistungsbewußtsein, als Daimler-Benz im Mai 1972 seine 2,8-Liter-twin cam-Modelle 280 und 280 E präsentierte. Die neuen, formschönen Maschinen fußten zwar im Prinzip auf dem angegrauten 2,8-Liter-Block, dennoch stellten sie effektiv völlige Neuentwicklungen dar. Alle Register der Baukunst schneller Motoren waren gezogen worden: Im Leichtmetall-Zylinderkopf rotierten zwei Nockenwellen, die ohne große Umstände ausgebaut werden konnten; die Brennräume waren halbkugelförmig ausgebildet; Ansaug- und Abgaswege lagen einander in Crossflow-Anordnung gegenüber. Beide Varianten waren nur noch 9,0 : 1 verdichtet. Für Haltbarkeit und Vibrationsfreiheit sorgten der sehr steife Ventiltrieb, der durch unzählige Gußrippen verstärkte Block und die siebenfach gelagerte Kurbelwelle mit zwölf – statt bisher acht – Gegengewichten. Auch feinste

Vibrationen wurden von einem Zweimassen-Schwingungsdämpfer – einer Stahlscheibe mit Hartgummikern – absorbiert. Die Durchflußmenge des Motorenöls wurde thermostatisch geregelt, um die Kaltlaufphase zu verkürzen und den daraus resultierenden Verschleiß zu mindern.
Die Nockenwellen wurden wie eh und je von einer Doppelrollenkette angetrieben, nachdem Versuche mit Zahnriemen keine befriedigende Lebensdauer erbrachten. Die Servicefreundlichkeit wurde durch leicht einstellbare Ventile und Diagnosestecker für die Zündzeitpunktkontrolle und Abgasanalyse aktualisiert. Die Betätigung der in einem Winkel von 52 Grad zueinander stehenden Vetile erfolgte durch kurze Schwinghebel – die Höchstdrehzahl konnte so auf 6500/min angehoben werden. Fliehgewichte im Verteilerläufer regelten die Drehzahl zwischen 6600 und 6800/min – einem Überdrehen war damit ein Riegel vorgeschoben.

Das Triebwerk des 280 war mit einem neuentwickelten Solex-Doppelregistervergaser der Type 4A1 mit Startautomatik und temperaturabhängiger Kraftstoffvorwärmung ausgerüstet. Dieser Vergaser vereinigte die Vorzüge zweier Bauformen in sich: Die erste Stufe entsprach dem herkömmlichen Festdüsenvergaser, während die zweite Stufe nach dem Gleichdruckprinzip à la Stromberg arbeitete. Die Gemischaufbereitung des 280 E bestand in einer elektronisch gesteuerten Bosch-Benzineinspritzung der Bauart D-Jetronic mit Start- und Warmlaufautomatik. Beide Maschinen waren mit einer wartungsarmen Transistorzündung versehen.
Die dohc-Motoren liefen unter allen Fahrbedingungen sanft und kultiviert und stellten dabei ein fast turbinenhaftes Drehvermögen unter Beweis. Lediglich im unteren Drehzahlbereich wirkten sie unelastisch, offensichtlich die Folge einer zu mageren Abstimmung. Die Vergaserversion des M 110 gab bei 5500/min 160 PS ab, während der Einsprit-

zer mit satten 185 PS aufwarten konnte, die bei 6000/min zur Verfügung standen und einer spezifischen Leistung von immerhin 67,3 PS pro Liter Hubraum entsprachen. Kostverächter waren beide Motoren nicht, auch wenn sie sich – 1972 war der Bleitetraäthylgehalt des deutschen Tankstellenbenzins herabgesetzt worden – mit Super der Oktanzahl 97 statt bisher 99 begnügten. Die schnellen Motoren forderten ungeachtet der Art ihrer Gemischaufbereitung mit Verbräuchen zwischen 16 und 20 l/100 km ihren Tribut.

Dieser Expreßzuschlag wurde durch eine außerordentliche Leistungsfähigkeit der sportlichen Limousinen honoriert. Der 280 erreichte eine Spitze von über 190 km/h, der 280 E lief nach einem Test stramme 202 km/h. Von Null auf 100 km/h beschleunigten die beiden Varianten – jeweils mit Schaltgetriebe – in 10,5 bzw. 9,5 Sekunden. Dieses Temperament war um so bemerkenswerter, als die Neuen im Durchschnitt um 60 bis 70 Kilogramm an Gewicht zugelegt hatten, wobei der Motor gegenüber der 250-Maschine 20 Kilogramm schwerer war und der Rest des Zuwachses an Masse auf Konto der intensiven Geräuschdämpfung ging.

Die neuen Spitzenmodelle waren in Grundausstattung um 1200 bzw. 2800 Mark teurer als der 250. Mit einem vernünftigen Maß an sinnvoller Zusatzausrüstung wie Servolenkung, elektrisches Schiebedach, Fünfganggetriebe oder Automatik und heizbarer Heckscheibe rückte der Preis eines 280 E in unmittelbare Nähe des Betrages, der für einen 280 S der Oberklasse zu entrichten war. Andererseits konnte man für den Kaufpreis eines 280 E auch einen ausgesprochenen Oberklassewagen von BMW (Typ 3.0 S), Fiat (Typ 130 3200) oder Opel (Admiral 2800 E) erwerben, der entweder über mehr Innenraum und Komfort oder – im Falle des eleganten Sechszylinder-BMW – sogar über mehr Leistung verfügte.

Es lag auf der Hand, daß der Käufer eines 280 oder 280 E angesichts des hohen Kaufpreises Wert auf ein optisches Abheben von den Schwestermodellen legte. Eine Differenzierung war aber nur sehr bedingt festzustellen: Die Zweihundertachtziger erhielten lediglich im Stile der »kleinen« Coupés hintere Stoßstangen, die bis an die Radausschnitte herangezogen waren. Wie beim 250 gab es zunächst eine doppelte vordere Stoßstange, die aber im August 1973 wegen des unteren Lufteintritts durch einen einfachen Stoßfänger ersetzt wurde. Weniger offenkundig waren die weiteren Unterschiede zu den übrigen

Links: Ein Blick auf die beiden obenliegenden Nockenwellen bei abgenommenem Ventildeckel des 280 E-Motors. Eine technische Delikatesse.

Rechts: Armaturenbrett des 280 E mit umschäumtem Vierspeichen-Lenkrad.

Modell	280 (W 114 V 28)	280 E (W 114 E 28)
Produktionszeit	Mai 1972 – September 1976	April 1972 – September 1976
Motor	Reihensechszyl. M 110	
Bohrung × Hub/ccm	86 × 78,8; 2746 ccm	
Verdichtung	9,0:1	
Leistung	160 PS bei 5500 U/min	185 PS bei 6000 U/min
Ventilsteuerung	2 obenliegende Nockenwellen (dohc)	
Schmierung	Druckumlauf 6 l Öl	
Kühlung	Wasserkühlung 9,7 l	
Gemischaufbereitung	1 Doppel-Reg.-Verg. Solex 4 A 1	elektron. Einspr. Bosch D-Jetr.
Elektrik	Batterie 12 V 66 Ah	
Kupplung	Einscheiben-Trockenkupplung, hydr. betätigt	
Getriebe	4-Gang-Vollsynchron; a. W. 5-Gang oder 4-G.-Autom.	
Lenkung	Kugelumlauflenkung, a. W. Zahnsegment-Servolenk.	
Fußbremse	hydr. 2-Kreis-Vierrad-Scheibenbr. Ate-Dunlop	
Feststellbremse	mechan. auf Hinterräder, fußbetätigt	
Aufbau	selbsttragend, Limousine 4türig	
Radstand; Spur v/h	2750 mm; 1450/1440 mm	
Gesamtabmessungen (mm)	4680 × 1770 × 1440 mm	
Bereifung	185 HR 14	
Tankinhalt	78 l	
Leergewicht	1455 kg	
Höchstgeschwindigkeit	190 km/h	200 km/h
Stückzahl	44 537	22 836

Mitgliedern der Typenfamilie. Der Tank war wegen des erhöhten Verbrauchs von 65 auf 78 Liter Fassungsvermögen vergrößert worden. Die Felgenbreite war auf sechs Zoll angewachsen. In Serie wurden Gürtelreifen der Dimension 185 HR 14 montiert. Die gegen Aufpreis erhältliche Servolenkung entsprach der des 350 SL und bestand in einer Zahnsegmentlenkung mit konstanter Übersetzung. Die vorderen Scheibenbremsen waren angesichts der Leistungsentfaltung der 2,8-Liter-Wagen üppiger dimensioniert worden. Am Fahrwerk waren keinerlei Modifikationen oder Abstimmungsänderungen vonnöten – eine Tatsache, die für das hervorragende Konzept spricht. Die Radführung war auch beim 280 E niemals überfordert.
Hinsichtlich des angestiegenen Drehmoments verstärkte man das Zahnradpaar der ersten Getriebe-Schaltstufe für den 280 E. Außerdem erhielten alle Zahnräder geschliffene Zahnflanken für ruhigeren Ablauf. Die Scheibenwischerbetätigung bekam zudem eine dritte Schaltstufe für Intervallbetrieb.

Insgesamt wurden von den Doppelnockenwellen-Typen der Neuen Generation 67 373 Exemplare gebaut. Unter Berücksichtigung der nur halb so langen Bauzeit verkörperten 280 und 280 E damit gegenüber dem behäbigeren 250 den besseren Verkaufserfolg.
Die mitgliederstarke Modellfamilie mit der Acht hinter der Typenbezeichnung hatte der Daimler-Benz A. G. einen vehementen Verkaufserfolg beschert. In achteinhalb Jahren waren fast zwei Millionen Wagen der Neuen Generation gefertigt worden. Erstklassige Fahreigenschaften, hoher Fahrkomfort, eine überdurchschnittliche Lebenserwartung und Zuverlässigkeit ließen die Wagen der Baumuster 114 und 115 zu ungewöhnlich harmonischen Automobilen werden, selbst wenn man den gewohnt hohen Soliditätsstandard von Mercedes-Benz in Betracht zieht. Die Reaktion der Käufer wurde in dem nach der Vorstellung der »Kleinen« deutlich ausgebauten Marktanteil für Mercedes-Benz transparent. Der »Mercedes für BMW-Fahrer« – wie die Zeitschrift *mot* 1968 schrieb – war ein erstklassiger Wurf.

Aus dem Fotoarchiv des Mercedes-Benz-Liebhabers

Nicht nur ausgesprochene »Oldtimer« – als Fahrzeuge der Vorkriegs- oder frühen Nachkriegszeit – zählen zu den Liebhaberwagen. Gerade die Automobile der traditionsreichen Marke Daimler-Benz avancieren zu Sammlerstücken, wenn sie noch jünger sind. Nicht nur ein Sechshunderter oder 450 SL darf für sich den Status eines Collector's Item in Anspruch nehmen; über kurz oder lang kann jeder Mercedes – wenn auch nicht immer zu einer Rarität – so doch aber zur Kategorie der Klassiker gehören, in die zu investieren es sich stets lohnt.

Einer der ersten 600 Pullman im Schwäbischen.

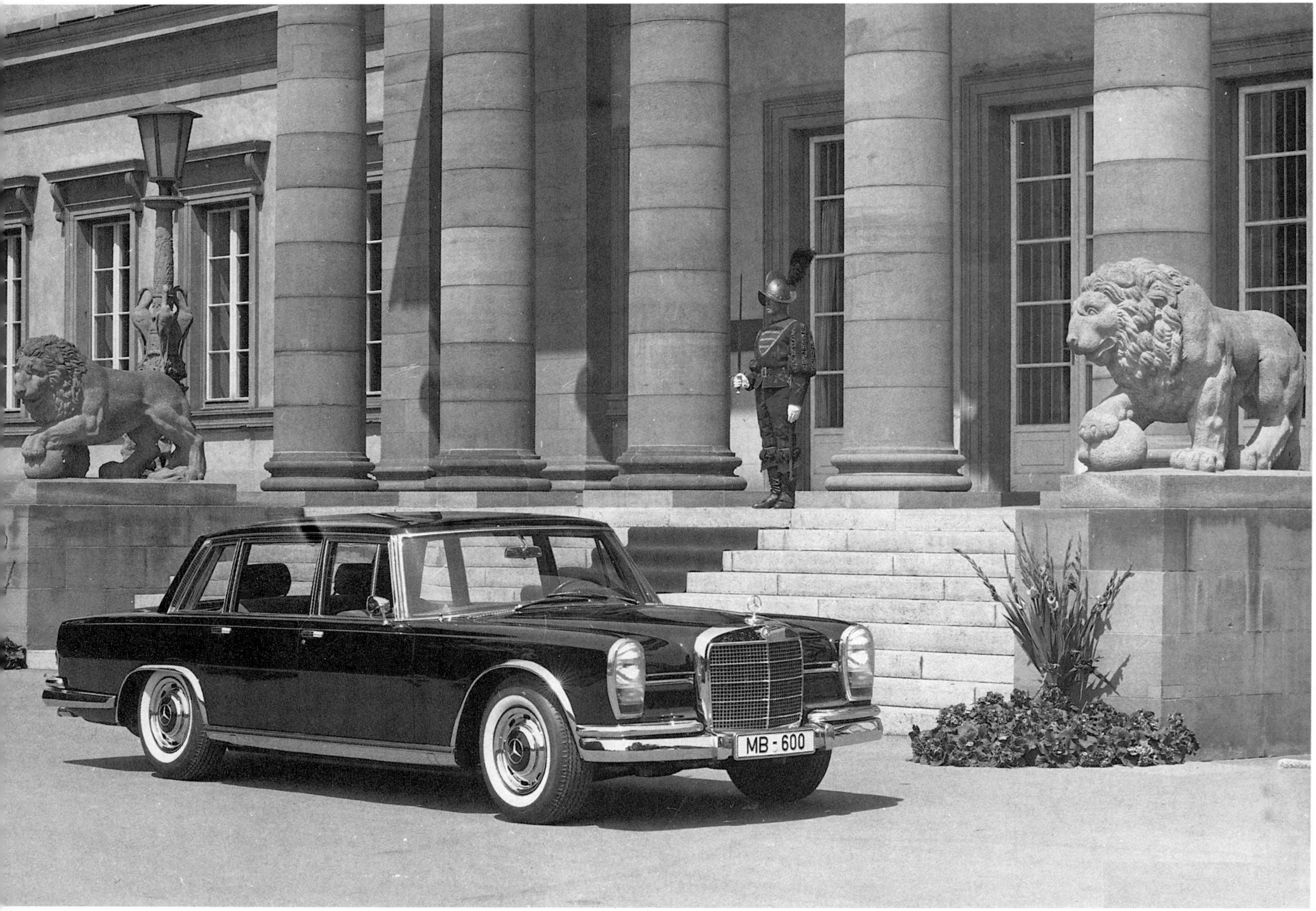

Werbefoto mit Repräsentations-Appeal: Ein 600 mit Schweizer-Garde-Motiv und einem roten Teppich auf den Stufen zum Portal . . .

Rechts: 200/8, Neckar und eine Portion Lebensfreude.

S-AA 4453

Kein Off-Road-Wagen, aber ein 230/8 der ersten Serie.

Rechts: Ein 200/8 aus dem Jahre 1971. In solcherart gepflegtem Zustand schon jetzt ein Liebhaberstück!

Besitzer: Georg Steininger, Bindlach.

Oben: 200 D/8 der zweiten Serie als Taxi.

Rechts: 220 D mit verlängertem Radstand. In Privatbesitz nur selten anzutreffen.

HOTEL
BRENNER
S-E 6353

Oben: 250 CE im Ahrntal, Wagen aus der Sammlung des Autors.

Rechts: Ein feiner 250/8 von 1970. Ein Wagen von zeitlos gültigem Design.

Besitzer: G. Gebelein, Weidenberg

Oben: 250/8, Baujahr 1974, im Allgäuer Winter.

Rechts: 300 SEL 6.3 bei Reifenversuchen in Hockenheim.

Reifen
Continental Reifen
Continental Reifen
Continental Reifen
DUNLOP
DUNLOP
S-C 5592

Oben: 280 SE 3.5 Baujahr 1971, Besitzer: Rainer Lang, Bayreuth.

Rechts: Mercedes 300 SEL 6.3. Die dunkelgrüne Lackierung steht ihm ausgezeichnet und unterstreicht seine Gediegenheit.

Besitzer: Henoch Wider, Widnau, Schweiz.

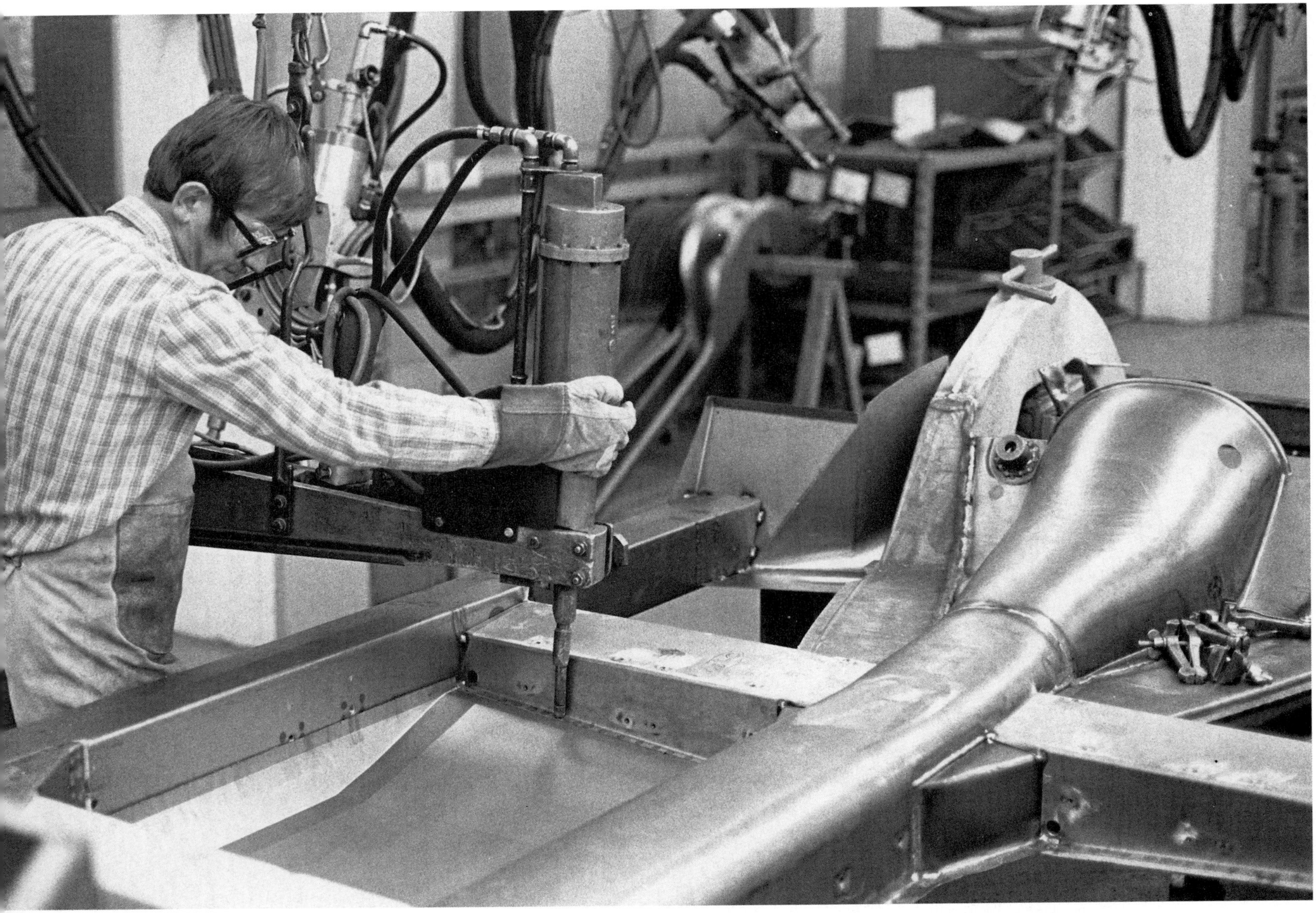

Oben: Handarbeit in der Sindelfinger Spezialabteilung – die Rahmenboden-Anlage eines 600 entsteht.

Rechts: Schleifarbeiten am Rohbau der SL-Reihe 107.

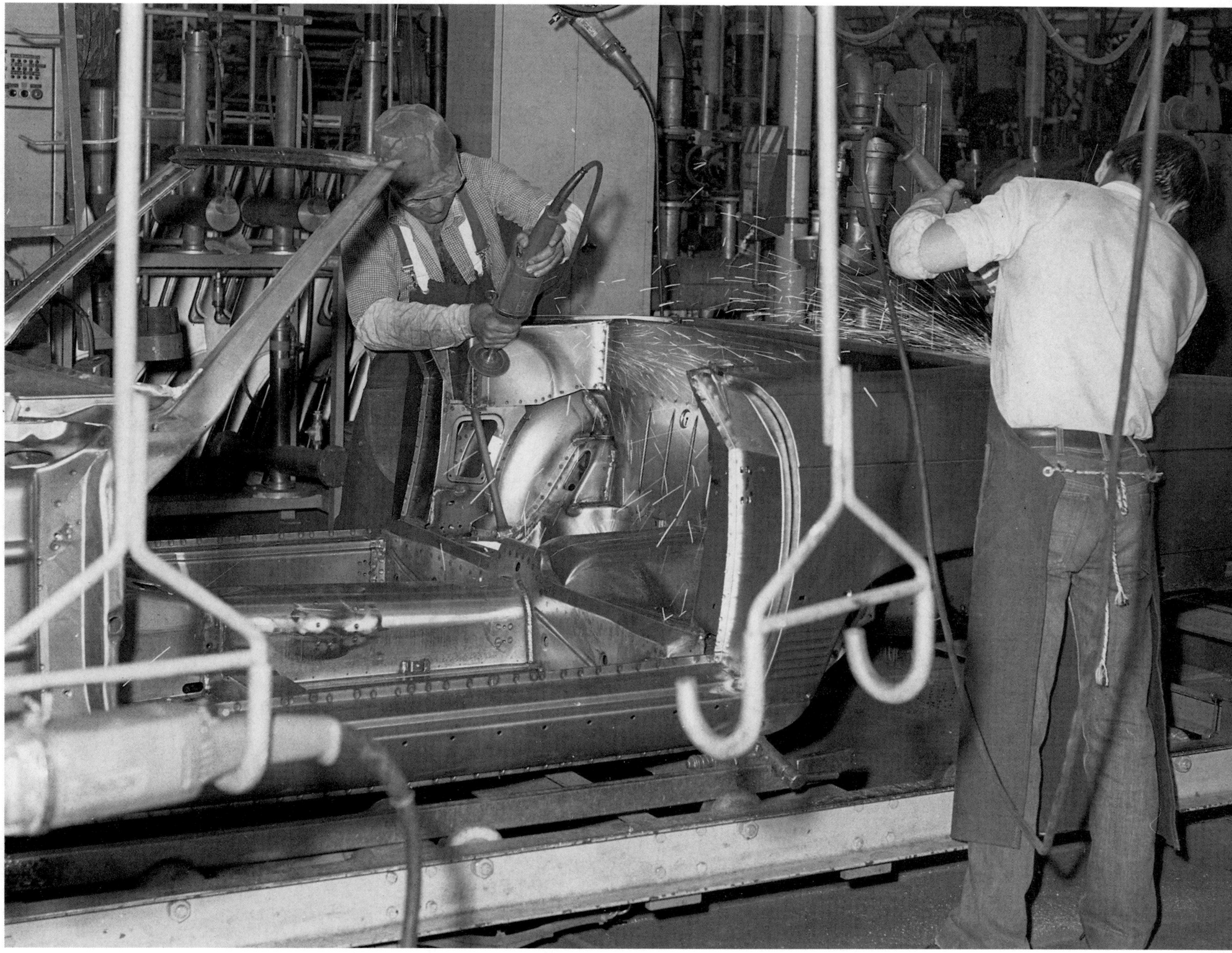

Links: 600 Landaulet, Jahrgang 1971, im Besitz eines amerikanischen Sammlers.

Unten: Dieser Prospekttext aus dem Jahre 1950 besaß auch 25 Jahre später noch Gültigkeit – nur brauchte der Fahrer nicht mehr ein »Könner am Lenkrad« zu sein . . .

FÜR DEN SPORTLICHEN FAHRER EINE LEIDENSCHAFTLICHE FREUDE

Welche Freude, welcher Reiz für den Könner am Lenkrad, die hohe Spitzengeschwindigkeit, das lebendige Anzugsvermögen und die einzigartige Straßenlage dieses Wagens voll auszunutzen, bei zurückgelegtem Verdeck den ungehinderten Genuß an Sonne, Luft und Landschaft zu haben. Entfernungen schrumpfen, Straßen glätten und Kurven strecken sich — und niemals verliert man das Gefühl absoluter Sicherheit.

Gegen Ende der sechziger Jahre bot Daimler-Benz neben den Roadstern und großen Coupés eine dritte Modellreihe für Individualisten an:

Mercedes-Benz 250 C, 250 CE, 280 C, 280 CE (W 114)

Bei den Großserienproduzenten Opel und Ford gab es seit 1961 bzw. 1965 nach amerikanischem Vorbild stilistisch mehr oder weniger gelungene Coupé- oder Hardtopversionen, die sich durchaus der Gunst des Publikums erfreuten. Diese Zweitürer fußten stets auf der Personenwagen-Hauptlinie, waren bezüglich Mechanik und vieler Blechpreßteile mit dem Großserienerzeugnis identisch. Sie erhielten ihr verändertes, sportliches Aussehen in der Regel durch ein knapper geschneidertes Dach und stärker geneigte Front- und Heckscheiben und boten dabei – abgesehen von der zwangsläufig eingeschränkten Kopffreiheit – das gleiche Raumangebot wie die zugehörigen Limousinen. Durch ein solches Rezept der Konfektionierung konnten die Preisaufschläge für diese Derivate, die ein scheinbares Abheben aus der Masse des täglichen Verkehrsaufkommens vermitteln sollten, sehr niedrig gehalten werden. Entsprechend war die Popularität dieser Großseriencoupés, die ihre Aufbaubezeichnung – bezogen auf das Dach – zu Recht trugen, heißt doch das französische Partizip perfekt *»coupé«* nichts anderes als »abgetrennt«.

In Untertürkheim und Sindelfingen baute man seit 1954 in exklusiven Stückzahlen bildschöne Coupés, die zwar in allen Generationen eine Ähnlichkeit mit den Grundbaumustern nicht verleugnen konnten, aber mit den Limousinen kaum gemeinsame Karosserieteile aufwiesen und deshalb nicht unter dem Gesichtspunkt von Ökonomie und Rationalität zu fertigen waren. Mit der Einführung zweier Hauptmodellreihen an Stelle der Einheitskarosserie bot sich die Möglichkeit, auch auf Basis der kleineren Typen der »Neuen Generation« ein Coupé zu schaffen und diese Karosserieversion unter weitgehender Verwendung von existierenden Blechteilen relativ kostengünstig herzustellen. Schon zu Beginn der Projektphase der »Strich-Acht«-Modelle war

erwogen worden, die Wagenpalette durch ein Coupé zu ergänzen, da man die Marktlücke für ein gehoben-luxuriöses Fahrzeug dieser Spezies erkannt hatte.
Im Winter 1967/68 – die Limousinen der Neuen Generation waren soeben vorgestellt worden – tauchten die ersten ungetarnten Coupé-Prototypen im Straßenversuch auf. Im Oktober 1968 lief die Vorserie an, im November wurden die Zweitürer der Presse vorgestellt. Als Termin des offiziellen Debüts galt der Januar 1969 – die Produktion der Coupés kam aber erst im Frühjahr 1969 langsam in Gang. Man hatte noch alle Hände voll zu tun, die ungeheuere Nachfrage nach den neuen Limousinen zu befriedigen, um die bereits beträchtlichen Lieferfristen nicht weiter anwachsen zu lassen.
Das Mercedes-Coupé von der Stange war in zwei äußerlich identischen Versionen zu haben – als 250 C mit Vergasermotor und als Einspritzer, genannt 250 CE. Im Grunde handelte es sich dabei um den bestens eingeführten 250/8, dem man ein hochelegantes, knapp zugeschnittenes Dach verpaßt hatte. Bis zur Windschutzscheibe, die stärker als bei der Limousine geneigt war, stimmten Innenlenker und Coupés völlig überein. Die Gürtellinie lag auf unveränderter Höhe. Die Seitenfläche wurde von einer Tür ungewöhnlicher Breite beherrscht, die denkbar bequemen Einstieg – auch zum Rücksitz – ermöglichte. Die Schwenkfenster in den Türen blieben, abweichend von den Limousinen, während der gesamten Bauzeit der Coupés erhalten. Neben den rahmenlosen Türfenstern konnten auch die hinteren Seitenscheiben – manuell oder gegen Aufpreis elektrisch – völlig versenkt werden. Da die Coupés keine Mittelpfosten aufwiesen, ergab sich dann eine durchgehende Freiluftzone nach bester Hardtop-Manier – wegen der tosenden Windgeräusche und des orkanartigen Luftzugs freilich allenfalls im Hochsommer beim Promenieren auf den Quais der Côte d'Azur nutzbar.
Das Dach war erheblich kürzer als das der Limousine und 45 Millimeter niedriger. Sitzriesen mußten, wenn der Wagen noch mit Schiebedach ausgerüstet werden sollte, den abgesenkten Fahrersitz mitbestellen. Die Heckscheibe stand in einem wesentlich flacheren Winkel als beim normalen 250 und erinnerte durch ihre betont trapezartige Form und die breite Chromeinfassung an die Gestaltung des SL-Hardtops. Auch die beiden längs über die Dachfläche laufenden Chromstäbe, die geschickt mit Befestigungspunkten für Gepäckträger oder Skihalter versehen waren, erweckten Reminiszenzen an den 280 SL.
Daß ein konfektioniertes Coupé zugunsten erheblich günstigerer Entwicklungs- und Fertigungskosten Zugeständnisse an die Harmonie der Linienführung bedingt, wurde aus der Heckpartie des 250 C/CE deutlich: Durch das kurze Dach und die geschrumpfte Innenraumlänge in Verbindung mit der bis zu den Radausschnitten vorgezogenen Stoßstange wirkte das Hinterteil überakzentuiert. Dadurch wies der Kofferraum zwar das stattliche Volumen von 500 Litern auf, einer geglückten Proportionierung wäre aber eine längere Motorhaube zuträglicher gewesen. Dennoch konnte man – vor allem, wenn man den Kompromißcharakter der Entstehung der Coupés in Betracht zog – von einer formal gelungenen Konzeption sprechen. 250 C und CE vermittelten mit einigen Zutaten wie Leichtmetallfelgen und üppiger Bereifung ein durchaus sportliches Flair und erlangten fünfzehn Jahre nach ihrer Einführung auf dem Markt bereits Sammlerstatus.
In ihrer Innenausstattung waren die Coupés gegenüber dem bereits mit einem Hauch von Luxus versehenen 250/8 aufgewertet worden: Wagenboden und Einstiegsschweller waren gänzlich mit Teppichbo-

Gegenüberliegende Seite: Trotz der konfektionierten Bauweise waren mit den C/CE-Coupés reizvolle Autos entstanden.

Rechts: Auf Wunsch gab es Halogen-Scheinwerfer und Alu-Räder. Ab August 1973 entfiel auch bei den Coupés die doppelte Stoßstange, die Kühlermaske wurde breiter.

den ausgelegt, die Ablageflächen auf dem Getriebetunnel und vor dem Rückfenster mit Textilgewebe verkleidet. Liegesitze mit Chrombeschlägen zählten zur Serienausrüstung. Verchromt waren auch die Türfüllungen. Ein aufwendiger (aber in seiner Funktionsweise reichlich unzuverlässiger) Gag war die automatische, unterdruckbetätigte Verriegelung der Vordersitzlehnen, die erst durch Öffnen der Türen oder Drücken eines Knopfes an der hinteren Innenverkleidung gelöst werden konnte.

Bezüglich Kraftübertragung und Fahrwerk entsprachen die Coupés der 250 Limousine. Unterschiede waren bei der Antriebsquelle zu vermerken. Der 250 C besaß den 130-PS-Motor des 250, war allerdings für den Export in die USA ausschließlich mit dem 140-PS-Triebwerk des 280 S erhältlich. Diese Maschine wurde im Mai 1972 auf 130 PS gedrosselt und stellte dann für den 250 C Standardausrüstung – auch für den Inlandsmarkt – dar.

Neues gab es beim mit zwei Monaten Verspätung in Produktion gegangenen 250 CE zu vermelden. Daß sich ein neuer 2,5-Liter-Motor in Entwicklung befand, wurde seit langem gemunkelt – Fachblätter wollten von einem V6-Aggregat wissen. Doch der M 114 blieb erhalten, sein Charakter wurde indessen durch eine andere Art der Gemischaufbereitung gründlich verändert: Erstmals hatte man einen Daimler-Benz-Personenwagen mit einer elektronisch gesteuerten Benzineinspritzung ausgerüstet, die auf einer gemeinsamen Schöpfung von Bosch und dem Volkswagenwerk aufbaute. Zwar war die mechani-

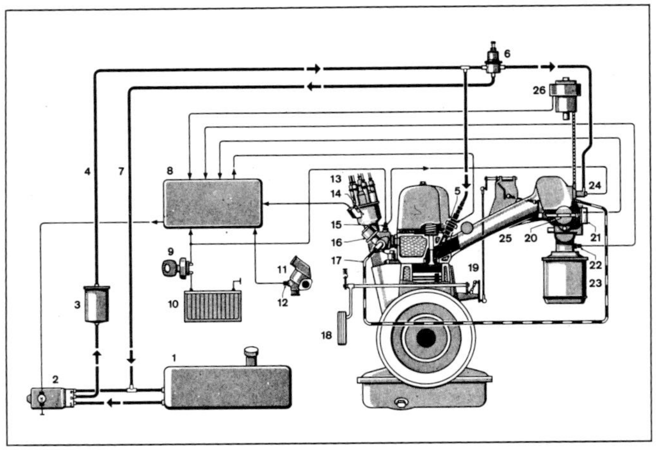

Ganz links: Nur im Coupé gab es den 2,5-Liter-Motor mit elektronisch gesteuerter Einspritzung.

Links: Schema der D-Jetronic im 250 CE. Die Meßimpulse des Kühlwasser-Temperaturfühlers (11/12), des Drosselklappenschalters (21), des Ansauglufttemperaturfühlers (22) und des Druckfühlers (27) wurden im Steuergerät (8) verarbeitet.

Links: Die »kleinen« Mercedes-Coupés konnten ihre profane Abstammung nicht verleugnen!

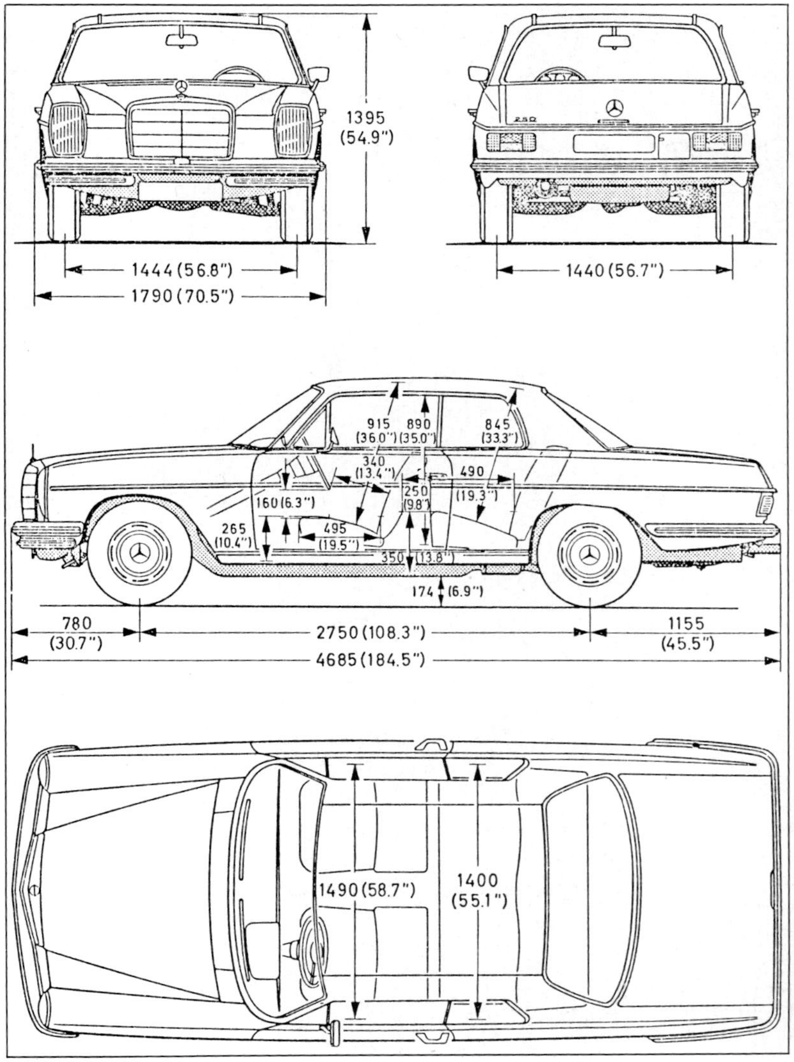

Links: Maßskizze des Coupés der Baureihe 114.

Oben: Ein erster Entwurf von Paul Bracq für das Mittelklasse-Coupé – die Dachlinie blieb in etwa erhalten.

Unten: Ab Mai 1972 gab es auch in den Coupés die neuen dohc-Motoren.

sche Mercedes-Einspritzung mit Hilfe eines ebenso komplizierten wie teueren Regelungssystems zu einem hohen Grad an Anpassungsfähigkeit perfektioniert worden – gegen Ende der sechziger Jahre war die Kraftfahrzeug-Elektronik jedoch längst ihren Kinderschuhen entwachsen und bot die Möglichkeit, Daten über alle Betriebsbedingungen eines Motors exakter und weniger aufwendig zu ermitteln und in Steuervorgänge umzusetzen.
Bei der D-Jetronic des 250 CE wurden die Einflußgrößen Drosselklappenstellung, Motordrehzahl, die Druckverhältnisse im Saugrohr sowie Luft- und Kühlmitteltemperatur durch Meßfühler im Klappenstutzen ermittelt, in elektrische Impulse umgewandelt und einem elektronischen Steuergerät zugeführt. Dieser Computer errechnete die notwendigen Öffnungszeiten der elektromagnetischen Einspritzventile und betätigte diese durch Steuerimpulse. So wurde jeweils exakt dosiert die richtige Benzinmenge aus dem permanent unter Druck stehenden Kraftstoffsystem ins Saugrohr gespritzt. Eine elektrische Benzinpumpe im Wagenheck förderte stets eine größere Treibstoffmenge als benötigt. Der überschüssige Kraftstoff floß – gesteuert von

einem Überström-Druckregler – über eine Rücklaufleitung wieder zum Tank. Dadurch konnte Dampfblasenbildung vermieden werden. Die elektronisch gesteuerte Benzineinspritzung war nicht nur billiger herzustellen und preisgünstiger im Austausch als die mechanische Einspritzung mit der Präzisions-Sechsstempelpumpe, sie erwies sich auf lange Sicht auch als unanfälliger und war vor allem besser auf die Erfüllung von Abgasnormen hin abstimmbar. Auf den Kraftstoffverbrauch allerdings wirkte sich die D-Jetronic – entgegen den an sie herangetragenen Erwartungen – im 250 CE nicht positiv aus: Im Mittel war mit dem beachtlichen Konsum von 17 bis 20 Liter/100 km zu rechnen, wobei sich allerdings der 65-Liter-Tank als zu knapp bemessen auswirkte. Nur sehr zurückhaltende Fahrweise konnte der Gier des Elektronik-Einspritzers Einhalt gebieten. Dafür »hing« der Wagen regelrecht am Gaspedal und reagierte so spontan auf Beschleunigen, daß er etwas nervös wirkte. Dieses hohe Ansprechvermögen verlieh dem 250 CE im Vergleich mit seinem ein wenig schwerfällig wirkenden Zwillingsbruder 250 C einen spritzigen Charakter. Dieses gefühls-

Oben: Auf Testfahrt mit einem 280 CE, Jahrgang 1972.

Links: 280 CE aus dem Jahre 1974. Mit Metallic-Lackierung und Leichtmetallrädern sahen die »kleinen« Coupés sehr schick aus.

Seite 71: 280 CE der ersten Generation mit glatten Rückleuchten.

mäßig vorhandene Temperament ließ sich aber ohne weiteres auch mit Zahlen belegen: Entgegen der Werkangabe von 190 km/h erreichten die 250 CE nicht selten die Traumgrenze von 200 km/h und beschleunigte in rund zehn Sekunden aus dem Stand auf 100 km/h.
Im Mai 1972 wurde der 250 CE – mit Abstand die erfolgreichste Variante der W 114-Coupés – aus der Produktion genommen und durch die Versionen 280 C und 280 CE ersetzt, deren dohc-Motoren denen der zugehörigen Limousinen entsprachen. Der 250 C mit dem gedrosselten 280 S-Motor blieb im Programm, so daß bis zur Produktionseinstellung der kleinen Coupés im Sommer 1976 drei 2,8-Liter-Modelle mit Motorleistungen zwischen 130 und 185 PS verfügbar waren.
Die Monatsproduktion für die Coupés der Neuen Generation war ungeachtet eines Auftragsvolumens von 10 000 kurz nach Vorstellung der Wagen auf eintausend Einheiten festgelegt worden. Dieses Vorha-

Modell	250 C (W 114 V 25/28)	250 CE (W 114 E 25)	280 C (W 114 V 28)	280 CE (W 114 E 28)
Produktionszeit	2,5:3/69–5/72 (2,8:9/69–6/76)	Mai 1969 – Mai 1972	Juni 1972 – Aug. 1976	Mai 1972 – Juli 1976
Motor	Reihen-6-Zyl. M 114 (2,8:M 130)	Reihen-6-Zyl. M 114	Reihensechszylinder M 110	
Bohrung × Hub/ccm	82 × 78,8; 2496 ccm (86,5 × 78,8; 2778)	82 × 78,8; 2496 ccm	86 × 78,8; 2746 ccm	
Verdichtung	9,0:1 (8,7:1)	9,5:1	9,0:1	
Leistung	130 PS bei 5400 (5000) U/min	150 PS bei 5500 U/min	160 PS bei 5500 U/min	185 PS bei 6000 U/min
Ventilsteuerung	1 obenlieg. Nockenwelle (ohc)		2 obenlieg. Nockenwellen (dohc)	
Schmierung	Druckumlauf 5,5 (6) l Öl	Druckumlauf 5,5 l Öl	Druckumlauf 6 l Öl	
Kühlung	Wasserkühlung 9,9 (10,6 l)	Wasserkühlung 9,9 l	Wasserkühlung 9,7 l	
Gemischaufbereitung	2 × Zenith 35/40 INAT	elektron. Einspr. Bosch-D-Jetronic	1 Solex 4 A 1	elektron. Einspr. Bosch-D-Jetr.
Elektrik	Batterie 12 V 66 Ah			
Kupplung	Einscheiben-Trockenkuppl., hydraul. betätigt			
Getriebe	4-Gang-Vollsynchron, a. W. ab Sept. 69 5-Gang; a. W. 4-Gang-Automatik			
Lenkung	Kugelumlauflenkung, a. W. Servo			
Fußbremse	hydr. 2-Kreis-Vierrad-Scheibenbr. Ate-Dunlop			
Feststellbremse	mechan. Hinterräder, fußbetätigt			
Aufbau	selbsttragend, Coupé 2türig			
Radstand; Spur v/h	2750 mm; 1450/1440 mm			
Gesamtabmessungen (mm)	4680 × 1790 × 1395 mm			
Bereifung	6.95 H 14 oder 175 H 14 oder 175 SR 14		185 HR 14	
Tankinhalt	65 l		78 l	
Leergewicht	1360 (1395) kg	1380 kg	1455 kg	
Höchstgeschwindigkeit	180 km/h	190 km/h	195 km/h	205 km/h
Stückzahl	2,5:8824/2,8:11 768	21 787	13 151	11 518

ben wurde bis Ende 1972 konsequent eingehalten. Ab 1973 sank dann die Jahresfertigung rapide von 9000 bis auf 3500 Exemplare im Jahre 1975 ab – die Nachfrage hatte für ein derartiges Luxusgeschöpf der gehobenen Mittelklasse unter den Nachwehen des Energieschocks spürbar nachgelassen. Als der letzte 280 C im August 1976 die Sindelfinger Hallen verließ, waren insgesamt 59 049 Coupés der Baureihe W 114 hergestellt worden. Ein Nachfolger war zunächst nicht in Sicht.

Der 250 CE war rund 2200 Mark teurer als die 250 Limousine, ein akzeptabler Mehrpreis, wenn man die deutliche äußere Differenzierung und das Mehr an Ausstattung bedenkt. Der 250 CE mit seinem sportlichen »Biß« kostete etwa 900 Mark mehr als sein Pendant mit Vergasermotor und konnte deshalb mit dem besseren Verkaufsergebnis aufwarten. Mit den siebziger Jahren vergrößerten sich durch die zunehmenden inflationären Tendenzen die Preisabstände zwischen den Coupés und den zugehörigen Limousinen: 1974 erforderten 250 C, 280 C und 280 CE einen Aufpreis von jeweils 2500 Mark; im letzten Produktionsjahr 1976 waren es knapp 3000 Mark. Im Vergleich sei erwähnt, daß das große 280 SE-Coupé mit der 1961 erschienenen Sonderkarosserie im Jahre 1970 zehntausend Mark mehr kostete als der schnellere 250 CE – Exklusivität hatte eben ihren Preis.

Im Frühjahr 1968 stellte Daimler-Benz die für lange Zeit schnellste deutsche Serien-Limousine vor, ein Pony Car europäischer Prägung, mit dem auch Rennen zu gewinnen waren:

Mercedes-Benz 300 SEL 6.3

In den sechziger Jahren begann das bisher nur in den Vereinigten Staaten blühende PS-Rennen auf die Alte Welt überzugreifen. Nach den amerikanischen *muscle cars* – kompakten bis mittelgroßen Limousinen mit den großen V 8-Motoren der *senior lines* – wie Pontiac GTO, Chevelle SS oder Dodge Charger gab es ab 1965 auch in England und Italien Hybriden aus europäischem Fahrwerks- und Karosseriebau mit preisgünstigen US-Achtzylindermaschinen: Die Briten Jensen Interceptor und Bristol 409 wurden von Chrysler-Triebwerken befeuert, in Italien verwendete Iso im Rivolta und im viertürigen S 4 alias Fidia Chevrolet-Motoren, und De Tomaso zog wenig später ebenfalls mit US-Power – diesmal von Ford – für den Viertürer Deauville nach. Auch Maserati baute eine 230 km/h-Limousine, allerdings mit dem eigenen, hochentwickelten dohc-V 8. All das waren keine Sportwagen, sondern superschnelle vollwertige Vier- bis Fünfsitzer.

Dieses Angebot an Hochleistungs-Tourenwagen fand eine krönende Ergänzung, als Daimler-Benz ohne großen konstruktiven Aufwand ein Superlativ aus dem Baukasten schuf und im März 1968 auf dem Genfer Salon den 300 SEL 6.3 präsentierte. Die Entstehung dieser kraftstrotzenden Luxuslimousine entstammte einem recht simplen Vorgang. Rekapitulieren wir: Seit März 1966 gab es den 300 SEL – siehe *Mercedes-Benz Automobile* Band 4 – mit Dreiliter-Leichtmetallmotor, Luftfederung und einem gegenüber der Hauptbaureihe 250 S bis 300 SE um zehn Zentimeter verlängerten Radstand. Diese wenig populäre Version wurde im Februar 1968 mit dem 2,8-Liter-Einspritzmotor des 280 SL mit 170 PS ausgerüstet, erwies sich aber noch immer als kaum gefragt. In die äußerlich unveränderte Karosserie dieses 300 SEL wurde nun der ebenfalls im wesentlichen unmodifizierte 250 PS-Motor des 600 transplantiert.

Auf eine Leistungssteigerung des außergewöhnlich drehmomentstarken Triebwerks hatte man – obwohl damit keinerlei Probleme verbunden gewesen wären – mit Bedacht verzichtet. Obgleich der Wagen keineswegs abgespeckt worden war, sondern mit allen Accessoires das stattliche Leergewicht von 1780 Kilogramm auf die Waage brachte, lag das Leistungsgewicht bei 7,1 kg/PS. Dieser Wert war auf dem Niveau ausgesprochener Wettbewerbsfahrzeuge der damaligen Homologationsgruppen 2 und 3 des Motorsport-Dachverbandes FIA angesiedelt. Dabei waren die Leistungsgrenzen dieses Triebwerks in keiner Weise ausgereizt – eine spezifische Leistung von 39,5 PS/l zeugte eher von einer typischen Drosselcharakteristik. Professionelle Tuner konnten, wie man bald sah, dem 6,3-Liter-Aggregat weitaus mehr Pferdestärken entlocken. Doch zunächst war eine Leistung von stolzen 250 PS mehr als genug.

Der 6.3 wurde ausschließlich mit dem Automatikgetriebe des 600 ausgerüstet. Anfängliche Versuche mit Schaltgetriebe hatten keine spürbaren Verbesserungen der Fahrleistungen erbracht. Lediglich einige von privater Seite aufgerüstete Wettbewerbswagen verfügten über mechanische Fünfganggetriebe. Die ausladende Motor-Getriebe-Einheit bedingte Änderungen am Rahmenvorderbau, am Getriebetunnel und am Wagenboden. Unter der Motorhaube ging es natürlich reichlich eng zu – die Verdampferschlange der auf Wunsch lieferbaren Klimaanlage mußte vor dem Kühler montiert werden.

Das Fahrwerk des 6.3 stimmte weitgehend mit dem des Sechszylinder-300 SEL überein. Die Charakteristika bestanden in der im Konzept schon überalterten Eingelenk-Pendelhinterachse und der Rollbalg-Luftfederung, die zusammen mit der Bremsnickabstützung die der Hinterradaufhängung innewohnende Brisanz nahm und Spur und Sturz auch beim Bremsen in Kurven konstant hielt. Die Bodenfreiheit konnte – abweichend von der Höhenverstellung des 600 – mit einem Hebel am Fahrerfußraum reguliert werden. Die serienmäßige Servolenkung arbeitete mit wenig mehr als zweieinhalb Lenkradumdrehungen von Anschlag zu Anschlag sehr direkt, ohne nervös zu wirken. Für den 6.3 wurden bereits 1968 Leichtmetallräder mit Turboeffekt zur Bremsenkühlung vorgesehen – diese geschmiedeten Fuchs-Sonderfelgen erschienen aber erst Ende 1969 und waren dann für alle Sechs- und Achtzylinder der S-Klasse als Extra zu haben. Serienmäßig wurde der Sechs-Dreier mit Reifen der Dimension 195 VR 14, Type 70, bestückt. Heute rollen diese Wagen meist auf breiteren Pneus einher, zumal die 6,5-Zoll-Felgen dies zulassen.

Um das ungeheuere Drehmoment auf die Fahrbahn zu bringen, zählte ein Ausgleichsgetriebe mit begrenztem Schlupf zur Grundausrüstung. Der Achsantrieb war mit 2,85 : 1 extrem lang übersetzt worden. Besondere Mühe hatte man sich mit der Bremsanlage des 6.3, die vom Rest der Modellpalette abwich, gegeben. Vorne und hinten wurden innenbelüftete Bremsscheiben verwendet – dennoch ließ die Bremswirkung bei plötzlichen Stops aus dem Höchstgeschwindigkeitsbereich nach, da die Kühlung nicht ausreichte.

In seinen Fahreigenschaften erwies sich der sportliche Gigant als geradezu mühelos beherrschbar. Durch die Luftfederung und eine hart abgestimmte Dämpfung war trotz der immensen Kraftreserven des Wagens von der sprichwörtlichen Übersteuerneigung der Pendelachser im Falle 6.3 nicht viel übriggeblieben. Ein ausgesprochen neutrales Fahrverhalten konnte in Kurven durch entsprechende Gasdosierung in einen leicht kontrollierbaren Powerslide übergeführt werden. Auch spektakuläre Driftwinkel waren problemlos zu meistern. In der Disziplin Fahrkomfort machte die große Limousine ebenfalls eine gute Figur: Geringe Seitenneigung, völlige Absorption von Bodenwellen und ausgeschaltete Vertikalbewegungen zeugten von einer sorgfältigen Fahrwerksabstimmung.

Die Ausstattung des 6.3 ließ kaum Wünsche offen und gab zu erkennen, daß bei der Hochleistungslimousine Luxus und Behaglichkeit

Gegenüberliegende Seite: Ein 300 SEL 6.3 aus dem Jahre 1970.

Unten: Der 6.3 war serienmäßig mit doppelten Leuchteinheiten und Nebellampen ausgerüstet.

durchaus nicht zurückstehen mußten. Serienmäßig war der Wagen mit elektrischen Fensterhebern und pneumatischer Zentralverriegelung ausgerüstet – eine Komforthydraulik wie beim 600 gab es indessen nicht. Am angestammten Platz der neben die linke Entlüftungsrosette verlegten Zeituhr wurde ein Drehzahlmesser mit kleiner Skala eingebaut, der angesichts des schon »ganz unten« bullig aus dem Vollen schöpfenden Motors eigentlich gar nicht nötig gewesen wäre. Weitere Unterscheidungsmerkmale zum normalen 300 SEL waren der bis 240 km/h kalibrierte Tachometer, die serienmäßig angebauten Jod-Nebelscheinwerfer sowie die Leuchteinheiten mit getrenntem Abblend- und Fernlicht und integrierten Blinkern, die bis dahin in dieser Form nur für den Export in die Vereinigten Staaten erhältlich waren und *sealed-beam*-Scheinwerfer getragen hatten, nun allerdings Halogenlampen enthielten.

Am aufsehenerregendsten dokumentierte der äußerlich eher unscheinbare – in seiner schlichten Linienführung allerdings anmutig-schöne – 300 SEL 6.3 seinen Sonderstatus bei den Fahrleistungen. Die Spitzengeschwindigkeit von etwa 225 km/h wurde sechzehn Jahre später auch von einem 500 SEL nicht übertroffen. Rund sieben Sekunden, um aus dem Stand 100 km/h zu erreichen, war ebenfalls ein herausragender Wert nicht nur für eine Limousine – dem seinerzeit schnellsten deutschen Seriensportwagen, dem Porsche 911 S, konnte der 6.3 jedenfalls das Fürchten lehren. Mit seinem Leistungsvermögen war er weit in die Phalanx hochkarätiger Sportwagen der Weltproduktion vorgedrungen – und spielte seine Überlegenheit doch gepflegt und leise aus. Freilich waren spektakuläre Starts mit qualmenden Reifen unter Hinterlassen langer, fettig-schwarzer Streifen auf dem Asphalt kein Problem – ebenso aber auch akustisch unauffälliges, nicht minder schnelles Losziehen. Die orgiastische Begeisterung über die posthum noch verklärte Leistungsentfaltung des 6.3 muß in Zusammenhang mit der Bauart des Wagens als äußerst komfortabler, geräumiger Fünfsitzer und unter dem Gesichtspunkt einer – relativen – Wirtschaftlichkeit gesehen werden. Mit Verbrauchsschnitten, die um 20 l/100 km lagen und auch bei vollem Ausspielen des vorhandenen Potentials 23 Liter kaum übertrafen, konnte der 6.3 im Gegensatz zu ebenso muskulösen wie gefräßigen Amerikanern geradezu als genügsam eingestuft werden. Bei bürgerlicher Fahrweise brauchte der Sechs-Dreier kaum mehr Superbenzin als ein 280 SE.

Kein Wunder, daß der 6.3 ein – wenn auch kleines – Kapitel Rennsportgeschichte zu schreiben vermochte: Die Entwicklung dieses Typs war wohl nicht ganz ohne Hintergedanken an ein Engagement in der großen Hubraumklasse der Tourenwagen-Europameisterschaft vollzogen worden. Kämpferisch geprägte Persönlichkeiten im Hause Daimler-Benz wie Versuchsingenieur Erich Waxenberger standen für derartige Ideen gerade. Der erste Werkseinsatz des 6.3 fand im November 1968 beim Sechs-Stunden-Rennen von Macao, der portugiesischen Überseeprovinz auf dem chinesischen Festland, statt – allerdings mit zwei sehr seriennahen Wagen, deren Hauptmodifikationen in abgenommenen Stoßstangen und Radkappen bestanden. Das Team Waxenberger/Poon wurde mühelos Gesamtsieger, der zweite Wagen plazierte sich auf Rang drei. Der Siegerwagen fand nach dem Rennen sofort einen begeisterten ortsansässigen Abnehmer.

Ganz links: Die Leuchteinheiten des 6.3 basierten auf den USA-Exportscheinwerfern, besaßen aber Halogeneinsätze. Daneben ein 6.3 mit Liechtensteiner Zulassung.

Ein Vorserien-6.3 aus dem Frühjahr 1968, noch ohne die später serienmäßigen Nebelleuchten.

Im Frühjahr 1969 wurde ein 6.3 für das Europa-Championat präpariert. Mit einer Motorleistung von über 300 PS – die Standfestigkeit war dadurch nicht im geringsten gefährdet – erreichte der Wagen bei Testfahrten im Hockenheimer Motodrom eindrucksvolle Rundenzeiten, erlitt aber nach einem Bagatelldefekt einen Brandschaden am Heck. Dieser Wagen erhielt noch zwei identische Drillingsbrüder. Beim ersten anvisierten Pokallauf, dem 24-Stunden-Tourenwagenrennen von Spa-Francorchamps in Belgien, konnten die von den Teams Aaltonen/Glemser, Ickx/Hermann und Waxenberger/Ahrens pilotierten Werkslimousinen trotz der glänzenden Besetzung die in sie gesetzten Erwartungen nicht erfüllen – aus einem Grunde, den Daimler-Benz nicht zu vertreten hatte. Bereits im Training zeichneten sich ungeachtet hervorragender Zeiten (die Sechs-Dreier fuhren schnellere Runden als die Werks-Porsche und -BMW, waren allerdings etwas langsamer als ein Chevrolet Camaro) die Grenzen der Bereifung sehr schnell ab. Da das Reglement die Reifenbreite vorschrieb, in der zu montierenden Dimension trotz mehrfachen Fabrikatswechsels keine geeigneten Pneus zur Verfügung standen und voluminösere und haltbarere nicht homologiert waren, wurde die Notwendigkeit einer Neubereifung nach jeweils nur fünf Runden im Renntempo klar. Unter diesem düsteren Aspekt trat die Werksmannschaft noch vor dem eigentlichen Rennen den konsequenten Rückzug an. Die Werkswagen waren kaum leichter als die Serienausführung gewesen, zumal sie ebenfalls über Luftfederung, Getriebeautomatik und Servolenkung verfügten. Dazu kam die unter Aufbohren des Motorblocks auf 6,8 Liter Hubraum inzwischen auf rund 400 PS gesteigerte Leistung, die ohne weiteres Spitzengeschwindigkeiten von 260 km/h zuließ. Dieser Mehrfach-Beanspruchung waren die nicht gesondert entwickelten Reifen natürlich nicht gewachsen.

Nach einer Neuorientierung kam es im Herbst 1969 auf dem Nürburgring und im österreichischen Zeltweg zu Reifenversuchen mit Dieter Glemser – man hatte Werkseinsätze noch immer ernsthaft im Sinn. Nach dem Desaster von Spa hatte ein Exemplar der Wettbewerbs-Tourenwagen wesentlich breitere Reifen erhalten, die fülligere Kotflügel und halbrund vergrößerte hintere Radausschnitte bedingten. Wenig später erfolgte jedoch das offizielle Aus für das nur halbherzig geduldete Rennsport-Engagement – schließlich hatte man 1966 mit Nachdruck einer werksseitigen Motorsportbeteiligung abgeschworen. Der hinsichtlich der Bereifung aktualisierte Bolide wurde nach Finnland verkauft.

Als Trost mag die Tatsache dienen, daß die Einsatzmöglichkeiten des 6.3 ohnehin beschränkt gewesen wären: Seine Domäne waren die

Links: Die bärenstarke Limousine wirkte harmlos und unauffällig – sieht man von der respekteinflößenden Hubraumbezifferung am Kofferdeckel ab.

Unten rechts: Testfahrten mit einem wettbewerbsmäßig präparierten 6.3 in Hockenheim im Frühjahr 1969. Am Steuer Rauno Aaltonen, als »Schrittmacher« fungiert der allererste C 111, der »Hobel«.

klassischen Langstreckenrennen, bei denen Ausdauer und Standfestigkeit die Priorität vor der Handlichkeit besaßen. Gute Chancen hätte der 6.3 auf sehr schnellen Strecken wie Monza, Silverstone oder Spa gehabt, für kurvenreiche Kurse war er zu ungeschlacht.

Eine Fortsetzung fand die Sportkarriere des 6.3 allerdings durch private Initiativen: Joachim Kaden, Daimler-Benz-Ingenieur, war mit einem apokalyptisch aussehenden Exemplar bei Autocross-Läufen sehr erfolgreich, wobei ihm neben dem Drehmoment sicher auch Luftfederung und Niveauverstellung zustatten kamen. Es ist kaum anzunehmen, daß das Werk diesen Geröll-Einsätzen völlig passiv gegenüberstand und Kaden nicht wenigstens mit dem entsprechenden Material versorgte.

Der schwäbische Tuningbetrieb AMG – damals ein mehr vom Idealismus denn vom Kommerz getragenes Kleinunternehmen, heute einer der Branchenführer, was Mercedes-Umrüstsätze betrifft – baute weitgehend unabhängig vom Werk einen weiteren 6.3-Renntourenwagen auf, mit breitem Fahrwerk und rund 420 PS unter der Haube. Mit diesem optisch wie akustisch äußerst eindrucksvollen Schlachtschiff konnte sich das Team Heyer/Schickentanz beim 24-Stunden-Rennen von Spa-Francorchamps gegen Rudel von BMW- und Ford-Werkswagen durchsetzen und als Privatnennung einen hervorragenden zweiten Platz belegen – gar nicht auszudenken, wie das Ergebnis ohne die auf den außerordentlichen Durst zurückzuführenden, überaus häufigen Tankstops ausgesehen hätte! Weitere vordere Plazierungen im internationalen Tourenwagen-Spektakulum reihten sich an.

Für die Saison 1972 sollte der Wagen mit einem Turbolader ausgerüstet werden, um eine Motorleistung von annähernd 500 PS abzugeben. Doch eine Ausschreibungsänderung des Tourenwagen-Europapokals legte das Hubraumlimit auf 5000 ccm fest und brachte den AMG-6.3 ins Abseits. Während der Turbomotor – inzwischen mit zwei Eberspächer-Ladern versehen und theoretisch bis zu 800 PS leistend – als Interserie-Aggregat für zweisitzige Rennwagen zum Einbau in einen Gruppe-7-McLaren gelangte und nur einmal, 1972 in Monza, eingesetzt wurde, verkaufte man die bärenstarke Limousine als Testfahrzeug an einen französischen Flugzeughersteller.

Noch einen weiteren, ganz anders gearteten Sieg konnte der 6.3 verbuchen: Nach einer Leserumfrage der US-Zeitschrift *Car & Driver* siegte er in der obersten Kategorie *Best Luxury and Personal Car* vor Cadillac und Rolls-Royce, aber auch vor seinem prominenten Stallgefährten 600. Das amerikanische Fachjournal kommentierte den 6.3 mit flammenden Worten: »Dieses Automobil ist das beste Stimulanzmittel, die begehrenswerteste Limousine seit dem Duesenberg Modell J.«

Das Konkurrenzblatt *Road and Track* hatte den 6.3 einmal definitiv als »die großartigste Limousine auf Erden« bezeichnet.
Dafür hatte der schnelle Schwabe seinen Preis: Bei seiner Vorstellung stand er mit 39 160 Mark in der Liste – dem Gegenwert von immerhin drei mit allen erdenklichen Extras ausgerüsteten 200/8! Gegenüber den in verschwindend geringen Stückzahlen hergestellten Superlimousinen Iso Fidia und Maserati Quattroporte konnte der 6.3 bei gleicher Leistung und besserem Finish auf dem deutschen Markt als preiswerter gelten. Die Südländer kosteten 12 000 bzw. 25 000 Mark mehr. Auch der Jensen Interceptor II war 1971 20 000 Mark teurer als der 6.3. Dagegen brauchte man »nur« 18 000 Mark zuzulegen, um den Mercedes-Spitzentyp 600 zu erwerben. Bis 1972 – das letzte Produktionsjahr des 6.3 – war der Basispreis des Wagens auf 47 397 Mark geklettert – für einen technisch weitaus profaneren Cadillac Fleetwood mußte man damals immerhin 7000 Mark mehr anlegen!
In fast genau vier Jahren wurden 6526 Exemplare des 6.3 gebaut. Keine exklusive Stückzahl, aber eine Ziffer, die den Sonderstatus dieses Modells durchaus betont. Freilich war der Sechs-Dreier damit gegenüber einem Quattroporte fast ein Massenprodukt, zumal er großseriennah konzipiert war. Auf der Basis des 6.3 entstanden einige wenige interessante Einzelstücke: Der italienische Karossier Pininfarina baute 1971 im Kundenauftrag zum Beispiel ein bildschönes Coupé 2+2, an dessen Linienführung die zehn Jahre später vorgestellten SEC-Coupés frappierend erinnerten. Neben dem SL-Kühlergrill wies dieses Unikat Rundscheinwerfer mit darunterliegenden Öffnungen zur Bremsenkühlung in rechteckigen Gehäusen auf und nahm mit seinem hohen, relativ kurzen Heck Stilelemente einer kommenden Epoche vorweg. Auch über profanere Sonderausführungen ist zu berichten: Im Werk versah man für internen Gebrauch drei 300 SE-Coupés mit dem 6.3-Liter-Motor – mindestens ein Exemplar blieb erhalten. In privater Initiative erfolgten weitere solche Umbauten von 300 SE-Coupés und -Cabriolets, teilweise sogar mit getunten Motoren. Ein weiteres gelungenes Derivat ist ein 6.3-Kombi – eine Kreuzung aus der Serienlimousine mit dem Heck des W 123-T-Modells –, der sich heute in den Vereinigten Staaten befindet.
Der 300 SEL 6.3 war kein Schocker, kein brutaler Straßenbrenner, obwohl ihm das heute zuweilen mit falscher Glorie nachgesagt wird. Es stellte sehr wohl ein Superlativ dar – aber als gesetzte Limousine konservativer Prägung, die auf den Straßen in Ruhe und Gelassenheit ziemlich alles ausbeschleunigen und sogar ausmanövrieren konnte, einschließlich ernstzunehmender Sportwagen.
Ende 1969 gab es neben der Mercedes-6,3-Liter-Maschine einen zweiten Achtzylinder-Personenwagenmotor aus schwäbischer Produktion – das war der 3,5-Liter-V8.

Modell	300 SEL 6.3 (W 109 E 63)
Produktionszeit	Juli 1968 – September 1972
Motor	V-Achtzylinder M 100
Bohrung × Hub/ccm	103 × 95; 6332 ccm
Verdichtung	9,0:1
Leistung	250 PS bei 4000 U/min
Ventilsteuerung	2 × 1 obenliegende Nockenwelle (ohc)
Schmierung	Druckumlauf, 6 l Öl
Kühlung	Wasserkühlung 18 l, Lüfterkupplung
Einspritzung	intermitt. Saugrohreinspr., Bosch-8-Stempelpumpe
Elektrik	Batterie 12 V 66 Ah
Getriebe	Dreigang-Automatik mit Wandler
Lenkung	Servo-Kugelumlauflenkung
Fußbremse	hydr. 2-Kreis-Vierrad-Scheibenbr. Ate
Feststellbremse	mechan. auf Hinterräder, Krückstockbetätigung
Aufbau	selbsttragend; Lim. 4türig
Radstand; Spur v/h	2865 mm; 1490/1485 mm
Gesamtabmessungen (mm)	5000 × 1810 × 1420 mm
Bereifung	195 VR 14, Type 70
Tankinhalt	105 l
Leergewicht	1780 kg
Höchstgeschwindigkeit	220 km/h
Stückzahl	6526

Ende 1969 gab es neben dem 6.3 einen weiteren Achtzylinder aus schwäbischer Produktion – das war der 3,5 Liter V 8:

Mercedes-Benz 300 SEL 3.5 und 4.5, 280 SE/SEL 3.5 und 4.5

Die Zylinderzahl Acht gilt seit jeher nicht nur als distanzierendes Statussymbol, sondern verkörpert technische Noblesse und verspricht Geschmeidigkeit und Vibrationsfreiheit. In V-Form bietet der Achtzylinder darüber hinaus noch weitere Vorzüge: Kompakte Bauweise, sehr guten Ausgleich der Massenkräfte – wenn auch nicht in dem hervorragenden Maße eines Reihen-Achters – und ruhigeren Lauf im oberen Drehzahlbereich durch eine steifere Kurbelwelle. Da jede Kurbelwellenumdrehung des V 8-Motors vier gleichmäßig versetzte Arbeitstakte umfaßt, gewährleistet diese Bauform – sieht man vom V 12 ab – ein Optimum an Gleichförmigkeit des Antriebs.

In historischer Retrospektive sei erlaubt, die »soziale« Stellung des V 8-Motors vor dem Kriege zu betrachten: In der zweiten Hälfte der dreißiger Jahre hatte der Kompakt-Achtzylinder seinen Einzug in die obere Mittelklasse begonnen. Gar nicht so teure Wagen wie der Stoewer Greif und der Ford V 8 waren damit ausgerüstet und auch der Horch 930 V zählte nicht zur Crème großer Limousinen. In den Vereinigen Staaten war der Siegeszug des V 8-Motors seit langem im Gange. Zehn Jahre nach Kriegsende wurde dort fast jedes Personenwagenmodell, gleich welcher Preisgruppe, serienmäßig oder zumindest wahlweise damit geliefert. Im Nachkriegs-Deutschland blieben solche Aktivitäten zunächst auf Bayern beschränkt: BMW präsentierte in seinem noblen Barockengel einen bis 1965 gefertigten Leichtmetall-V 8 und der ehemalige Landmaschinen- und Kleinfahrzeug-Hersteller Glas markierte seinen Niedergang als Autoproduzent mit einem ohc-V 8, der unter BMW-Regie im Jahre 1968 sang- und klanglos zu Grabe getragen wurde. Und seit 1964 gab es einen Opel Diplomat V8, dessen 190-PS-Antriebsquelle allerdings von der Chevrolet-Division der Mutter General Motors kam.

So blieb es gegen Ende der sechziger Jahre Daimler-Benz vorbehalten, die Fahne des deutschstämmigen V 8-Motors hochzuhalten – wenn auch 600 und 300 SEL 6.3 Sonderrollen spielten und exklusiven Klassen angehörten. Was dem deutschen Markt fehlte, war ein mittelgroßer, hochentwickelter und leistungsfähiger Achtzylinder in europäischem Gewande. Freilich gab es da den Anfang 1969 vorgestellten, stilistisch und fahrwerkstechnisch durchaus zu seinem Vorteil neukonzipierten Diplomat B, und inzwischen hatte man bei Opel auch die thermischen Probleme des ursprünglich nicht für Autobahn-Vollgasfahrten geschaffenen Chevrolet-Motors (mittlerweile wurde statt der 4,6-Liter-Version die 5,4-Liter-Ausführung mit 230 PS eingebaut) in den Griff bekommen. Die große Zeit der großen Opel war aber längst abgelaufen. Opel war seit Jahrzehnten ein Begriff, der mit Zuverlässigkeit und Solidität identifiziert wurde, nicht aber mit Prestige und Erfolgsimage. Die Gesetze der Soziologie sind nicht unbedingt auf Anhieb rational erfaßbar...

Der Bedarf nach einem großen Gebrauchswagen mit Achtzylindermotor wurde im November 1969 von Daimler-Benz erfüllt, als der 300 SEL nun auch mit dem auf der IAA in Frankfurt im September vorgestellten »kleinen« V 8 von 3,5 Liter Hubraum erhältlich war. Der 6.3 hatte zur Genüge bewiesen, daß auch ein 250 PS starker Motor mit dem luftgefederten Fahrwerk harmonierte. Dem Einbau eines weniger voluminösen Achtzylinders, der die Hubraumlücke zwischen 280/300 SEL und 6.3 verkleinerte, stand somit nichts im Wege, zumal der neue Motor nur ganze 13 Kilogramm schwerer war als der nur noch kurze Zeit im 300 SEL angebotene 2,8-Liter-Sechszylinder mit mechanischer Benzineinspritzung.

Das völlig neuentwickelte Triebwerk, das mit dem großen 6,3-Liter-V 8 keinerlei gemeinsame Bauteile besaß und den Code M 116 trug, war von vorneherein auf eine mögliche Hubraumvergrößerung hin ausgelegt worden, da auch eine 4,5-Liter-Variante projektiert worden war. Die Zylinderreihen des stark überquadratisch konzipierten Motors standen in dem üblichen Winkel von 90 Grad zueinander. Der Block bestand aus Grauguß, die beiden gegeneinander austauschbaren Zylinderköpfe und die Ölwanne aus Leichtmetall. Die Zylinder waren völlig vom Wassermantel umgeben. Das Kurbelgehäuse reichte bis zur Längsachse der fünffach gelagerten Kurbelwelle, um optimale Steifigkeit zu gewährleisten.

Je eine obenliegende Nockenwelle pro Zylinderkopf wurde von einer Duplexkette angetrieben, die über eine hydraulische Spannvorrichtung verfügte und einen geräuscharmen Lauf gestattete. Die Ventile (auf der Auslaßseite zur besseren Wärmeableitung natriumgefüllt) waren, um die Möglichkeit von Brennstellen zwischen Ventiltellern und -sitzen einzuschränken, mit einer Rotocap-Drehvorrichtung versehen. Sie verfügten über je zwei Ventilfedern und wurden durch »Fingerkipphebel« (kurze Schwinghebel) betätigt, die auf Kugelköpfen gelagert waren und nur alle 20 000 Kilometer eingestellt zu werden brauchten. Gepanzerte Ventilsitze mit Ringen aus einer Chrom-Nikkel-Molybdän-Legierung trugen zu Standfestigkeit und Verschleißimmunität bei und waren im Hinblick auf die möglicherweise einst durch Gesetz erzwungene Verwendung von bleiarmem oder gar unverbleitem Kraftstoff konzipiert worden und sollten sich selbst dann als widerstandsfähig erweisen. Diese ohc-Steuerung und der extrem kurze Hub ließen eine hohe Drehfreudigkeit zu und waren auch an einer vorprogrammiert hohen Lebensdauer nicht unbeteiligt.

Die elektronisch gesteuerte Benzineinspritzung (Bauart Bosch D-Jetronic) mit Start- und Warmlaufautomatik entsprach dem ein halbes Jahr vorher beim 250 CE vorgestellten System. Die Einspritzpumpe war dabei durch ein elektronisches Steuergerät ersetzt worden, die herkömmlichen Einspritzdüsen waren elektromagnetischen Ventilen gewichen. Durch die kompakte Bauweise und die Tatsache, daß der Rechner an keinen bestimmten Ort gebunden war, konnten die Ansaugrohre platzsparend zwischen den Zylinderköpfen untergebracht werden – die Bauhöhe des V 8 lag beträchtlich unter der des Sechszy-

Gegenüberliegende Seite: 280 SEL 3.5 – Spikereifen waren 1971 in Deutschland noch ohne Einschränkungen erlaubt.

Rechts: 300 SEL 3.5 – das Gesicht entsprach dem des 6.3.

linder-Reihenmotors. Die Einspritz-Elektronik war keineswegs frei von Kinderkrankheiten – Defekte am Steuergerät und an den Meßeinrichtungen verursachten anfangs sogar einige Motorschäden durch Gemischabmagerung. Eine großzügige Kulanzregelung und die leichte Austauschbarkeit des Computers ließen diese Probleme jedoch kaum ruchbar werden.
Ein weiteres Novum des 3,5-Liter-V 8 bestand in der bei Daimler-Benz erstmals verwendeten Transistorzündung. Die Unterbrecherkontakte waren dabei nur mit einem geringen Steuerstrom, der sich etwa auf ein Drittel der üblichen Stromstärke belief, belastet. Dadurch konnte der Kontaktabbrand in Grenzen gehalten und die damit verbundene Änderung des Zündzeitpunktes vermieden werden. Ein Austausch der Kontakte war erfahrungsgemäß nur alle 80 000 Kilometer vonnöten.
Der neue Achtzylinder war nach europäischen Erfordernissen konzipiert worden und erfüllte die innerhalb der EG zwar beschlossenen, aber noch nicht in Kraft getretenen Abgasbestimmungen, genauso problemlos ließ er sich aber auch amerikanischen Emissionsverordnungen anpassen. Für den US-Markt wurde die Zündung je nach Bedingung elektronisch verzögert – beispielsweise verschob sich der Zündzeitpunkt im Leerlauf vom oberen Totpunkt auf sechs Grad Spätzündung, wobei sich natürlich thermische Belastung und Wirtschaftlichkeit ungünstig entwickelten.
Mit den obenliegenden Nockenwellen waren konzeptgemäß geringere Überschneidungen der Ventilzeiten möglich als bei einem hochbelasteten Stoßstangen-V 8 etwa amerikanischer Provenienz. Trotz der sprichwörtlichen Drehfreudigkeit und seiner beträchtlichen spezifischen Leistung lief der 3.5 auch im unteren Drehzahlbereich sauber und ruhig, sprach auf Gaspedalbewegungen spontan an und erwies sich als ebenso leichtfüßig und lebendig wie durchzugskräftig. Er arbeitete nicht so lautlos wie ein US-V8, trotz mechanischer Stößel traten aber in keiner Normalsituation störende Geräusche auf.
Der 3,5-Liter-V 8 gab bei 5800/min 200 PS ab, entsprechend einer Literleistung von 57,1 PS. Diese Zahlen weisen auf die Leistungscharakteristik eines temperamentvollen Sportmotors hin. Das maximale Drehmoment der mit 9,5 :1 auf üblichem Mercedes-Niveau verdichteten Maschine belief sich auf 29,2 mkg und stand bei 4000/min zur Verfügung – fleißiges Drehenlassen gehörte beim Drei-Fünfer zum Metier. Der normale Sechszylinder-300 SEL lieferte auf gleichem Drehzahlniveau 25,4 mkg, war also in dieser Disziplin nur wenig unterlegen. Der 3.5 war keineswegs ein hochelastisches Triebwerk, seine Qualitäten lagen auf ganz anderer Ebene.
Aus diesem Grunde harmonierte der 3.5 nur bedingt mit dem in Basisausstattung gelieferten Automatikgetriebe des 300 SEL: Mit der alten Mercedes-Automatik der Type K 4 A mit hydraulischer Kupplung und drei Planetensätzen wirkte der Wagen unflexibel und stellenweise sogar träge, wenn man die ruckartig spürbaren Schaltabläufe nicht manuell beeinflußte. In der Normalfahrstufe 4 schaltete die Automatik so früh hoch, daß das Drehvermögen des Motors nicht zur Geltung kam. Glücklicherweise gab es beim 300 SEL 3.5 allerdings – im Gegensatz zum 6.3 – ein Vier- oder Fünfgang-Schaltgetriebe auf Sonderwunsch. Gegen Aufpreis war auch ein Sperrdifferential lieferbar.
Nach Ablauf eines Produktionsjahres stellte sich heraus, daß der 3.5 auch in seiner USA-Ausführung mit ihrer »Magerstufe« der Einspritz-Elektronik und ihrer Zündungsvariabilität in die Gefahr geraten konnte, bald den ständig und nicht selten kurzfristig verschärften amerikanischen Abgasbestimmungen und den noch strengeren

Ganz links: Der 3,5-Liter-V8 des Baumusters M 116.

Links: Im Motorraum des 280 SE 3.5 ging es trotz der voluminösen Maschine kaum beengt zu.

Die Achtzylinder unterschieden sich vom Basis-280 SE äußerlich nur durch den Zusatz »3.5« auf dem Kofferraumdeckel.

Grenzwerten des US-Bundesstaats Kalifornien nicht mehr zu genügen. Über diese Feststellung geriet man nun keineswegs in Panik. Obwohl schnelles Handeln geboten war, denn neben dem 3.5 war eine 4,5-Liter-Variante geschaffen worden – beide Motoren sollten in der bald zu erwartenden Nachfolgegeneration der S-Klasse zum Einbau gelangen. So hatte man in den Baukasten gegriffen und eine schwächer gekröpfte Kurbelwelle in den 3,5-Liter-Block verpflanzt. Der Kolbenhub wuchs durch diese Maßnahme von 65,5 auf 85 Millimeter an.
Das Verdichtungsverhältnis reduzierte man auf 8,0 :1 – damit konnte unverbleiter Kraftstoff mit einer Klopffestigkeit von 91 ROZ gefahren werden. Der Europa-3.5 benötigte Super mit einer Oktanzahl von 96 und war damit ebenfalls nicht als heikel zu betrachten. Der 4,5-Liter-V8 mit der Werksbezeichnung M 117 gab bei 5000/min eine Leistung von 195 DIN-PS ab. Durch die Zylinderabmessungen, die sich einem quadratischen Verhältnis näherten, erwies sich das Export-Triebwerk als ungleich elastischer als das Ur-Aggregat, wirkte allerdings trotz nach US-Norm nominell gleicher Leistung (230 SAE-hp) erheblich träger. An der etwas unwilligen Leistungsentfaltung trugen nicht nur die bei der Mehrzahl der Betriebsbedingungen über ein Magnetventil verzögerte Zündung und die Anpassung der Abgaswerte die Schuld, sondern auch andere Nockenwellen mit entschärftem Profil. Katalysatoren mit Lambda-Sonde wurden noch nicht verwendet, dennoch belief sich der Durchschnittsverbrauch eines 300 SEL 4.5 auf 23 bis 25 l/100 km.

Ein ausgesprochenes Novum war das bei der US-Ausführung erstmals eingebaute Automatikgetriebe mit Drehmomentwandler, Type W 3 A, das Dinge erahnen ließ, die auch bald auf den deutschen Markt kommen sollten: 1972 gab es die Dreigang-Wandlerautomatik in der neuen S-Klasse (W 116) auch in der Heimat. Der hydraulische Wandler bot den Vorteil einer wesentlich sanfteren, nahezu unmerklichen Schalttätigkeit und war damit von vorneherein auf die in dieser Hinsicht verwöhnte Kundschaft in den Vereinigten Staaten besser abgestimmt. Getriebe dieser Bauart bedingen allerdings gegenüber der ruppiger arbeitenden Kombination mit der antiquierten hydraulischen Kupplung auch einen – wenn auch geringfügigen – Leistungsverlust und erhöhten Kraftstoffverbrauch. In Verbindung mit der extrem langen Antriebsübersetzung von 3,07 :1 – der Europa-3.5 war 3,69 :1, ab Januar 1972 3,46 :1 übersetzt – konnte der 300 SEL 4.5 keine Ausgeburt an Temperament sein. In der Tat war er in der Beschleunigung einem Sechszylinder-280 SE kaum überlegen. Das hinderte aber die Leserschaft der US-Zeitschrift *Car & Driver* nicht daran, den 4.5 im Jahre 1972 – der 6.3 war 1971 aus dem USA-Export-Programm gestrichen worden – zum »Besten Luxuswagen« zu küren.

Amerika hatte mit dem 4.5 nun einen Achtzylinder-Mercedes mit einigermaßen adäquatem Hubraum – der 3,5-Liter-Motor hatte im Lande der Kubikzoll-Giganten immer als Miniatur-V 8 gegolten. Im Mai 1971 lief die Vorserie des 4.5 an, und im Frühherbst wurden die ersten Fahrzeuge an die Kunden ausgeliefert. Dem Heimatmarkt wurde der 4,5-Liter trotz Munkelns in Fachkreisen erst mehr als ein Jahr später nach dem Modellwechsel zugänglich gemacht – allerdings unter Vollbesitz seiner physischen Kräfte. Der 300 SEL 4.5 blieb ausschließlich auf den Export in die Vereinigten Staaten beschränkt. Wie sehr man die Existenz dieser Variante in der Bundesrepublik kaschierte – trotz aller Begeisterung über den kleinen V 8 war in Deutschland immer wieder die Forderung nach einer Hubraumvergrößerung laut geworden, zumal die Existenz der 4,5-Liter-Version ein offenes Geheimnis darstellte – zeigt folgende Humoreske, die durchaus nicht dem Reich der Fabel angehört: Wagen, die von amerikanischen Kunden im Rahmen des *European Delivery Plan* im Werk Sindelfingen abgeholt und zunächst zu einer Europareise benützt wurden, trugen auf der rechten Seite des Kofferdeckels die im Mutterland geläufigen Chromziffern »3.5«, die erst auf US-Territorium von Vertragshändlern gegen den logischeren Schriftzug »4.5« ausgetauscht wurden.

Apropos Logik: Für Käufer neuer und gebrauchter Mercedes als auch für Historiker gleichermaßen verwirrend erwies sich die Nomenklatur, die man sich bei Daimler-Benz in den Jahren ab 1968 für einige Modelle einfallen ließ. Warum der Drei-Fünfer nicht gleich 350 SEL hieß wie sein Nachfolger, erscheint nicht einsichtig. Eine gewisse Logik ist diesem System zwar nicht abzusprechen – man behält die Typenbezeichnung der dienstälteren Basisversion bei und kennzeichnet den veränderten Hubraum durch einen separaten Dezimalbruch –, der Identifizierung ist es indessen kaum dienlich. Daß es auch anders funktionierte, zeigte das Beispiel 240 D 3.0, der in den USA als 300 D verkauft wurde und dabei sogar noch in die Gefahr geriet, mit dem letzten Vertreter der legendären »Adenauer«-Reihe, dem 300d, verwechselt zu werden.

Der 300 SEL 3.5 verfügte wie sein emigrierender Bruder 4.5 über das gleiche Fahrwerk wie der Basis-300 SEL: Die Eingelenk-Pendelachse, entschärft durch die Rollbalg-Luftfederung, zwei Torsionsstabilisatoren und Gasdruck-Stoßdämpfer, beherrschte das Konzept. Überfordert war sie nie, hatte sie doch auch die Brachialgewalt der 6,3-Liter-Maschine zu verkraften. Eine leichte Übersteuerneigung im Grenzbereich war die einzige Erinnerung, sonst glänzte der 3.5 mit neutralem Fahrverhalten bis hin zu einer kaum merklichen Untersteuer-Tendenz. Hervorragend schlug sich der 300 SEL 3.5 auch in der Disziplin Fahrkomfort: Die Luftfederung sprach sensibel an, Nachschwingungen waren selten zu spüren. Innenbelüftete Scheibenbremsen sorgten zusammen mit perforierten Stahlblech-Scheibenrädern für fadingfreies Verzögern – der schnellere und schwerere 6.3 wurde hier klar geschlagen. Ab 1970 wurden gegen Aufpreis geschmiedete, ebenfalls ventilierte Leichtmetallräder geliefert. Kritik mußte sich die fossile Stockhandbremse mit ihrer ungünstigen Plazierung links unter dem Armaturenbrett einhandeln. Die Servolenkung zählte zur Grundausrüstung.

Der 300 SEL 3.5 war einer der wenigen typischen Vertreter der von Qualität und Gediegenheit geprägten europäischen Luxusklasse. Und dieses Flair drückte sich auch im Preis aus: Bei seiner Vorstellung kostete der Wagen 28 195 Mark, ein Jahr später bereits 29 637 Mark. Im Jahre 1971 waren dafür 32 634 Mark zu entrichten, und im letzten Produktionsjahr belief sich der Kaufpreis sogar auf 34 077 Mark. Zum äußerlich und in der Ausstattung fast identischen 6.3 hielt der luftgefederte 3.5 stets einen Preisabstand von rund 12 500 Mark ein, er war

Oben: Ein 280 SE 3.5 – Halogenscheinwerfer und Nebellampen waren bei diesem Typ Sonderausrüstung – neben einem C 111-I an der Untertürkheimer Einfahrbahn.

Unten: Armaturenbrett des 280 SE 3.5, Modell 1972 mit umschäumtem Mittelschalthebel und elektrischen Fensterhebern.

aber dennoch ein teures Auto. Der sechszylindrige 300 SEL, dessen Fertigung sechs Wochen nach Produktionsanlauf der 3,5-Liter-Version zu deren Gunsten eingestellt wurde, war allerdings nur wenig mehr als 2000 Mark billiger gewesen. Obwohl sich die »kleinen« Achtzylinder diesseits und jenseits des Atlantiks einer gewissen Popularität erfreuten und die beschränkten Produktionsmöglichkeiten der Nachfrage nicht angepaßt wurden (die Lieferfrist lag niemals unter 13 Monaten), bestand doch Bedarf an einer preisgünstigeren, weniger nobel ausgestatteten Variante mit dem 3,5- bzw. 4,5-Liter-V8.

So erschien es als folgerichtiger Schritt, daß im März 1971 zum Autosalon in Amsterdam auch der 280 SE mit seinem im Radstand um zehn Zentimeter gestreckten Abkömmling 280 SEL in einer 3,5-Liter-Version debütierte und ohne große Pressekampagne vorgestellt wurde. Dabei handelte es sich von Karosserie, Fahrwerk und Ausstattung her gesehen um den populären und in ansehnlichen Stückzahlen verkauften Typ 108 alias 280 S/SE/SEL. Der neue Mischtyp, der keineswegs als Sparmodell gesehen werden darf, verkörperte allerdings nicht die Harmonie der Achtzylinder auf 300 SEL-Basis – da zog schon das Fahrwerk gewisse Grenzen.

Die herkömmliche Stahlfederung – der nicht wenige Kunden den Vorzug vor der sehr wartungsintensiven Luftfederung der Typenreihe W 109 gaben – ließ die Minusseite der überkommenen Eingelenk-Pendelachse trotz hydropneumatischer Ausgleichsfeder in manchen Situationen schnell spürbar werden. Die Wagen bedingten eine bürgerliche Fahrweise, um Fahrwerk und Fahrer nicht zu überfordern. Im höheren Geschwindigkeitsbereich – ab etwa 160 km/h – ließ die Richtungsstabilität nach und erforderte stetige Lenkkorrekturen. Die Seitenwindempfindlichkeit beeinträchtigte den Geradeauslauf ausgeprägter als beim 300 SEL, und Bremsen in Kurven hatte man tunlichst zu unterlassen, sonst lenkte das Wagenheck mit. Natürlich konnte auch der Fahrkomfort nicht ganz auf der Ebene des 300 SEL liegen – kräftiges Bremsen ließ den Wagenbug tief eintauchen, beim Beschleunigen hob er sich. Das Fahrwerk des 280 SE/SEL 3.5 war übrigens härter abgestimmt als bei den Sechszylindern.

Auch vom V 8 der Modellreihe 108 gab es eine Amerika-Ausführung: Zwei Monate nach Produktionsbeginn der 3,5-Liter-Version lief auch die Fertigung des 280 SE/SEL 4.5 an, der sich auf dem USA-Markt – besonders mit langem Radstand – als ungleich beliebter als in der Heimat erwies. Highways und Turnpikes stellten eben an eine antiquierte Hinterachse nicht die gleichen Anforderungen wie eine deutsche Landstraße dritter Ordnung, zumal dann, wenn man eine strikte Geschwindigkeitsbegrenzung einzuhalten hatte.

Obwohl der 280 SE/SEL 3.5 von der Presse gern als vereinfachtes Modell gesehen wurde, konnte man ihn keineswegs als preisgünstiges Auto bezeichnen: 1971 kostete der 280 SE 3.5 24 600 Mark – über 3000 Mark mehr als der zugehörige Sechszylinder. Für die verlängerte Version waren 29 400 Mark zu entrichten, die einem Aufpreis von fast 5000 Mark auf das profaner motorisierte Modell entsprachen. Ein Jahr später wurden die Preise auf 25 974 bzw. 28 416 Mark korrigiert. Ein Trost: Der 6.3 kostete fast das Doppelte des 280 SE 3.5.

Die hohen Preise fanden aber nicht nur in komfortablen und dauerhaften Fahrzeugen ihren Gegenwert, sondern auch in einem hervorragenden Leistungsangebot. Der 300 SEL 3.5 erreichte bei einem Test der Zeitschrift *auto, motor und sport* eine Spitzengeschwindigkeit von 206 km/h in der Automatikversion und beschleunigte auf Fahrstufe 4 in rund elf Sekunden aus dem Stand auf 100 km/h, durchgeschaltet brauchte er dafür nur 9,5 Sekunden. Der 280 SE 3.5 war dank seines geringeren Gewichts noch leistungsfähiger: Die Basisversion mit Schaltgetriebe lief gemäß zweier deutscher Fachzeitschriften 210,5 km/h und benötigte etwas weniger als neun Sekunden für die Spanne 0-100 km/h. Im Verbrauch lagen die spurtstarken 200-PS-Autos dank elektronischer Einspritzung etwa auf dem Niveau des sechszylindrigen 280 SE mit Sechsstempelpumpe: Die *Auto Zeitung* maß für den 280 SE 3.5 einen Durchschnitts-Testverbrauch von 16,9 l/100 km, während in einem Test von *auto, motor und sport* der gewichtigere 300 SEL 3.5 vergleichsweise 21,1 Liter zu sich nahm – allerdings mit Automatikgetriebe ausgerüstet. Erfahrungsgemäß konnten die Drei-Fünfer aber durchaus mit einem Schnitt von 16 l/100 km standesgemäß bewegt werden, bei verhaltener Autobahnfahrt – unter weitgehender Einhaltung der mehr oder weniger fiktiven Richtgeschwindigkeit von 130 km/h – waren Messungen realisierbar, die dem Bereich mittelprächtiger Vierzylindermotoren angehörten.

Trotz ihres markentypischen Raffinements hatten die 3,5-Liter-Daimler natürlich gegen ernstzunehmende Konkurrenten zu buhlen: Da war zunächst der andere deutsche Achtzylinder, der Deutschamerikaner aus Rüsselsheim – der Opel Diplomat V 8 mit seinem europäischen Betriebsbedingungen angepaßten Chevy-5,4-Liter-Motor. Gerade dieses nahezu lautlos arbeitende, drehmomentstarke 230-PS-Triebwerk stellte in Verbindung mit der spontan und ruckfrei schaltenden Wandler-Automatik das große Plus des Diplomat dar – der großvolumige US-V 8 konnte artbedingt über mehr Kraftreserven verfügen und brauchte seine Leistung nicht über die Drehzahl zu holen wie die eindeutig sportlich veranlagten, anspruchsvoll konzipierten schwäbischen Drei-Fünfer. In den Fahrleistungen waren sich Mercedes und Opel ebenbürtig. Bei den Fahreigenschaften war der Diplomat mit seiner aufwendigen De-Dion-Hinterachse, die vom Konzept her mit geringen ungefederten Massen und Spur- und Sturzkonstanz aufwarten konnte, in die Gesamtabstimmung aber nicht ihren Qualitäten

Mit den einteiligen Leuchteinheiten sah man den 280 SE 3.5 selten.

entsprechend einbezogen worden war, dem 280 SE 3.5 überlegen, nicht aber dem 300 SEL 3.5. Beim Kriterium Fahrkomfort hatten die Daimler die Nase weit vorn und in puncto Materialqualität, Verarbeitung und Funktionsschliff vermochte den Untertürkheimern ohnehin niemand etwas vorzumachen. Andererseits konnte der Diplomat seinen um mehr als 8000 Mark günstigeren Preis – immerhin den Wert eines Opel Rekord in Grundausführung – in die Waagschale werfen. Er war mit Sicherheit ein guter Kauf, wenn er auch kein Statussymbol vom Format eines Mercedes 3.5 darstellte.
Exotische Außenseiter waren die Sechszylinder-Jaguar-Limousinen, die aber auf einigen Exportmärkten den Mercedes-Marktanteilen gelegentlich zu schaffen machten. Die bundesdeutsche Zulassungsstati-

Der gleiche Wagen in Heckansicht – ohne Zweifel läßt sich bei der Baureihe 108/109 von gelungenem Styling sprechen.

stik zeigte diesbezüglich gewiß keine Gefahren an: Der ebenso konservative wie riesige 420 G – ein überarbeiteter Mark 10 mit hinterer Einzelradaufhängung – kostete 8500 Mark mehr als der 300 SEL 3.5, ohne dessen Fahrleistungen und Fahrkomfort zu erreichen. Auch der mehr zeitgemäß konzipierte XJ 6 4.2 war noch um 3000 Mark teurer, obwohl er im Charakter eigentlich mehr dem 280 SE 3.5 entsprach, aber weniger Innenraum bot. Die im Sommer 1972 erschienene Zwölfzylinder-Version XJ 12 kam im internationalen Verkauf gegen die Mercedes-Typen 108/109 nicht mehr zum Tragen. Auf dem britischen Markt, auf dem Daimler-Benz gegen Ende der sechziger Jahre fest Fuß fassen und ein deutlich umrissenes Marken-Image aufbauen konnte, lagen die Verhältnisse genau umgekehrt: Dort konnte man an Stelle eines 300 SEL 3.5 zweieinhalb XJ 6 4.2 kaufen, und selbst der eher vergleichbare 420 G Automatic kostete noch nicht einmal die Hälfte des deutschen Achtzylinders, der sich im Ausland aber durchaus reger Nachfrage erfreute. Dies beweisen nicht zuletzt die Produktionsziffern: Während 21 843 Stück der 3.5-Versionen aller Limousinen gebaut wurden, brachten es die ausschließlich für den US-Markt vorgesehen 4.5-Varianten auf 24 253 Exemplare. Der Anteil des 300 SEL war dabei relativ gering – in den Vereinigten Staaten räumte man noch mehr als anderswo dem unkomplizierten 280 SE/SEL 3.5/4.5 den Vorzug ein. So machten die luftgefederten Modelle nur etwa ein Drittel aller Limousinen mit dem kleinen V 8-Motor aus, von denen immerhin 46 126 Einheiten gebaut wurden – keine geringe Zahl, wenn man die kurze Produktionszeit von drei Jahren für den Achtzylinder-300 SEL und von anderthalb Jahren für die entsprechenden 280-SE-Typen bedenkt.

Im Herbst 1972 wichen die Drei-Fünfer einem bis auf das Triebwerk neuentwickelten Nachfolger, während die USA-Versionen dieses Mercedes-Benz noch bis in den Winter hinein ausgeliefert wurden. Und gerade drüben in den Staaten sind der 3.5 und der 4.5 besonders stark gefragte *Classics* geworden . . .

Modell	280 SE (SEL) 3.5 (W 108 E 35)	280 SE (SEL) 4.5 (W 108 E 45)	300 SEL 3.5 (W 109 E 35/1)	300 SEL 4.5 (W 109 E 45)
Produktionszeit	März 1971 – Sept. (Aug.) 1972	Mai 1971 – Nov. 1972	Nov. 1969 – Sept. 1972	Mai 1971 – Okt. 1972
Motor	V-Achtzylinder M 116	V-Achtzylinder M 117	V-Achtzylinder M 116	V-Achtzylinder M 117
Bohrung × Hub/ccm	92 × 65,8; 3499 ccm	92 × 85; 4520 ccm	92 × 65,8; 3499 ccm	92 × 85; 4520 ccm
Verdichtung	9,5:1	8,0:1	9,5:1	8,0:1
Leistung	200 PS bei 5800 U/min	195 PS bei 5000 U/min	200 PS bei 5800 U/min	195 PS bei 5000 U/min
Ventilsteuerung	2 × 1 obenliegende Nockenwelle (ohc)			
Schmierung	Druckumlauf 6,5 l Öl			
Kühlung	Wasserkühlung 13,25 l			
Einspritzung	elektron. Bosch-D-Jetronic			
Elektrik	Batterie 12 V 66 Ah			
Kupplung	Einsch.-Trockenkuppl., hydr. betät.	–	–	–
Getriebe	4-Gang (a. W. Automatik)	3-Gang-Wandler-Automatik	4-G.-Autom., a.W. Schaltgetr. 4- o. 5-G.	3-Gang-Wandler-Automatik
Lenkung	Kugelumlauf-Servolenkung			
Fußbremse	hydr. 2-Kreis-Vierrad-Scheibenbremse			
Feststellbremse	mechanisch, Hinterräder, Krückstockbetätigung			
Aufbau	selbsttragend, Limousine 4türig			
Radstand; Spur v/h	2750 (2850) mm; 1480/1485 mm		2865 mm; 1480/1485 mm	
Gesamtabmessungen (mm)	4900 (5000) × 1810 × 1440 mm		5000 × 1810 × 1420 mm	
Bereifung	7.35 V 14 o. 185 V 14 o. 185 VR 14		185 VR 14	
Tankinhalt	82 l		82 l	
Leergewicht	1560 (1590) kg	1580 (1610) kg	1670 kg	1690 kg
Höchstgeschwindigkeit	210 km/h	200 km/h	205 km/h	200 km/h
Stückzahl	11 309 (951)	13 527 (8173)	9583	2553

Zwei Klassiker, die einen reizvollen Kontrast zum Limousinen-Programm darstellten und schon zu Lebzeiten als Raritäten gelten durften:

Mercedes-Benz 280 SE 3.5 Coupé und Cabriolet

Im Februar 1961 brachte Daimler-Benz auf der Basis des 220 SEb (W 111) ein Coupé und ein Cabriolet auf den Markt – zwei Sondermodelle, die hinsichtlich der Ästhetik ihres Äußeren jenseits aller Kritik rangierten. Für diese zu einem beträchtlichen Anteil handgefertigten Versionen galt der von Daimler propagierte Slogan »Modern, aber nicht modisch« – vor allem, wenn man diese Wagen vor dem Hintergrund des Basismodells sah. Im Laufe der sechziger Jahre erhielten beide Varianten das jeweilige Spitzentriebwerk der S-Klasse: Im Februar 1962 kam die 300-SE-Version dazu, im September 1965 wurde die 2,2-Liter-Ausführung vom 250 SE abgelöst, und dieser zusammen mit dem 300 SE im Februar 1968 vom 280 SE. Während dieser Triebwerks-Umbestückungen blieb die Karosserie stets unverändert, und das Fahrwerk war – mit Ausnahme des luftgefederten 300 SE – kaum irgendwelchen Modifikationen unterworfen.

Als der 3,5-Liter-V 8-Motor des Baumusters M 116 im Jahre 1969 Serienreife erlangt hatte, lag es nahe, dieses prachtvolle Triebwerk sportlichen Zuschnitts nicht nur in den distinguierten 300 SEL, sondern auch in die Coupés und Cabriolets einzubauen. In Frankreich, England und Italien waren mit dem weltweiten Autoboom der ausgehenden sechziger Jahre einige sportive Zweitürer mit und ohne Blechdach entstanden, die zumindest von ihrer Technologie her durchaus ernstzunehmen waren. Es galt daher nicht unbedingt als große Sensation, als bei der IAA in Frankfurt im September 1969 der 3,5-Liter-V 8 in hinreichend bekannten Gewändern präsentiert wurde – im 300 SEL und in den C-Modellen der Type 280 SE. Im November gleichen Jahres begann die Produktion der Coupés und Cabriolets mit der Typenbezeichnung 280 SE 3.5 – das Kürzel »SEC« wurde offiziell erst viel später verwendet.

Bei diesem schwäbischen Baukastenspielen – brandneuer Motor in einer im Dienst ergrauten Karosse, deren Konzept in die fünfziger Jahre zurückging – traten gewisse Generationenprobleme zutage. 3.5-Coupé und -Cabriolet verkörperten elegante Anachronismen, die von Käufern und Hersteller aber bewußt hingenommen wurden. Schließlich wären die meisterhaft gezeichneten Karosserien dieser Modelle viel zu schade fürs Alteisen gewesen, trotz einer Vielzahl überkommener Stilelemente. Die vollendet skulpierten Heckflossenandeutungen waren ebenso Charakteristika der ausgehenden fünfziger Jahre wie die Panorama-Windschutzscheibe mit ihren kniefeindlichen Ecken und die weit herumgezogene Heckscheibe beim Coupé. Die Proportionen boten sich allerdings – im Gegensatz zum mehr hausbackenen Styling des 250 C/CE – traditionell-ausgewogen dar, mit betonter Motorhaubenlänge und einem zwar im Fassungsvermögen riesigen (Coupé 530 Liter, Cabriolet 450 Liter), aber von der Ausdehnung her optisch untergeordneten Kofferraum. Auch bei der Innenraumgestaltung hatte sich kaum etwas geändert – hier vermittelte die hohe Lenkradposition ein gewisses *vintage feeling*.

Die Gesichter der 3.5-C-Typen indessen spiegelten doch eine Konzession an den Zeitgeschmack wider. Die Kühlermasken waren um sieben Zentimeter niedriger und um zehn Zentimeter breiter, die Motorhaube nach vorne entsprechend abgesenkt worden – schnell war die unterscheidende Bezeichnung »Flachkühlermodell« geboren. Auch die weiterhin lieferbaren 280-SE-Coupés und -Cabriolets mit dem Sechszylindermotor erhielten vom November 1969 an die flache Haube und Maske. Dadurch wurde die durch die Presse geisternde Zeitungsente, daß erst der V8 mit seiner geringeren Bauhöhe diese Modernisierung erlaubt hätte, widerlegt. Den Limousinen freilich blieb diese aktualisierende Maßnahme versagt. Eine weitere Modifikation betraf die nun mit breiten Gummileisten belegten Stoßstangen, die die Limousinen der Reihe W 108/109 immerhin bereits seit 1965 in dieser Art aufzuweisen hatten.

Auch das Interieur war leicht überarbeitet worden: Am Armaturenbrett war weniger Edelholz zu sehen als früher. Die Instrumentenkonsole wurde nicht mehr furniert, sondern mit Leder in der Farbe der Sitzgarnituren bezogen.

Das Fahrwerk war durch eine etwas härtere Abstimmung den höheren Fahrleistungen angepaßt worden, entsprach aber im Prinzip dem der Vorgängermodelle. Auch bei Coupé und Cabrio zeigte sich die Eingelenk-Pendelachse der Motorleistung nicht in allen Situationen gewachsen. Dem Komfort war die Priorität vor dem Handling eingeräumt worden. Aus heutiger Sicht läßt sich sagen, daß die Wagen – sofern man ständig alle 200 Pferde galoppieren ließ – übermotorisiert wirken konnten. Dennoch muß für die Eingelenk-Pendelachse eine Lanze gebrochen werden: Im Fahrkomfort war diese Bauart einer Schräglenkerachse ebenbürtig und stand dieser in puncto aktiver Sicherheit näher als der vorherigen Zweigelenk-Pendelachse, die bei Mercedes bis 1956 verwendet wurde.

Neben dem Motor war auch die Kraftübertragung mit den entsprechenden Bauteilen der Limousinenserien der Achtzylinder-S-Klasse

Links oben: In ihrer Heckgestaltung unterschieden sich die 3.5-Coupés nicht von den Sechszylinder-Versionen.

Rechts: Auch die 3.5-Coupés und -Cabriolets wurden selten mit den Serienscheinwerfern geordert.

identisch. Das 3.5-Coupé wurde serienmäßig mit einem Viergang-Schaltgetriebe ausgerüstet, gegen Aufpreis gab es auch fünf Gänge oder die Getriebeautomatik mit hydraulischer Kupplung. Die 3.5-Cabriolets waren ausschließlich mit dem Automatikgetriebe lieferbar – bei später auftauchenden Exemplaren mit mechanischem Getriebe handelte es sich um nachträglich in privater Regie vorgenommene Umbauten.

Die Bremsen erwiesen sich in allen Situationen als äußerst wirkungsvoll, da man – wie auch beim 300 SEL 3.5 – die innenbelüfteten Bremsscheiben des 6.3 verwendete. Normalerweise waren die Coupés und Cabrios mit Reifen der Dimension 185 VR 14 bestückt, spätere Jahrgänge konnten wahlweise mit sechs Zoll breiten Stahl- oder Leichtmetallrädern mit Breitreifen der Größe 205/70 VR 14 ausgerüstet werden, die den großen Wagen gut zu Gesicht standen. Eine Servolenkung, die stets den richtigen Straßenkontakt vermittelte, zählte zur Grundausstattung. Sicherlich nicht der letzte Schrei waren die 16 Hochdruck-Schmierstellen an Fahrwerk und Lenkung, die alle 5000 Kilometer versorgt werden mußten – ein Relikt aus der »Flossenepoche«. Weite Teile der Kraftfahrzeugindustrie setzten längst auf Wartungsfreiheit, und selbst im eigenen Haus wiesen die Typen der Neuen Generation keine Schmiernippel mehr auf.

Die Serienausstattung der 3.5-Coupés und -Cabriolets war reichhaltig. Die Ledersitze wiesen Beschläge für Ruhestellung auf und besaßen körpergerechte Konturen. Wie auch bei den C/CE-Coupés der Modellreihe W 114 wurden die Sitzlehnen durch unterdruckbetätigte Sperrhaken arretiert, wenn der Motor lief – ein im Grunde sinnvoller, aber in der Praxis reichlich störanfälliger Gag. Die Instrumentenkonsole trug eine rechteckige Zentralarmatur mit drei kleinen Skalen für Öldruck, Kühlmitteltemperatur und Tankanzeige sowie Kontrolleuchten für Bremsfunktion/Handbremse, Blinker, Fernlicht, Kraftstoffreserve und Ladefunktion der Drehstromlichtmaschine. Links und rechts davon waren der Drehzahlmesser – dessen roter Bereich bei 6300 begann – und der zunächst bis 220 km/h, ab 1970 bis 240 km/h kalibrierte Tachometer eingelassen, jeweils mit großen Rundskalen. Ein stufenlos einstellbares Heiz- bzw. Frischluftgebläse, große Kartenfächer in den Türen und eine Ablageschale auf dem Mitteltunnel stellten keineswegs selbstverständliche Ausstattungsdetails dar. Charakteristischer aber waren die erstklassige Verarbeitung und die Auswahl der Materialien der mit einem hohen Anteil an Handarbeit komplettierten Wagen.

In die Vereinigten Staaten wurden 3.5-Coupé und -Cabriolet ausschließlich mit Vollausstattung geliefert: Automatikgetriebe, Klimaanlage, Sperrdifferential, Stereoradio mit vier Lautsprechern, vier elektrische Fensterheber und getönte Verglasung. Die vorderen Blinker der USA-Version sahen aus wie kleine Nebelleuchten und saßen links und rechts neben der Kühlermaske. Interessanterweise wurden die V8-Coupés und -Cabrios in Amerika ausschließlich mit dem 3,5-Liter-Motor verkauft; als 300 SEL und 280 SE/SEL dort ab Mai 1971 mit dem 4,5-Liter-Triebwerk ausgeliefert wurden, stellte man den Transatlantik-Export der zweitürigen Exklusivmodelle ein.

Die Fahrleistungen der 3.5-Coupés und -Cabrios waren der sportlichen Linie mehr als adäquat. Die Zeitschrift *auto, motor und sport* maß für ein Schaltgetriebe-Coupé erstaunliche 215 km/h Höchstgeschwindigkeit, und die französiche Kollegin *L'Automobile* protokollierte bei einem identischen Exemplar 211,7 km/h – die Werkangabe lautete auf 210 km/h für die mechanisch geschaltete, und auf 205 km/h für die Automatikversion. Das US-Blatt *Road und Track* kam mit einem bezüglich des Abgasverhaltens etwas manipulierten 3.5-Automatik-Coupé auf knapp 200 km/h – die mit einem erhöhten Gewicht und einer leicht reduzierten Leistung geplagte US-Version beschleunigte aber immerhin in 9,3 Sekunden von Null auf 96 km/h (60 mph).

Um die Jahreswende 1969/70 entstandenes 280 SE 3.5-Coupé. Leichtmetallräder und Halogen-Doppelscheinwerfer waren aufpreispflichtig. Der Wagen gehört dem Autor.

Zehn Jahre nach Produktionsende zählten die 3.5-Coupés zu den ausgesprochenen Sammlerwagen und tauchten bei entsprechenden Veranstaltungen auf.

Das in Deutschland getestete Exemplar benötigte aus dem Stillstand auf 100 km/h 8,9 Sekunden. Damit zählten die schicken Kreationen aus Sindelfingen zur internationalen Leistungselite und konnten sich auch im Kreise reinrassiger Sportwagen noch sehen lassen.
Weniger glanzvoll schlugen sich die Exquisit-Drei-Fünfer in der Disziplin Fahreigenschaften. Es erscheint unverständlich, weshalb man nicht das luftgefederte Fahrwerk der im Dezember 1967 ausgelaufenen 300 SE-Coupés und -Cabriolets wieder aus der Versenkung hervorholte, zumal die zugehörige Limousine noch existierte. Der höhere Preis hätte in dieser Klasse keine Rolle mehr spielen dürfen. So hatten sich die Fahrer der Achtzylinder-C-Modelle, deren Hinterachsen geringer als die der Limousinen belastet waren, mit einer in Extremsituationen spürbaren Übersteuertendenz und einem schmäleren Grenzbereich abzufinden. Dieses Phänomen stellte zwar keine unbilligen Anforderungen an den Fahrer, galt aber als nicht mehr zeitgemäß, zumal die Coupés und Cabrios keinerlei *sports appeal* besaßen.

Der auch in höheren Drehzahlregionen seidenweich arbeitende Motor wurde in seinem Geräuschpegel auch beim Cabrio nicht von den Windgeräuschen übertroffen – ein Ergebnis der hervorragenden Verarbeitung und Paßgenauigkeit besonders der Fenster- und Türdichtungen. Hier manifestierte sich einmal mehr das superbe schwäbische Finish auch bei voll versenkbaren Glasfronten und rahmenlosen Seitenscheiben.
Daß in Kleinstserie hergestellte Wagen dieses Genre ihren Preis haben mußten, liegt auf der Hand: Das 3.5-Coupé kostete bei der Einführung 30 636 Mark, das Cabriolet 34 132 Mark. Hier überrascht, daß die Dreieinhalbliter etwa auf dem Preisniveau der Ende 1967 aus dem Lieferprogramm genommenen, entsprechenden 300 SE-Versionen lagen – trotz der inzwischen eingeführten Mehrwertsteuer. V 8 gegen Leichtmetall-Sechszylinder, Elektronik gegen Luftfederung und Zusatzchrom – das schien sich mehr als aufzuheben. Zum sechszylindrigen 280 SE-Coupé und -Cabriolet bestand dagegen ein Preisunterschied

Besonders in der Seitenansicht wird die klassische – wenn auch nicht zeitlose – Linienführung der Coupés der Baureihe 111 deutlich.

von 2775 bzw. 4220 Mark – letzterer wegen des beim 3.5-Cabrio serienmäßigen Automatikgetriebes. Im Jahre 1971 – kurz vor ihrer Außerdienststellung – kosteten die beiden Sondermodelle bereits 33 688 bzw. 37 351 Mark. Ein 280 SL Roadster war dagegen für 26 640 Mark zu haben.

Welche Autos standen in dieser Preis- und Wagenklasse noch zur Auswahl? Aus Frankreich kam der voller Technik steckende, futuristische Citroën SM mit Maserati-Motor, der sich bei aller Individualität und Progressivität als wenig haltbar erwies und dennoch nur um etwa 2000 Mark billiger war als das 3.5-Coupé. Das schnellere Fiat Dino 2.4 Coupé, das dem Mercedes 3.5-Coupé im Charakter nur bedingt entsprach, einen in Zusammenarbeit mit Ferrari entwickelten Motor besaß, aber keineswegs ein Ferrari war, kostete 2600 Mark weniger als das von der Statur her schon teutonischere Mercedes-Coupé. Dagegen lag das Jaguar-GT-Coupé der Type E 4.2 S 2 – ein zweifellos reinrassiger Sportwagen mit zwei Notsitzen – etwa auf gleichem Preisniveau. Für jene, die auf mehr Blech, aber nicht unbedingt auf ein festes Dach Wert legten, wäre ein Buick Gran Sport Cabriolet, das bei gleicher Motorleistung ein ähnliches Temperament und ein vergleichbares Raumangebot aufwies, wohl gegenüber einem 3.5-Cabriolet der preisbewußtere Kauf gewesen: Es war um fast 9000 Mark billiger!

Im Juli 1971 verschwanden die 3,5-Liter-Coupés und -Cabriolets von der Bühne. Nicht daß sich die Monatsproduktion von durchschnittlich 200 Einheiten als unrentabel erwiesen hätte – das Konzept war einfach nicht mehr zeitgemäß. Dazu kam der weggefallene USA-Export – in den Vereinigten Staaten hatten konkurrenzfähige *personality cars* wie der Thunderbird nach einer zwangsläufig einsetzenden Selbstbesinnung der amerikanischen Automobilindustrie an Popularität zugelegt. In Deutschland mußten Liebhaber großer Coupés ein Dreivierteljahr warten, bis im Februar 1972 der 350 SLC erschien, während das 3.5-Cabriolet werksseitig niemals ersetzt wurde. Wer fortan mit einem Fünfsitzer »oben ohne« promenieren wollte, mußte sich mit praller Brieftasche zu einem unabhängigen Karosserieschneider bemühen. Die V 8-Sondermodelle entsprachen hinsichtlich ihrer bauzeitbezoge-

Gegenüberliegende Seite: Heute zählt das 280 SE 3.5-Cabriolet zu den begehrtesten Mercedes-Klassikern.

Rechts: Ab Modelljahr 1968 erhielten die W 111-Coupés und -Cabriolets Gummileisten an den Stoßstangen.

Unten: Entwurf eines 1971 realisierten Einzelstücks von Pininfarina mit 6,3-Liter-Motor.

Rechts: Ein 3.5-Coupé mit nachträglich montierten Nebelleuchten.

Links oben: In der Innenraumgestaltung waren Sechs- und Achtzylinder-Cabrios fast identisch, ein Schaltgetriebe – wie bei diesem 280 SE/C – war bei der 3.5-Version allerdings ab Werk nicht erhältlich.

Rechts oben: Von aktuellem Styling konnte 1970 keine Rede mehr sein – aber bildschön waren die Wagen dennoch.

Links: Dieses Foto zeigt die veränderte Frontgestaltung der Achtzylinder-Coupés und -Cabriolets gegenüber den Sechszylindern – das rechte Fahrzeug ist ein »Flachkühler-Coupé«.

nen Stückzahlen ihren Vorgängertypen: Vom 3.5-Coupé entstanden 3270 Exemplare, vom 3.5-Cabriolet 1232 Wagen. Jagt man Raritäten hinterher, sollte man ein 3.5-Cabriolet mit Rechtssteuerung ausfindig machen – 36 Stück wurden davon gebaut.
Kaum anderthalb Jahrzehnte nach ihrem Produktionsende zählen die V 8-Coupés und -Cabriolets auf dem Liebhabermarkt zu hochdotierten Sammlerstücken. Erstklassige Cabrios bringen bereits mehr als das Doppelte ihres letzten Neupreises ein, und die Coupés erreichten schon 1983 ihren einstmaligen Listenpreis . . .
Es gibt sogar Mercedes-Benz-Clubs, die sich auf die Erhaltung und Restaurierung der Cabrios und Coupés der W-111-Baureihe spezialisieren, internationale Treffen ausrichten und jedem nur auffindbaren, ausgedienten Exemplar nachspüren, um es der Nachwelt zu erhalten. Die Seltenheit des 3.5 ist fast mit der des legendären Flügeltürers 300 SL zu vergleichen (1400 Stück), auch vom 300er Roadster wurden 1957 bis 1963 nur 1858 Exemplare gebaut. Liebhaberstücke für den Kenner . . .

Ein letztes Relikt aus der Heckflossenzeit stellten die kleinen Peilstege, wie man sie noch an Fahrzeugen der Reihe 111 C fand . . .

Modell	280 SE 3.5 Coupé (W 111 E 35/1)	280 SE 3.5 Cabriolet (W 111 E 35/1)
Produktionszeit	November 1969 – Juli 1971	
Motor	V-Achtzylinder M 116	
Bohrung × Hub/ccm	92 × 65,8; 3499 ccm	
Verdichtung	9,5:1	
Leistung	200 PS bei 5800 U/min	
Ventilsteuerung	2 × 1 obenlieg. Nockenwelle (ohc)	
Schmierung	Druckumlauf 6,5 l Öl	
Kühlung	Wasserkühlung 13,25 l	
Einspritzung	elektron. Bosch-D-Jetronic	
Elektrik	Batterie 12 V 66 Ah	
Kupplung	Einsch.-Trockenk., hydr. bet.	–
Getriebe	4-Gang, a. W. Automatik	4-Gang-Automatik
Lenkung	Kugelumlauflenkung m. Servo	
Fußbremse	hydr. 2-Kreis-Vierrad-Scheibenbr., Ate-Dunlop	
Feststellbremse	mechan., Hinterräder, Krückstockbetätig.	
Aufbau	selbsttr., Coupé 2türig	selbsttr. Cabriolet 2türig
Radstand; Spur v/h	2750 mm; 1482/1485 mm	
Gesamtabmessungen (mm)	4905 × 1845 × 1405 mm	4905 × 1845 × 1420 mm
Bereifung	7,35/185 V 14/6 PR oder 185 VR 14	
Tankinhalt	82 l	
Leergewicht	1570 kg	1650 kg
Höchstgeschwindigkeit	210 km/h	
Stückzahl	3270	1232

Mit Keilform und acht Zylindern startete Daimler-Benz die dritte Nachkriegs-Roadster-Generation. Eine sportliche Baureihe, deren Langlebigkeit sich mit dem Porsche 911 vergleichen läßt:

Mercedes-Benz 350 SL, 450 SL, 280 SL, 380 SL, 500 SL

Der Begriff des Sportwagens war im Laufe der Jahrzehnte einem Bedeutungswandel mit beträchtlicher Sinnerweiterung unterworfen – vom mehr oder minder kompromißlosen Wettbewerbsgerät der Vorkriegsjahre über die zwar alltagstauglichen, aber wenig komfortablen Zweisitzer der Nachkriegszeit und die für Langstrecken-Raids zu zweit geeigneten Grand-Tourisme-Coupés der fünfziger Jahre bis hin zu den leistungsfähigen und bequemen Roadstern und Coupés unserer Epoche, die jegliche Kapricen, leider aber auch den akustischen Background und die gelobte Härte vergangener Tage vermissen lassen. Daimler-Benz hat traditionell an fast all diesen Stadien teilgenommen: Am Anfang stand der SS der zwanziger Jahre mit seinen kampferprobten Abkömmlingen, während in den dreißiger Jahren kein Sportwagen im althergebrachten Sinne produziert wurde, sieht man von einigen Geländesportmodellen ab – die Achtzylinder-Kompressorwagen gehörten einem anderen Genre an. Der Flügeltüren-300 SL verkörperte die Epoche leistungsbetonter GTs, während die 1963 in Marsch gesetzte »Pagoden«-Reihe – 230 SL bis 280 SL – bereits in den Verdacht des Boulevard-Sportwagens geriet, aber zuweilen doch sportlichen Lorbeer erntete.

Den gegenwärtigen Stand dieser Genealogie markiert der 350 SL samt seiner Derivate – mit seinem sanftmütigen, in jeder Hinsicht gezähmten Wesen sicherlich nicht nur chronologisch der Gegenpol zum rauhen Urvater aller Mercedes-Benz-Sportwagen. Obwohl sich der 280 SL mit dem auf 170 PS gebrachten Motor des 280 SE keineswegs schlecht verkaufte und in seinem Äußeren durchaus noch nicht als Anachronismus wirkte – Sportwagen altern langsam, siehe Aston-Martin, Porsche 911 oder als Extremfall Morgan – , war ein Modellwechsel geboten. Den zwingenden Anlaß dazu stellte die Tatsache dar, daß der ohc-Sechszylinder vom Grundkonzept her bereits runde zwanzig Jahre auf dem Buckel hatte und kommenden amerikanischen Abgasnormen kaum mehr genügen konnte. Bereits im Jahre 1966 stand fest, daß Anfang 1968 in den USA die erste – und vergleichsweise harmlose – Generation von Gesetzen zur passiven Sicherheit und Abgaskontrolle in Kraft treten würde. Da die Vereinigten Staaten gerade für die SL mit großem Abstand das Hauptabsatzgebiet im Außenhandel darstellten, begann man in Untertürkheim ohne Verzug, neue Leitlinien abzustecken.

Der 2,8-Liter-dohc-Motor war zu jener Zeit noch graue Theorie, dagegen hatte der 3,5-Liter-V 8 bereits konkrete Gestalt angenommen. So lag es nahe, den Achtzylinder in die Konzeption eines Nachfolge-Roadsters einzubeziehen, zumal diese Maschine mehr Temperament als der angegraute ohc-Sechszylinder versprach und eine durch verschärfte Sicherheitsbestimmungen bedingte Gewichtszunahme kompensieren konnte. Da nun der V 8 nicht ohne weiteres im Maschinenhaus des Pagoden-SL unterzubringen war und sich das Fahrwerk dieses Typs mittlerweile weder hinsichtlich des Komforts noch der Fahreigenschaften völlig auf dem technologischen Niveau seiner Zeit befand, wurde ein neues Auto zur unabdingbaren Konsequenz. Und dieses Ziel wurde gründlich verfolgt: Bereits 1964 waren aus der Feder von Paul Bracq erste Karosseriestudien für die Ablösung des Roadsters gekommen. Es sollte bis zum Frühjahr 1970 dauern, bis die ersten Prototypen, die fast völlig der Serienausführung entsprachen, im Straßenversuch gesichtet wurden. Am 17. April 1971 schließlich wurde der 350 SL der Öffentlichkeit präsentiert.

Bekannte Komponenten aus der Großserie bildeten im 350 SL eine gelungene Synthese: Das Fahrwerk stammte im Prinzip von den »Strich-Acht«-Typen der Mittelklasse, der V 8-Motor hatte sich seit anderthalb Jahren in den Limousinen, Coupés und Cabriolets der S-Klasse bewährt und war für den SL bis auf einige raumbedingte Änderungen an Anschlußstutzen, Abschirmblechen und am Visco-Lüfter unmodifiziert übernommen worden. Vor allem der zweisitzige Aufbau aber rechtfertigte den Slogan, mit dem Daimler-Benz den Roadster vorstellte: »Wenn ein neuer Mercedes kommt, dann kommt ein neues Auto.«

Der 350 SL war ein Vertreter der gemäßigten Keilform: Ein verhältnismäßig hohes, kastenartiges Wagenheck kontrastierte mit einer nach vorne deutlich abfallenden Motorhaube. In seinen Proportionen entsprach der Neue in etwa seinem Vorgänger – der Radstand war um sechs, die Gesamtlänge um neun Zentimeter angewachsen. Überraschenderweise waren die Spurweiten um drei bzw. vier Zentimeter geschrumpft – trotz breiterer Räder und voluminöserer Bereifung. Der 350 SL hatte dadurch nichts mehr von der kraftvollen Breitbeinigkeit seines Vorläufers an sich, obwohl die Wagenbreite um dreieinhalb Zentimeter zugenommen hatte. Die Wagenhöhe war nur um einen Zentimeter reduziert worden, dennoch wirkte der 350 SL wesentlich niedriger als der Pagoden-SL. Für diesen Eindruck sorgte die Betonung der Horizontalen im Kühlergesicht: Rechteckige Breitbandscheinwerfer mit Halogen-Zweifadenlampen der Bauart H 4, große, um die Ecken gewölbte Blinkleuchten und die flache, SL-typische Lufteinlaßöffnung, die stilistisch unverändert blieb, ließen den Roadster zusammen mit den schmalen, gummibesetzten Stoßstangen optisch geduckter einherrollen. Weniger augenfällig war ein weiterer Lufteintritt unter der Vorderstoßstange – die erheblich vergrößerte Kühlerfläche bedingte einen höheren Luftdurchsatz.

Gegenüberliegende Seite: Das Spitzenmodell der Baureihe R 107 – der 500 SL mit dem umstrittenen Heckspoiler.

Rechts: 350 SL mit Hardtop. Nur die Dachkehlung erinnerte stilistisch noch an das Vorgängermodell.

Auch das Heck ließ vom traditionellen SL-Charakter kaum mehr etwas erahnen: Hier wurde das Styling ebenfalls von Lichtquellen beherrscht. Zwei riesige Leuchteinheiten mit schmutzhemmendem Profil und integrierten Nebelschlußleuchten und Rückfahrscheinwerfern sowie um die Ecken gezogenen Blinkern ließen die Waagrechte dominieren. Eine auffällige Reminiszenz an den Vorgänger mit seinem Pagoden-Styling verkörperte der auf eigenwillige Art und Weise konkav ausgebildete Kofferdeckel. Der Kofferraum war nun zwar höher als beim alten Roadster, aber eben auch erheblich kürzer.
Eine eigenständige, unverwechselbare Linienführung trug der 350 SL in der Seitenansicht zur Schau: Die recht füllig geratenen Blechflächen – die dem Roadster während des Entwicklungsstadiums den hausinternen Spitznamen »Panzer« eingebracht hatten – mußten optisch aufgelockert und gegliedert werden. Dies geschah durch mancherlei Sicken, Wölbungen und Leisten. Für manche Geschmacksrichtungen war hier des Guten zuviel getan worden, der Vorgänger hatte in seiner Stilistik ruhiger gewirkt. Die hohe Gürtellinie diente der höchstmöglichen Versteifung des offenen Aufbaus und bot verbesserten seitlichen Auffahrschutz, war aber den Sichtverhältnissen gewiß nicht förderlich. Das hohe Heck wirkte beim Debüt des 350 SL zwar alles andere als graziös – ein Jahrzehnt später aber hatte sich die Menschheit an dieses weithin, auch bei Sportwagen, üblich gewordene Stilelement gewöhnt.

Die hohe Taille des 350 SL wurde durch den auffällig flach verlaufenden hinteren Radausschnitt noch verstärkt. Zwischen den Radöffnungen saß eine Profilleiste, die nachträglich aufgeklebt wirkte, aber durchaus einen tieferen Sinn hatte: Bei dieser gummibesetzten Seitenleiste handelte es sich um den sogenannten »Flankenschutz«, der kleinere Rempler zu absorbieren hatte und angesichts des Öffnungsradius der Türen wohl am Platze war. Auch die unter diesem Streifen wellblechartig verlaufenden Prägesicken waren keineswegs eine bloße Idee des Stilisten: Die verrippten Unterseiten der Flanken waren aerodynamisch ausgeklügelt und hatten die Aufgabe, Seitenfläche und Fenster vom Schmutzwasser freizuhalten, das von den Rädern aufgewirbelt wurde. Diese Details stehen symptomatisch für die Tatsache, daß Daimler-Benz-Styling niemals Selbstzweck ist: Nicht nur der ästhetische Eindruck zählt, sondern ebenso die Funktionalität, untergeordnet ist aber jegliche Ausrichtung auf Modeströmungen.
Ein weiteres charakteristisches Stilelement des 350 SL stellten die extrem geneigten Pfosten der Windschutzscheibe dar. Trotz ihres filigranen Aussehens boten sie für den Fall eines Überschlags ein Höchstmaß an Sicherheit. Ihre Struktur war für alle möglichen Belastungswinkel erstmals mit dem Computer berechnet worden. Dadurch besaßen sie eine um 50 Prozent höhere Festigkeit als die Streben des 230 - 280 SL. Das war auch der Grund dafür, daß der 350 SL nicht unter den drastisch verschärften Sicherheitsbestimmungen der USA

Rechts: Der V8-Motor füllte den Bug des 350 SL zur Gänze aus.

Links: Mit montiertem Coupédach wird die Keilform der Baureihe R 107 besonders augenfällig.

zu leiden hatte. Das traditionelle Roadster-Importland hatte durch seine Gesetzgebung die Herstellung sportlicher Zweisitzer nachhaltig beeinflußt und Generationen von Targa-Cabriolets hervorgebracht, die Frischluftfanatikern oft gerade noch eine rudimentäre Dachluke ließen. Das totale »Oben-ohne« der Mercedes-Zweisitzer war sicher nicht unbeteiligt an ihrem anhaltenden Verkaufserfolg in den Vereinigten Staaten. Erstmals gab man bei Daimler-Benz einem Wagen die später bei den »Strich-Acht«-Modellen in Großserie praktizierten Windleitprofile an den A-Säulen, die die Seitenscheiben im Kolonnenverkehr wirbel- und sprühwasserfrei hielten.

Die deutlich gerundete Motorhaube war durch den auf der Vorderradaufhängung sitzenden Motor bedingt – die Vorteile des flach bauenden V 8 konnten hier nicht konsequent genutzt werden. Der gegenüber dem Vorgänger längere Vorbau wurde nicht zuletzt durch die aufwendige Temperierung des Achtzylinders erforderlich, die neben dem großflächigen Wasserkühler und dem Visco-Lüfter einen thermostatisch geregelten, elektrischen Zusatzventilator und einen Ölkühler umfaßte. Die Folge war, daß die gewölbte Haube die vordere Fahrzeugbegrenzung nur erahnen ließ.

Das Roadsterverdeck ließ sich mühelos in wenigen Sekunden öffnen und schließen: Mit zwei im Handschuhfach gelagerten, kurbelartigen Verschlußgriffen wurden die beiden Schlösser am Windschutzscheibenrahmen, die zentrale Lagerung des Verdeckbügels und der starre Verdeckkastendeckel entriegelt. Dieser Deckel wurde hochgeklappt, das Verdeck in den Kasten geschwenkt, Deckel zu und eingerastet – fertig. Das zunächst gegen 1500 Mark Aufpreis erhältliche, ab 1980 aber serienmäßige Coupédach benützte die fünf Ankerpunkte des Roadsterverdecks, das Auf- und Absetzen des gewichtigen Hardtops war aber nur von zwei Personen zu bewerkstelligen. Das Klappverdeck besaß ein Panorama-Heckfenster, das die Sichtverhältnisse aber dennoch nicht wesentlich verbessern konnte. Das Hardtop des 350 SL setzte das Pagoden-Styling des Vorgängers mit gekehlter Dachfläche fort. Das massiv gerahmte, trapezförmige Rückfenster und die beiden längs über die Dachfläche verlaufenden Metalleisten mit den Befestigungspunkten für Skihalter oder Gepäckträger waren auch beim neuen SL charakteristische Stilelemente. Dagegen war die Gestaltung des elliptisch geformten hinteren Seitenfensters ein weniger glücklicher Einfall – die nach oben gezogene Unterkante betonte das Ansteigen der Gürtellinie zum Wagenheck hin auf vielleicht etwas übertriebene Weise.

Selten unterschied sich ein Mercedes-Benz-Personenwagen so stark vom Vorläufer wie der Roadster der Baureihe 107. Dennoch blieb die Familienähnlichkeit zur Pagode noch erkennbar. Der Tribut an neue Sicherheitsbestimmungen und an das schwerere, leistungsfähigere und drehmomentstärkere Triebwerk machte sich auf der Waage bemerkbar: Zusätzliche Versteifungen des Wagenbodens, die Vielzahl der Komforteinrichtungen und der Wegfall der Aluminium-Preßteile, die der alte SL noch besessen hatte, ließen das Gewicht um fast vier Zentner auf durchschnittlich 1600 Kilogramm anwachsen. Diese Massivität sah man dem 350 SL schließlich auch an – von konsequentem Sportwagen-Leichtbau à la Porsche 911, Alfa Romeo Montreal oder gar Lotus war längst keine Rede mehr. Zwischen dem 350 SL und dem mittlerweile zur Legende gewordenen 300 SL lagen Welten, und selbst die Modellreihe 230-250-280 SL ließ sich mit weniger Mühe als sportiv einstufen.

Beim 350 SL war das Flair des »harten« Sportwagens endgültig zugunsten des individualistisch geprägten Luxus-Zweisitzers aufgegeben worden. Darauf deutete auch die Ausstattung der Wagen hin: So stellte die Heizungs- und Belüftungsanlage ein höchst ausgeklügeltes System dar. Dabei wurde die Innenraumtemperatur durch Luftmischung geregelt. Ein vierstufiges Gebläse sorgte unabhängig vom Staudruck für Frischluft. Beschlagfreie Seitenscheiben wurden durch die neuartige seitliche Flächenheizung ermöglicht: Durch beide Türen führten Luftkanäle, die die Kalt- oder Warmluft an den Fenstern und

an den Textileinsätzen der Türverkleidungen austreten ließen. Die Wärme (oder die gekühlte Luft der auf Wunsch lieferbaren Klimaanlage) strömte nicht nur aus gesonderten Öffnungen am oder unter dem Armaturenbrett, sondern verteilte sich breit gefächert im Interieur.

Das Armaturenbrett war im Sinne erhöhten Aufprallschutzes stark gepolstert, an der Oberseite flach gerundet und ließ die bei Daimler-Benz so häufig gebotenen Edelholz-Einlegearbeiten vermissen. Die Instrumentierung der blendfrei gestalteten Konsole hinter dem Lenkrad entsprach der der sportlichen Limousinen – auch ein Tourenzähler gehörte selbstverständlich zur Ausrüstung eines Wagens dieses Genre. Über das mit Kunstleder verkleidete Armaturenbrett-Oberteil waren vier Frischluftöffnungen verteilt, in der Mitte war die elektrische Zeituhr plaziert. Die Bedienung der Heizung und Belüftung erfolgte für beide Wagenseiten getrennt über verschiedene Schub- und Drehschalter an der Mittelkonsole. Anfang 1980 wurde hier eine Umgruppierung vorgenommen. Weitere Änderungen betrafen ein Ersetzen der Uhr, deren Zifferblatt in das untere Feld des Drehzahlmessers wanderte, durch eine fünfte Belüftungsrosette im Herbst 1977. Ende 1979 wurde in das Kombiinstrument zusätzlich zu Kühlwasserthermometer, Tankanzeige und Ölmanometer ein »Econometer« aufgenommen – eine Wirtschaftlichkeitsanzeige, die den Unterdruck im Saugrohr widerspiegelte und eine simple grün-rote Farbfläche als Skala besaß.

Das neue Vierspeichen-Lenkrad mit Pralltopf und breiter Polsterplatte mit Signaltasten ging ein Jahr später auch in die Limousinenproduktion ein. Nicht alltägliche Ausrüstungsdetails waren die von innen manuell einstellbaren Außenspiegel, die unsichtbaren Spannrollen der (während der ersten Monate nur auf Wunsch gelieferten) Automatikgurte und die für die Montage einer Stereoanlage vorgesehenen doppelten Lautsprecheröffnungen im Armaturenbrett. Als netter Gag galt die Doppelfunktion der Handschuhfachleuchte, die eigentlich eine 12-Volt-Akku-Taschenlampe war, für nächtliche Suchaktionen herausgenommen werden konnte und stets über das Bordnetz nachgeladen wurde. Diese Lampe wurde Ende 1979 durch eine konventionelle stationäre Leuchte ersetzt.

Das Fahrwerk des 350 SL – hinten Einzelradaufhängung an Schräglenkern – entsprach dem bei der Modellreihe 114/115 im Jahre 1968 eingeführten Prinzip in allen Einzelheiten und war damit weitestgehend baugleich, selbst die Spurweiten stimmten überein. Die vier Scheibenbremsen wurden »turbogekühlt«; vorne waren die Bremsscheiben innenbelüftet. Die 6,5 Zoll breiten Räder – beim späteren 500 SL serienmäßig, bei den übrigen Ausführungen gegen Aufpreis in Leichtmetall gefertigt, wovon die Mehrzahl der SL-Käufer Gebrauch machte – waren mit Gürtelreifen der Dimension 205/70 VR 14 bestückt. Die exakt arbeitende Kugelumlauflenkung war in Serie auf nicht zu aufdringliche Weise servounterstützt.

In Untertürkheim hatte man gegen Ende des Prototypenstadiums versucht, den 3,5-Liter-V 8 durch die Verwendung »schärferer« Nockenwellen auf 220 bis 230 PS zu bringen, räumte aber schließlich der

Oben rechts: Die Chromleisten auf dem Hardtop hatten eine durchaus nützliche Funktion: Sie dienten der Befestigung eines Gepäckträgers oder Skihalters.

Links: 350 SL auf Sylt.

Rechts: Der extrem geneigte Windschutzscheibenrahmen diente gleichzeitig als hochbelastbarer Überrollbügel.

Ganz links: Es läßt sich darüber streiten, ob Leichtmetallräder und Weißwandreifen optisch miteinander harmonieren.

Links: Ein 380 SL auf der Autobahn. Formal hatte sich gegenüber dem 350 SL nichts geändert.

Laufkultur die Priorität ein und verwendete den unveränderten Motor. Bereits beim Debüt des 350 SL ließ man hinter vorgehaltener Hand verlauten, daß auch ein 4,5-Liter-Triebwerk bereitstand. Dieser Motor war für den Einsatz in den großen Limousinen, aber auch im SL für die jeweiligen USA-Ausführungen serienreif. Im Juli 1971 liefen die ersten für Nordamerika bestimmten 350 SL mit dem zur Umweltfreundlichkeit verdammten 4,5-Liter-V 8 vom Band. In den USA wurde diese Version inoffiziell als »350 SL 4.5« bezeichnet, am Heck trugen die Roadster aber den gleichen Schriftzug wie ihre Brüder auf dem Heimatmarkt oder anderswo. Erst ab dem Modelljahr 1973 durften sie, aus welchen Gründen auch immer, die Bezeichnung 450 SL zur Schau tragen.

Der von Anfang an auch für den deutschen Markt erwartete 450 SL war zu diesem Zeitpunkt längst erschienen – er war im März 1972 am Genfer Salon vorgestellt worden. Vom 350 SL unterschied sich diese Variante ausschließlich durch den Motor: Der höhere USA-Zylinderblock mit dem von 65,8 auf 85 Millimeter verlängerten Hub wurde zu einem leistungsbetonten Triebwerk europäischen Zuschnitts komplettiert. Statt der 195 PS der US-Version – in Kalifornien mußte sich der gewiß nicht leichte SL gar mit 180 PS zufriedengeben – leistete der M 117 »zu Hause« 225 PS. Bemerkenswert war, daß dieser dem Charakter des Wagens adäquatere Output bereits bei 5000 Touren zur Verfügung stand – der 3,5-Liter-Motor M 116 ließ seine 200 Pferde erst bei 5800/min springen. Dabei lag die Verdichtung des größeren Achtzylinders mit 8,8 :1 deutlich unter dem mit 9,5 :1 ausgewiesenen Kompressionsverhältnis des M 116. Man hatte sich einmal mehr an Laufkultur und hohem Drehmoment – 38,5 gegenüber 29,2 mkg mit 500 Touren Drehzahldifferenz zugunsten des größeren Motors – als an purer Höchstleistung orientiert. Vergleicht man die spezifischen Leistungen beider Triebwerke, so dürfte dem 4,5-Liter-V 8 an der Wiege eine schier unermeßliche Lebensdauer gesungen worden sein: Mit 49,8 PS/Liter war diese Maschine denkbar niedrig belastet. Der Drei-Fünfer, der erfahrungsgemäß als langlebiger Motor gilt, war mit 57,1 PS/Liter höherem Streß unterworfen.

Für die Gemischaufbereitung beider Triebwerksvarianten war zunächst die Bosch-D-Jetronic zuständig. Diese elektronische Benzineinspritzung arbeitete mittels Messung des Saugrohrdrucks und öffnete die elektromagnetischen Einspritzventile analog zu den im Steuergerät eingelaufenen Werten. Ab November 1975 wurde der 4,5-Liter-Motor und ab Februar 1976 auch der kleinere V 8 mit der Bosch-K-Jetronic ausgerüstet, einer antriebslosen mechanischen Benzineinspritzung. Dieses neuentwickelte System stellte eine kontinuierliche Saugrohreinspritzung dar, bei der dem Kraftstoff-Mengenteiler das angesaugte Luftvolumen auf mechanischem Wege mitgeteilt wurde. Dies geschah mit Hilfe einer Stauscheibe im Luftmengenmesser und einem Gestänge. Der benötigte Kraftstoff wurde den mechanischen Schnatterventilen im Saugrohr in einer Dosierung zugeführt, die in gleichbleibender Relation zum Luftdurchsatz stand. Dadurch wurde es möglich, den Motor stets mit einem optimal zusammengesetzten Kraftstoff-Luft-Gemisch zu versorgen und Überfettung und damit zu hohe Schadstoffwerte im Abgas zu vermeiden. Anlaß für die Umstellung auf die K-Jetronic war die Begrenzung von Emissionswerten, die mittlerweile auch in den meisten europäischen Ländern mehr oder weniger strikt per Gesetz verordnet wurde. Die Luftmengenmessung arbeitete dann exakter, wenn die in den USA und in Japan vorgeschriebene Lambda-Sonde als zusätzlicher Meßfühler für Kohlenstoff- und Stickoxide im Auspuff als weitere Steuerinstanz fehlte. Die beiden Mercedes-V 8-Motoren mußten durch dieses Änderung leichte Leistungseinbußen erdulden: Der M 116 gab fortan nur noch 195 PS ab, der M 117 217 PS.

Der Energieschock des Jahres 1973 zog eine weitere Ergänzung der Triebwerkspalette beim Typ 107 nach sich: Im Juli 1974 begann die Produktion des 280 SL, der gar nicht so sparsam motorisierten Sechszylinderversion des Mercedes-Roadsters. Das Rezept war einfach: Der seit mehr als zwei Jahren in die »kleine« Limousine des Typs 280 E und in das Modell 280 SE der neuen S-Klasse eingebaute dohc-Motor M 110 mit elektronischer Benzineinspritzung wurde unverändert in den Sportwagen transplantiert. Mit einer Leistungsausbeute von 185 PS aus dem munter drehenden Reihenmotor stand der 280 SL seinen Achtzylinder-Brüdern in puncto Fahrleistungen kaum nach. Mit seiner unverändert luxuriösen Ausstattung und seinem beachtlichen Temperament, aber auch hinsichtlich seines gegenüber den Achtzylindern kaum eingeschränkten Durstes war der »kleine« SL kaum als Sparversion anzusprechen, wenn man nicht den relativ geringen Kaufpreisunterschied zum 350 SL oder die unerhebliche Steuerersparnis in Betracht zog. Der 280 SL war das richtige Instrument für Fahrer, bei denen das Drehvermögen der Maschine vor dem Hubvolumen rangierte. Dieser Fahrertypus konnte mit dem 280 SL sehr schnell sein – besonders, wenn das Auto mit Fünfganggetriebe ausgerüstet war. Auf bergiger, kurvenreicher Piste vermochte ein 450 SL seine theoretische Überlegenheit dann kaum mehr auszuspielen.

Als im Dezember 1975 der Typ 280 E der neuen Mittelklassereihe W 123 in Produktion ging, wurde der 280 SL mit dessen modifizierter Maschine ausgerüstet. Da der dohc-Sechszylinder bislang hart an der Klingelgrenze der in Mitteleuropa üblichen Kraftstoffqualität von 97/98 ROZ gearbeitet hatte, erschien den Untertürkheimer Motorentechnikern ein prophylaktisches Abrücken durch Absenken des Verdichtungsverhältnisses opportun – die Kompression wurde um 0,3 Punkte auf 8,7 :1 verringert. Gleichzeitig erhielt der 2,8-Liter-Motor statt der elektronischen D-Jetronic die mechanische Benzineinspritzung der Bauart K-Jetronic, um Schadstoffemissionen flexibler be-

1975 spekulierte eine deutsche Autozeitschrift mit Skizzen eines Zwölfzylinder-SL, dessen Premiere 1978 stattfinden sollte. Die angesprochene Fünfliter-Version kam tatsächlich, allerdings erst 1980 und als weiterentwickelter Achtzylinder mit unverändertem Styling.

gegnen zu können. Bei unverändertem Drehzahlniveau sank die Höchstleistung des M 110 auf 177 PS ab. Um das Verwirrspiel des Motorenkapitels fortzusetzen, wurde die Verdichtung des dohc-Triebwerks im August 1978 wieder auf den alten Stand von 9,0 :1 angehoben – die Anpassung an eine eventuell ins Haus stehende Oktanzahlsenkung des Tankstellenbenzins hatte sich als unnötig erwiesen. Nun standen wieder volle 185 PS zur Verfügung.

Nach neun Produktionsjahren stand für die V 8-Motoren der SL-Reihe die Ablösung bereit, während der 280 SL ad infinitum im Amte blieb. »Leichtbau« hieß die Devise. Obwohl nach dem jähen Aufrütteln des Energiebewußtseins um die Mitte der siebziger Jahre die Achtzylindermotoren weltweit in Ungnade fielen und in den USA mehr und mehr durch kleinkalibrige Vier- und Sechszylinder ersetzt wurden, blieb man in Untertürkheim dem für die oberen Wagenklassen eingeschlagenen Weg treu und bewies ökologischen Schwarzsehern und alternativen Umweltaposteln, daß auch den großen V 8-Motoren Wirtschaftlichkeit anzuerziehen war. Auf der IAA des Jahres 1977 war der 450 SLC 5.0 präsentiert worden, der über ein größtenteils aus Aluminium gefertigtes Fünfliter-Triebwerk verfügte. Nach diesem »Großversuch«, der auf das große Coupé beschränkt blieb, debütierte auf der

SL-Jahrgang 1980 – von links 280 SL, 380 SL und 500 SL.

IAA im September 1979 eine weitere Generation der S-Klasse, die Baureihe 126, die in den Topmodellen 380 SE und 500 SE ebenfalls mit Leichtmetall-V 8-Motoren bestückt war. Daß auch die SL-Typen in den Genuß dieser Triebwerke kommen würden, lag auf der Hand.

Die Produktion des 350 SL wurde im März 1980 eingestellt und dafür ab Mai 1980 das äußerlich identische Auto als 380 SL ausgeliefert. Diese Version besaß den 3,8-Liter-Alu-V 8 des 380 SE. Das nur 199 Kilogramm schwere Triebwerk war wohl mit der Vorgängermaschine, nicht aber mit dem neuen Fünfliter direkt verwandt. Es besaß einen eigenständigen Block mit geringer Bauhöhe. Die 92 Millimeter starke Bohrung war mit der des 3,5-Liter identisch, der Hub belief sich nun aber auf 71,8 statt 65,8 Millimeter – der 3,8-Liter war kein extremer Kurzhuber mehr. Neben der geänderten Kurbelwelle bestand die wesentliche Neuerung im Werkstoffwechsel für das Gußmaterial des V-Blocks. Die beibehaltene Basiskonzeption rechtfertigte die Weiterverwendung des Motorencode M 116. Der 3,8-Liter gab bei zivilen 5500 U/min 218 PS ab und war im Verhältnis 9,0 :1 verdichtet.

Der 450 SL wurde bis November 1980 weitergebaut, obwohl sich seine Ablösung – der 500 SL – bereits seit April 1980 in Produktion befand. Diese mehr als halbjährige Modellüberschneidung dürfte selbst für die bei Daimler-Benz ausgeübte Praxis des gleitenden Modellwechsels eine Ausnahme darstellen, die wohl mit dem Auftragsvolumen des US-Markts zusammenhing. Der 500 SL besaß den Fünfliter-Alu-V 8 des 500 SE. Dieses dem Code (M 117) nach unveränderte Spitzentriebwerk beruhte auf der konstruktiven Basis des Grauguß-4,5-Liter. Die Bohrung war zunächst beim 450 SLC 5.0 auf 97 Millimeter vergrößert, dann aber für 500 SE und 500 SL wieder auf 96,5 Millimeter zurückgenommen worden, um knapp unter die Fünfliter-Grenze zu geraten. Frappierend war auch hier das Gewicht des voluminösen Triebwerks – es wog nur 206, der nackte Block ganze 25 Kilogramm! Beide Leichtmetall-V 8-Motoren waren um durchschnittlich 40 Kilogramm leichter als ihre direkten Vorgänger. Der Kurbeltrieb des Fünfhunderter blieb gegenüber dem 4,5-Liter unverändert. Natürlich erforderte der Alu-Block eine Vielzahl zusätzlicher Versteifungsrippen. Der größere V 8 gab – im Verhältnis 8,8 :1 verdichtet – nun 240 PS bei trägen 4750/min ab und blieb damit geringfügig unter der ohnehin recht bürgerlichen spezifischen Leistung des 450 SL.

Der 500 SL wies im Gegensatz zu all seinen Brüdern und Ahnen ein auffälliges äußeres Unterscheidungsmerkmal auf – einen häßlichen, schwarzen Heckspoiler aus synthetischem Kautschuk, der auf der Hinterkante des Kofferdeckels saß. Dieses Ausrüstungsdetail – dem wohl mehr moralische Wirkung denn konkrete Effizienz unterstellt werden muß – war in Insiderkreisen bald unter dem Begriff »Gummiwurst« bekannt. Warum hatte man diese Abrißkante nicht wenigstens in der jeweiligen Wagenfarbe lackiert? Dezent fühlende 500 SL-Eigner ließen häufig ein Einfärben vornehmen. Dieser Spoiler war symptomatisch für den im Hause Daimler-Benz allmählich einsetzenden Sinneswandel: Man konnte nicht für immer und ewig auf der gewiß anerkennenswerten Stufe des noblen Puritanismus verharren. Längst hatte man einen leistungsorientierten Kundenstamm aufgebaut. Unter dieser Klientel befanden sich mehr und mehr *café racers*, die – wie häufig im Leben – von Understatement oder unaufdringlicher Überlegenheit nicht viel hielten. Aus der Samstagnachmittag-Boulevard-Show blühte ein neuer Wirtschaftszweig auf – die Zunft der Tuner. Mit den PS-Zauberern und Frisierkünstlern alten Schlages von Abarth bis Oettinger, deren Metier in der Steigerung der Motorleistung und im Schnellermachen des Fahrwerks bestand, hatte diese Branche kaum mehr etwas gemein. Der Lustgewinn war nun nicht mehr mit Tourenzähler oder Stoppuhr meßbar, er bestand vor allem in einer möglichst bizarren Verfremdung der Optik – Syndrom einer Epoche der Veräußerlichung, um nicht zu sagen des Werteverfalls. Wer mag es da den Kaufleuten in Untertürkheim verdenken, wenn sie sich vom stets warm verzehrten Kuchen des »Tuning«-Geschäfts auch ein Stückchen abschneiden wollten? Diese Portion wurde im Laufe der Zeit größer, und es sollte noch massiver kommen...

Doch zurück zu den Leichtmetallmotoren: Die Zylinder-Kurbelgehäuse bestanden aus einer Aluminiumlegierung mit hohem Siliziumanteil und wurden bei der Neckarsulmer Firma KS im Niederdruck-Kokillenguß hergestellt. Das eigentliche Novum bestand in der Anwendung des in den USA entwickelten Reynolds-Verfahrens: Die Triebwerke wiesen im Gegensatz zu der bisher bei Alu-Blöcken für unabdingbar gehaltenen Praxis keine Laufbuchsen auf – die Zylinderwände bestanden aus Aluminium. Durch ein besonderes Ätzverfahren wurde eine hauchdünne Schicht von der Zylinder-Innenfläche abgetragen. Die dadurch zum Vorschein kommenden Silizium-Partikel bildeten die eigentliche Lauffläche, die sich als genügend hart und widerstandsfähig erwies. Die Leichtmetallkolben mußten dieser Oberfläche allerdings durch eine Chrom- oder Eisenbeschichtung angepaßt werden. Die schwäbischen Kollegen im Zuffenhausener Porsche-Motorenversuch waren zu Beginn der siebziger Jahre beim Motor des Carrera RS 2.7 bzw. RSR 2.8 mit dem gleichen Problem konfrontiert gewesen: Die Einzelzylinder des 911 E-Basismotors aus »Biral«, einer Leichtmetallegierung, ließen eine Hubraumvergrößerung über Aufbohren nicht mehr zu. Mangels genügend »Fleisch« wurde die Laufbuchse weggelassen. Dadurch gewann man an Zylinderdurchmesser, mußte aber die Biral-Laufflächen härten. Dies geschah durch die hauchdünne Beschichtung mit Nickel-Silizium-Karbid (»Nikasil«). Der Erfolg dieser Maßnahme bleibt unbestritten – die Porsche-Carrera-Rennmotoren

Ganz links: Die »Hochzeit« – Karosserie und Hinterachse eines 380 SL treffen sich am Montageband.

Links: Die SL-Leuchteinheiten können auf Wunsch mit einer Reinigungsanlage ausgerüstet werden.

Unten: Die Gußteile des Leichtmetall-V8 im 500 SL.

zählten bekanntlich zu den standfestesten Wettbewerbs-Triebwerken. Unter einem weniger glücklichen Stern stand zunächst die Reynolds-Laufflächenbehandlung im nahen Untertürkheim: Bei den 3,8- und Fünflitermotoren traten während der Einlaufphase des öfteren Kolbenfresser auf, die von einem Ausbrechen der Laufflächen herrührten. Das Malheur der Kunden wurde von Daimler-Benz großzügig geregelt. Durch eine veränderte Oberflächenbehandlung bekam man die Probleme, die von Teilen der Presse ohnehin überbewertet worden waren, dann auch schnell in den Griff.

Beide Alu-V 8-Motoren wurden nach wie vor durch die ebenso zuverlässig wie exakt arbeitende K-Jetronic mit Gemisch versorgt. Für eine Verbesserung des spezifischen Kraftstoffverbrauchs hatte man bislang nur indirekt etwas getan – durch Senkung des Motorengewichts. Schritt zwei in dieser Richtung folgte zur IAA im September 1981 mit dem großangelegten »Energie-Konzept«.

Durch ein ganzes Bündel von triebwerksseitigen Modifikationen wurden die V 8-Motoren zu ökonomischen (und ökologischen) Musterknaben erzogen. Die Achtzylinder-SL vermochten nun noch mehr Fahrfreude zu vermitteln, wenn man das SL-Flair in Relation zur Schonung des Budgets setzte – immerhin konnte der Benzinverbrauch um 20 Prozent gesenkt werden. Der Katalog der dazu notwendigen Maßnahmen umfaßte neue Nockenwellen und damit geänderte Steuerzeiten, eine Neufixierung des Zündzeitpunkts, kürzere Warmlaufphasen durch einen zeitverzögerten Kühlmittelkreislauf, eine auf 500 Touren abgesenkte, elektronisch geregelte Leerlaufdrehzahl, eine neue kontaktlose, vollelektronische Transistorzündung und eine doppelt gesteuerte hydraulische Lüfterkupplung, die sich nun noch seltener zuschaltete.

Während der Fünfliter-Motor in seiner Dimensionierung unverändert blieb, bewegte man den kleineren V 8 wieder ein Stückchen mehr vom Kurzhuber weg: Die Bohrung wurde von 92 auf 88 Millimeter zurückgenommen, der Hub von 71,8 auf 78,9 Millimeter verlängert. Gleichzeitig wurde die Verdichtung auf 9,4 :1 erhöht und synchron beim Fünfliter auf 9,2 :1.

Diese Maßnahmen brachten für leistungsorientierte Kunden einen Wermutstropfen mit sich – beide Motoren verloren an Pfeffer. Der große V 8 büßte neun Pferde ein und brachte jetzt eine Nennleistung von 231 PS, der Drei-Achter wurde noch strenger herangenommen und um 14 PS beschnitten – Höchstleistung nun 204 PS. In der Tat wirkten die verbrauchsoptimierten Motoren nun »obenherum« merklich schlapper – von sportlicher Leistungscharakteristik konnte kaum mehr die Rede sein. Wo Schatten ist, muß aber Licht sein: Neben der beträchtlich verbesserten Wirtschaftlichkeit hatten die V 8-Maschinen im unteren Drehzahlbereich deutlich an Kraft gewonnen. Der hubverlängerte 3,8-Liter verfügte bereits bei 3250/min statt bei 4000 Touren

über sein Höchstdrehmoment und beim Fünfliter konnte diese Nenndrehzahl um 200/min abgesenkt werden.
Im Prinzip unverändert blieb der Motor des 280 SL. Er erhielt ebenfalls die kontaktlose, volltransistorierte Zündung und wurde zudem mit einer elektronisch gesteuerten Schubabschaltung ausgerüstet.
Auch die Kraftübertragung der SL-Modelle bietet dem Chronisten mit ihrer Typenvielfalt ein reiches Betätigungsfeld. Der 350 SL erhielt als Grundausstattung zunächst das auch bei den Limousinen übliche mechanische Vierganggetriebe – allerdings ausschließlich mit Mittelschaltung. Wahlweise konnte dieser Typ auch mit einem Fünfganggetriebe, dessen höchster Gang 0,866 :1 untersetzt war, also Overdrive-Charakteristik besaß, oder mit dem Automatikgetriebe ausgerüstet werden. Bei der Automatik handelte es sich um das seit Jahren gefertigte Viergang-Planetengetriebe mit hydraulischer Kupplung. Der 450 SL war ausschließlich mit der Automatik zu haben. In die für die Vereinigten Staaten bestimmten Exportwagen wurde wie bei den großen Limousinen – bereits die Wandler-Automatik der kommenden Generation eingebaut. Jenseits des Teiches hatten nur knapp 30 Prozent der »Pagoden«-Käufer ihren SL der Vorgängergeneration mit Schaltgetriebe geordert – *four on the floor* war nicht mehr in Mode.
Ab September 1972 wurde auch auf dem deutschen Markt das Dreigang-Planetengetriebe mit hydraulischem Drehmomentwandler eingeführt. Dieses Getriebe arbeitete mit zwei Planetensätzen, der Wandler konnte das maximale Drehmoment beim 350 SL 2,2fach, beim 450 SL 2,5fach verstärken. Diese längst etablierten internationalen Bauprinzipien entsprechende Automatik war zwar in ihrem Wirkungsgrad dem Vorgängertyp unterlegen, bot aber durch weniger und weichere Schaltvorgänge einen deutlichen Komfortzuwachs.
Der 280 SL wurde zunächst serienmäßig mit dem Vierganggetriebe angeboten. Gegen Aufpreis gab es das Schongang-Fünfganggetriebe oder eine Viergang-Wandlerautomatik mit drei Planetensätzen. Ab September 1981 erhielt der »kleine« SL nur mehr ein – nun weiter gestuftes – Fünfganggetriebe in der Grundausstattung. Die Wandlerautomatik blieb Sonderausrüstung.

Wintersport mit einem schneekettenbewehrten 280 SL.

Die Versionen 380 SL und 500 SL mit Leichtmetallmotor bekamen schließlich eine neuentwickelte, ökonomisch optimierte Viergangautomatik mit Drehmomentwandler. Dieses Flüssigkeitsgetriebe war kleiner und leichter geworden, lief im Stand drehzahlgünstig im zweiten Gang, schaltete aber zum Anfahren nun stets in die erste Fahrstufe.
Für die Roadster-Baureihe 107 waren je nach Motor-Getriebe-Kombination seit 1971 nicht weniger als acht verschiedene Antriebsübersetzungen lieferbar, die von der extrem »langen Achse« des 500 SL (2,24 :1) bis zur temperamentvolleren Relation 3,72 :1 des 280 SL erster Ausführung reichten. Gegen Mehrpreis konnte man für alle SL mit V 8-Motor ein »Ausgleichsgetriebe mit begrenztem Schlupf«, ein Sperrdifferential, ordern.
In ihren Fahreigenschaften erwiesen sich die SL-Modelle als nervenschonend und komfortabel. Den direkten Straßenkontakt, den kompromißlosere Sportwagen wie der Porsche 911 vermittelten, konnte der SL mit seiner Komfortabstimmung nicht bieten. In schnellen Kurven untersteuerte er im Grenzbereich recht ausgeprägt, um beim unvermittelten Gaswegnehmen dann eine – allerdings gut kontrollierbare – Übersteuertendenz an den Tag zu legen; ein dem Porsche 911 nicht unähnliches Fahrverhalten. Der kurze Radstand und die großzügig bemessenen Federwege konnten kein absolut neutrales Benehmen erwarten lassen. Die Roadster der neuen Generation waren mit ihrer exakt abgestimmten langhubigen Federung und ihrer bemerkenswerten Laufruhe typische Autobahnautos. Die Servolenkung arbeitete direkt, ohne nervös zu wirken, und die Bremsen waren kaum zu Ermüdungserscheinungen zu bewegen.

Daß das beträchtliche Gewicht der Wagen auch bei satter Motorisierung revolutionären Fahrleistungen entgegenstehen mußte, lag auf der Hand. Der 350 SL war dem letzten Vertreter der Pagoden-Familie, dem 280 SL, im Temperament weniger überlegen, als die Leistungsdaten vermuten ließen. Vergleicht man die jeweiligen US-Ausführungen, so zeigte sich der Vorgänger sogar deutlich flotter. Nach Messungen im Rahmen eines Tests der Zeitschrift *auto, motor und sport* beschleunigte der 350 SL mit Schaltgetriebe in 8,4 Sekunden von Null bis 100 km/h, die Automatik-Version benötigte für diesen Spurt elf Sekunden. Die Schweizer *Automobil Revue* ermittelte beim Automatik-350 SL eine Höchstgeschwindigkeit von 216 km/h, wobei es sich allerdings um ein leistungsmäßig nach oben streuendes Exemplar gehandelt haben muß.
Der 450 SL war in der Endgeschwindigkeit trotz seiner längeren Antriebsübersetzung nur um rund 5 km/h schneller als der 350 SL, in der Beschleunigung – 8,8 Sekunden von 0–100 km/h – allerdings deutlich temperamentvoller als der kleine V 8, wenn man die ausschließlich lieferbare Getriebeautomatik in Betracht zieht. Der 280 SL übertraf in beiden Versionen ebenfalls die 200 km/h-Traumgrenze und blieb bei der Standard-Beschleunigungsmessung unter zehn Sekunden. Die mit dem Leichtmetall-V 8 ausgerüsteten SL waren zunächst deutlich leistungsfähiger als ihre Vorgänger: der 380 SL lief 215 bis 220 km/h und benötigte aus dem Stand rund neun Sekunden auf 100 km/h. Der 500 SL war indessen fast 230 km/h schnell und blieb bei der üblichen Beschleunigungsmessung gewöhnlich unter acht Sekunden.
Die in ihrem Leistungsvermögen beträchtlich amputierten Export-SL für den US-Markt wirkten aus europäischer Warte in hierzulande

Äußerlicher Unterschied des 500 SL zu seinen Schwestermodellen: Der Gummispoiler am Kofferraumdeckel.

380 SL mit den serienmäßigen Leichtmetallrädern.

kaum akzeptabler Weise phlegmatisch. Diese Trägheit muß allerdings vor dem Hintergrund der strengen US-Abgasnormen und der allgemeinen Geschwindigkeitsbegrenzung auf 55 mph (knapp 90 km/h) gesehen werden. Die ursprüngliche 180 PS-Kalifornien-Version des 450 SL erreichte nach Messungen des US-Magazins *Road and Track* eine magere Höchstgeschwindigkeit von 187 km/h und benötigte fast elf Sekunden für den Spurt auf 100 km/h.

Im Herbst 1979 erfuhr diese Ausführung, die an Stelle des 380 SL für Nordamerika weitergebaut wurde, eine weitere Reduzierung ihrer Motorleistung auf schwächliche 160 Netto-PS. Diese Minderung war einerseits durch einen Dreiweg-Abgas-Katalysator bedingt, zum anderen aber auch durch Maßnahmen, die der verbesserten spezifischen Wirtschaftlichkeit und der Senkung des Flottenverbrauchs dienen sollten: Verwendung von Nockenwellen mit geringerer Ventilzeit-Überschneidung, geänderte Kolbenform und Auspuffkrümmer. Die für US-Verhältnisse doch mehr hypothetische Spitze belief sich nun auf 180 km/h, die Standard-Beschleunigungszeit wurde in einem Test mit 11,7 Sekunden ermittelt.

Im Spätherbst 1980 wurde der 380 SL auch für den US-Markt verfügbar – allerdings mit einer auf 155 PS gedrosselten Motorleistung. Ein von *Road and Track* geprüftes Exemplar lieferte enttäuschende Fahrwerte. Obwohl diese Version durch den leichteren Motorblock und eine Motorhaube aus Alu-Blech abgespeckt wurde, kam das Auto über 175 km/h und 11,5 Sekunden für 0-100 km/h nicht hinaus.

Der 350 SL war um ein beträchtliches teuerer als sein Vorgänger. Der Basispreis von 29 970 Mark bei Einführung des Modells (die Automatik-Version kostete 31 413 Mark, das Coupédach noch einmal 1460 Mark) mutete nicht mehr so hoch an, wenn man das in der Preisliste um fast viertausend Mark höher angesiedelte 280 SE 3.5 Coupé oder gar das exklusive 3.5-Cabriolet mit dem gleichen Motor und einer Preisdifferenz von sechstausend Mark in Betracht zog. Der allenfalls im Platzangebot und Temperament vergleichbare Porsche 911 S entsprach dem 350 SL auch im Kaufpreis ziemlich exakt. Der serienmäßig mit Automatikgetriebe gelieferte 450 SL erforderte gegenüber dem Basis-350 SL einen Mehrpreis von 3700 Mark. Vergleichsweise bescheidene Inflationsraten bescherten den Mercedes-Roadstern bis 1977 zwar stetige, aber mäßige Preissteigerungen. Ab 1978 wurde kräftiger hingelangt – zwei jährliche Preiserhöhungen waren die Regel, 1979 waren es gar deren drei. Im Sommer 1978 kostete der 280 SL 37 150 Mark, der 350 SL 41 104 und der 450 SL 45 842 Mark. Ein gutes Jahr später bedingte die Umstellung auf die Leichtmetall-Achtzylinder ungeheuere Preissprünge – allerdings befand sich das Hardtop, das vorher mit rund 2500 Mark zu Buche schlug, nun im serienmäßigen Lieferumfang. Der 280 SL, der eigentlich unverändert blieb, legte um mehr als 7000 Mark zu. Der 380 SL kostete gar 13 000 Mark mehr als der 350 SL, den er künftig zu ersetzen hatte, wies aber immerhin das neue Automatikgetriebe bereits in Grundausstattung auf. Der 500 SL war schließlich um die schier unfaßbare Spanne von 16 000 Mark teuerer als der 450 SL. Bis Februar 1984 nahmen diese Preise um etwa 25 Prozent zu. Letzter registrierter Tarif: 55 405 Mark für den 280 SL, 66 063 Mark für den 380 SL und 75 468 Mark für das Topmodell. Das im Charakter nicht vergleichbare Porsche Carrera-Cabriolet dieses Jahrgangs bewegte sich mit einem Listenpreis von 71 200 Mark auf gleichem Niveau.

Beim Mercedes-Roadster dritter Generation handelt es sich keineswegs um ein exklusives Miniserien-Automobil: Bis Ende 1983 waren 137 456 Exemplare gefertigt worden, ohne daß ein nahes Ende der Produktion abzusehen gewesen wäre. Den Löwenanteil davon stellte

Modell	350 SL (R 107 E 35)	450 SL (R 107 E 45)	280 SL (R 107 E 28)	380 SL (R 107 E 38)	500 SL (R 107 E 50)
Produktionszeit	April 1971 – März 1980	Juli 1971 – Nov. 1980	ab August 1974	ab Mai 1980	ab April 1980
Motor	V 8 M 116	V 8 M 117	Reihen-6-Zyl. M 110	V 8 M 116 Leichtmet.	V 8 M 117 Leichtmet.
Bohrung × Hub/ccm	92 × 65,8; 3499 ccm	92 × 85; 4520 ccm	86 × 78,8; 2746 ccm	92 × 71,8; 3818 ccm ab 9/81: 88 × 78,9; 3839 ccm	96,5 × 85; 4973 ccm
Verdichtung	9,5:1 (ab 2/76: 9,0:1)	8,8:1	9,0:1 (ab 12/75 8,7:1, ab 8/79 9:1)	9,0:1 (ab 9/81: 9,4:1)	8,8:1 (ab 9/81: 9,2:1)
Leistung	200 PS bei 5800 U/min, ab 2/76: 195 PS b. 5500 U/min	225 PS bei 5000 U/min, ab 11/75: 217 PS b. 5000 U/min	bis 12/75 und ab 8/79: 185 PS/6000 U/min 12/75–7/79: 177 PS bei 6000 U/min	218 PS bei 5500 U/min, ab 9/81: 204 PS bei 5250 U/min	240 PS bei 4750 U/min, ab 9/81: 231 PS bei 4750 U/min
Ventilsteuerung	2 × 1 obenliegende Nockenwelle (ohc)		2 obenl. Nockenw. (dohc)	2 × 1 obenliegende Nockenwelle (ohc)	
Schmierung	Druckumlaufschmierung 8 l Öl		6,0 l Öl	8 l Öl	
Kühlung	Wasserkühlung 14 l	Wasserkühlung 15 l	Wasserkühlung 12 l	Wasserkühlung 12,5 l	Wasserkühlung 13 l
Einspritzung	elektron. Bosch-D-Jetronic, ab 1976 mechan. Bosch-K-Jetronic			mechan. Bosch-K-Jetronic	
Elektrik	Batterie 12 V 66 Ah		12 V 55 Ah	12 V 66 Ah	
Kupplung	Einsch.-Trockenk., hydr. betätigt	–	Einsch.-Trockenk., hydr. betätigt	–	
Getriebe	4-Gang-Vollsynchron, a. W. 5-Gang o. 4-Gang-Automatik ab 9/72: a. W. 3-Gang-Wandler-Autom.	3-Gang-Wandler-Automatik	4-Gang-Vollsynchr., a. W. 5-Gang (ab 9/81 in Serie), a. W. 4-Gang-Autom.	4-Gang-Wandler-Automatik	
Lenkung	Kugelumlauf-Servolenkung		Kugelumlauflenkung, a. W. Servo	Zahnsegment-Servolenkung	
Fußbremse	hydraul. 2-Kreis-Vierrad-Scheibenbremse				
Feststellbremse	mechan., Hinterräder, fußbetätigt				
Aufbau	selbsttragend, Roadster 2türig, 2sitzig				
Radstand; Spur v/h	2455 mm; 1452/1440 mm				
Gesamtabmessungen (mm)	4390 × 1790 × 1300 mm				
Bereifung	205/70 VR 14		195/70 HR 14	205/70 VR 14	
Tankinhalt	90 l				
Leergewicht	1540 kg	1580 kg	1500 kg	1540 kg	
Höchstgeschwindigkeit	210 km/h	215 km/h	205 km/h	210–220 km/h	225 km/h
Stückzahl	15 304	66 298	bis 12/82: 15 676	bis 12/82: 22 743	bis 12/82: 2697

die Version 450 SL – von den 66 298 Einheiten dieses Typs wurden die meisten in die Vereinigten Staaten exportiert. In Amerika gilt ein SL schließlich als äußeres Symbol des Erfolgs. Der 350 SL hatte es dagegen – obwohl er im Mutterland der weitaus verbreitetere Typ war – nur auf 15 304 Stück gebracht, nachdem die Jahresproduktion von 4000 Einheiten zugunsten des größeren Modells beständig bis auf 700 Stück abgefallen war. Der 380 SL gedeiht nach wie vor prächtig – eine durchschnittliche jährliche Fertigungsquote von rund zehntausend und 22 743 bis Ende 1982 produzierte Einheiten sprechen für sich. Auch hier spielte der Nordamerika-Export eine wesentliche Rolle – der 380 SL ist die einzige »drüben« angebotene Roadster-Version. 1982 waren beispielsweise 8399 von 9926 in jenem Jahr hergestellten 380 SL in die USA exportiert worden – das entspricht einer Quote von 84,6 Prozent! Der 500 SL nimmt sich mit grob tausend Wagen im Jahr und einer Produktion von 2697 Einheiten bis Ende 1982 vergleichsweise bescheiden aus. Auch der 280 SL vermochte seine etwas günstigeren Anschaffungs- und Unterhaltskosten nicht als Bonus einzubringen: Für diesen Typ ist zwar eine allmählich von 1000 auf 3000 ansteigende Jahresproduktionsziffer zu vermerken, bis Ende 1982 hatte er es in achteinhalb Jahren auf bloße 15 676 Einheiten gebracht.

Der ideale Tourensportwagen klassischer Machart zählt zu den dienstältesten Mercedes-Benz-Konstruktionen aller Zeiten und hat dabei sogar das Zeug, nach der Zahl der Produktionsjahre Rekordhal-

Oben: Der Leichtmetallblock des 5-Liter war um 40 Kilogramm leichter als der rechts abgebildete 4,5-Liter-Graugußblock.

Rechts: Vier Pferde und 240 PS – ein 1980er 500 SL.

Das Faltdach des 350 SL war voll versenkbar, aber durchaus kein leichtes Roadsterverdeck im üblichen Sinne.

ter zu werden, wenn man beim bisherigen Besten in dieser Disziplin, dem 170 V, die Kriegsjahre ohne Limousinenproduktion einmal außer acht läßt.

Wie stark übrigens gerade in den Vereinigten Staaten die Begeisterung für die SL-Typen der Mercedes-Baureihe R 107 ist, macht die Existenz eines Clubs deutlich, dessen Mitglieder sich fast ausschließlich aus Besitzern dieser Fahrzeuge rekrutieren. Es werden zwar auch einige 300-SL- und 190-SL-Eigner in den Reihen des SL Registers geduldet; hin und wieder taucht bei den jährlichen Treffen auch ein 230 SL oder 280 SL auf. Aber Hauptanliegen ist die Pflege und Erhaltung der SL-Typen vom 350er bis zum 500er.

Boß des Clubs ist John Olsson, der in Minneapolis residiert und in seiner Garage drei Topmodelle stehen hat – schöner fast, als sie je fabrikneu aussehen konnten. Besonders stolz sind Amerikaner, wenn sie ein Exemplar aus Old Germany direkt importieren konnten. Die europäische Version ohne die für den US-Markt vorgesehenen Modifikationen ist im Grunde nicht ohne weiteres durch die amerikanische Zulassungsprozedur zu bringen; den Modus der Einzelabnahme kennt man nur in einzelnen Bundesstaaten – und sie ist meist ein sehr teures Vergnügen. Um so ausgeprägter der Ehrgeiz jener, die sich's leisten können, einen 450 SL oder 500 SL in Original-Deutschland-Ausführung zu besitzen (sei dies nun im Sinne der US-Zulassungsbestimmungen oder nicht), möglichst mit deutschem Kennzeichen, das man drüben neben dem US-Nummernschild gern zur Schau trägt.

John Olsson gibt ein zweimonatliches Bulletin heraus, das nichts als Angebote und Suchanzeigen enthält, durchwegs auf SL-Typen bezogen. Sein SL Newsletter ist ein Barometer für die Beliebtheit der deutschen Klassiker: Sie geben die hohen Preise wieder, zu denen diese Liebhaberstücke heute gehandelt werden – nur selten bewegen sie sich weit vom Anschaffungspreis entfernt. Ein 350 SL Baujahr 1977 beispielsweise kostete 1983 noch die gleiche Summe wie vor fünf Jahren. Also eine hervorragende Geldanlage. Und die Preise pflegen – nicht nur für Mercedes-Automobile aus zweiter Hand, sondern auch für andere Klassiker – zu steigen, wenn Börsenwerte fallen. Ein Phänomen, das sich immer wieder beweisen läßt.
Nicht nur in den USA ist der R 107 auf Anhieb zum Sammlerwagen erklärt worden. Erstklassige Exemplare aus zweiter Hand erzielen auch in England, in Frankreich und in der Schweiz hohe Preise, wenngleich sie auch nicht den Neupreis erreichen, wie dies in Amerika der Fall ist. Wie beim Mercedes 600, sind auch japanische Sammler hinter guten Stücken her. Es könnte sein, daß diese Mercedes-Benz-Reihe sich in absehbarer Zeit – was Liebhaberwert betrifft – in 300-SL-Kategorien bewegen wird, wenngleich auch die Stückzahlen weit differieren. Ein Flügeltürer der Epoche 1954–1957 wurde schließlich in nur 1400 Exemplaren aufgelegt, der ihm nachfolgende Roadster bis 1963 in auch nur 1858 Exemplaren. Von den 107ern ist das Vierzigfache dieser Zahl auf den Markt gekommen. In der Rarität ist jeder 300 SL seinem Nachfahren natürlich haushoch überlegen.

500 SL, Traumwagen der Sammler von morgen.

Ein großes, stark motorisiertes Coupé, das als Tourensportwagen sogar mit interessanten Erfolgen im Motorsport aufwarten konnte:

Mercedes-Benz 350/450/280 SLC, 450 5.0 SLC, 380 SLC, 500 SLC

Bereits beim Debüt des 350 SL galt es als offenes Geheimnis, daß man dem offenen Zweisitzer in absehbarer Zeit eine Familienversion mit vergrößertem Innenraum, aber identischem Basiskonzept zur Seite stellen würde. Für ein Coupé dieses Genre bestand durchaus Bedarf: Einerseits wurde ein zeitgemäßer Nachfolger der großen, komfortablen Zweitürer auf Basis der Limousinen der S-Klasse vermißt, zum anderen bedeuteten sportlich geprägte Exklusivmodelle konkurrierender Hersteller wie BMW 3.0 CS oder Citroën SM de facto einen Marktvorsprung in dieser Fahrzeugkategorie, deren Exportwirksamkeit sehr wohl bekannt war.

Im Oktober 1971 erfolgte die offizielle Vorstellung des 350 SLC auf dem Pariser Salon; der Produktionsbeginn ließ allerdings bis Februar 1972 auf sich warten. Schon die Typenbezeichung des neuen Coupés deutete auf die enge Verwandtschaft zum Tourensportwagen hin: Tatsächlich stellte der SLC eine geschlossene Variante des Roadsters dar. Der Wagenbug und die Fahrgastzelle bis zu den Vordersitzlehnen waren bei beiden Ausführungen identisch. Die hintere Wagenhälfte dagegen bot sich gründlich verändert dar – der Radstand war gegenüber dem SL um 36 Zentimeter, die Wagenlänge um 37 Zentimeter gewachsen. Selbst im Vergleich zu den Limousinen der S-Klasse wirkte der Radstand mit einem Plus von sieben Zentimetern auffällig gestreckt. Dennoch konnte der SLC als kompakt und verkehrsgerecht bemessen bezeichnet werden – er war um 16,5 Zentimeter kürzer und um 5,5 Zentimeter schmaler als das Vorgänger-Coupé der Baureihe W 111. Eine um acht Zentimeter reduzierte Gesamthöhe verlieh dem Wagen eine sportive Note.

Während der SLC in der Frontalansicht ohne weiteres für einen mit Hardtop versehenen SL gehalten werden konnte, zeigte er von der

Seite eine völlig eigenständige Stilistik. Durch den langen Radstand und die extrem schrägstehende Heckscheibe wirkte das Heck stummelartig kurz und betonte indirekt – gleichsam als Kontrapunkt – die Länge der Motorhaube. Gerade diese geglückte Proportionierung ließ das Coupé weniger gedrungen aussehen als den Roadster. Die formale Harmonie des SLC war nicht zu bestreiten. Durch geschicktes Styling sah der Wagen zierlicher aus als er war, obwohl er durch die vom SL her bekannte Blechsicke und den Flankenschutz optisch gestreckt wurde.
Das Dach war im Querschnitt weder modisch flach noch etwa in SL-Manier konkav ausgebildet, sondern harmonierte mit der Silhouette der rundlichen Motorhaube und trug durch seine gemäßigte Wölbung zur Kopffreiheit der Insassen bei, zumal es fast bis zum Rückfensteransatz waagrecht auslief. Da die voll versenkbaren, angesichts der höhen Gürtellinie relativ niedrigen seitlichen Fensterflächen dem Wagen einen Touch in Richtung einer zweitürigen Hardtop-Limousine amerikanischer Provenienz verliehen hätten, wurde zur Auflockerung ein zuweilen umstrittenes Stilelement herangezogen: Die – allerdings nicht so ausgeprägt wie beim SL-Hardtop – nach oben gezogenen hinteren Seitenfenster wurden im letzten Drittel durch eine Strebe unterteilt, die in ihrer Neigung den breiten Dachpfosten angepaßt war. Das entstandene Feld füllte eine hinter dem Glas angebrachte Kunststoff-Gitterblende aus, die von außen wie ein geschlossener, lamellenartiger Lufteinlaß erschien, vom Innenraum her aber durchsichtig war. Die Heckgestaltung, die von den riesigen Leuchteinheiten beherrscht wurde, war wiederum mit der des SL identisch.
Der 350 SLC war trotz seines beträchtlichen Wachstums, der zweiten Sitzgarnitur und dem langen Blechdach nur um 50 Kilogramm schwerer als der SL. Diese eher bescheidene Zunahme lag im Wegfall der massiven Unterbau-Versteifungen und des soliden Verdeck-Mechanismus des Roadsters begründet. Dennoch wiesen der zweisitzige SL und der viersitzige SLC zunächst das gleiche zulässige Gesamtgewicht auf: 1975 Kilogramm. Damit geriet die Gepäckzuladung des Coupés bei Besetzung mit vier Personen – besonders dann, wenn der Wagen mit Radio und Klimaanlage ausgerüstet war – natürlich stark ins Hintertreffen und bedeutete bereits bei normalgewichtigen Fahrgästen eine ungesetzliche Überladung. Dieser Umstand war umso bedauerlicher, als gerade der SLC mit seinen großzügigen Kapazitäten das Musterbild eines sportlichen Familien-Reisewagens im Ursinn eines »Grand Tourers« verkörperte. Daimler-Benz reagierte im Herbst 1972 mit einer Erhöhung des zulässigen Gesamtgewichts auf 2055 Kilogramm und im Herbst 1977 – beim 350 SLC – mit einer weiteren Steigerung um 25 Kilogramm.
Bezüglich seiner Ausstattung entsprach der SLC ganz dem Zweisitzer. Wie das letzte Coupé-Modell der Reihe W 111 und die kleineren 250 C/CE-Coupés verfügte auch der SLC über eine durch Unterdruck betätigte, automatisch arbeitende Arretierung der Vordersitzlehnen. Auch hinsichtlich der ergonomisch hervorragend durchdachten Plazierung der Bedienungselemente glichen sich SLC und SL. Eine in allen Details optimierte Bedienbarkeit zählt bei Daimler-Benz zu den Hauptfaktoren der aktiven Sicherheit, die von jeher im Rahmen jeglicher Entwicklungstätigkeit großen Raum einnahm. Erstmals wurde dem Verbandkasten bei einem Mercedes-Benz-Personenwagen ein speziell dafür bestimmter Raum zugewiesen: Das gesetzlich vorgeschriebene Utensil ruhte in einer Box unter dem Rückfenster.
Die Technik des SLC – Triebwerk, Kraftübertragung, Radaufhängungen, Lenkung und Bremsen – stimmte im wesentlichen mit der der jeweils vergleichbaren Version des SL überein. Der hinter Fahrschemel allerdings entstammte den Limousinen der »Strich-Acht-Reihe«, während der SL über einen speziellen platzsparenden Rohrfahrschemel verfügte. Wie der Roadster wurde auch das Coupé im gleichen Rhythmus durch stärker motorisierte Achtzylinder-Varianten und durch eine Ausführung mit Sechszylinder-dohc-Motor ergänzt. Alle Bauartänderungen des SL, die Motor und Antrieb betrafen, kamen auch dem SLC zugute: Im Juli 1972 ging der 350 SLC 4.5 als US-Exportversion in Produktion, das europäische Pendant 450 SLC debü-

Gegenüberliegende Seite: Das Topmodell der SLC-Reihe, der 500 SLC, mit der wenig organischen Abrißkante auf dem Kofferraumdeckel.

Unten: Mercedes 350 SLC von 1972.

tierte im März 1973 auf dem Genfer Salon. Ab August 1974 befand sich analog zum 280 SL der 280 SLC im Programm.
Auf der IAA im September 1977 wurde ein die SLC-Typenfamilie nach oben ergänzendes Modell vorgestellt, das als einziges kein Gegenstück in der Roadsterreihe besaß: der 450 SLC 5.0. Dieser Variante wurde von Daimler-Benz der Charakter einer exklusiven »Sonderserie« unterlegt – beispielsweise existierte für den 5.0 an Stelle des üblichen ausführlichen Verkaufsprospekts nur ein simples Faltblatt, das bezeichnenderweise den Titel »Richtung Zukunft« trug. In der Tat spielte der 5.0 die Rolle eines Trägerfahrzeugs für die Erprobung einer kommenden Triebwerkgeneration unter Normalbedingungen in Kundenhand. Dieses für Daimler-Verhältnisse ungewöhnliche Unterfangen wurde damit begründet, daß die »Beurteilung durch die Fahrer bedeutungsvoll« sei und nicht zuletzt von deren Meinung die Einführung des neuen Motorenkonzepts in die Großserie abhinge.
Gegenstand dieses »Großtests«, wie Motoren-Entwicklungschef Dr. Kurt Obländer die Fünfliter-Kleinserie des 450 SLC bezeichnete, war der für die Modelle der künftigen S-Klasse vorgesehene Leichtmetall-Achtzylinder. Das eigentliche Novum der Fünfliter-Maschine der SLC-Sonderversion bestand im Fehlen der Stahllaufbuchsen der Zylinder. Nach dem Reynolds-Verfahren liefen die Kolbenringe direkt im Leichtmetallzylinder. Das wurde durch das elektrochemische Zurückätzen der Lauffläche um 0,02 bis 0,05 Millimeter und das damit verbundene Freilegen eingeschlossener Silizium-Kristalle der obersten Härtekategorie ermöglicht. Dieses Verfahren, das höchste, nur von hochspezialisierten Zulieferfirmen zu erfüllende Präzision des Kokillengusses bedingte, war erstmals 1970 bei einem Serienfahrzeug praktiziert worden: Der amerikanische *sub-compact* Chevrolet Vega wies einen Alu-Motorblock ohne Laufbuchsen auf, wobei man allerdings in Detroit vorzeitigen Verschleiß und plötzlichen Motorentod nicht auf Anhieb im Griff hatte. Erfolgreicher erwies sich da der gleichzeitig mit dem 450 SLC 5.0 vorgestellte Porsche 928, der von einem nach dem gleichen Prinzip gefertigten V 8-Triebwerk bewegt wurde. Auch der Fünflitermotor gab während seiner Probezeit im SLC kaum Anlaß zu Klagen. Der dem Alu-Aggregat von seinen Vätern konstatierte hochverschleißfeste Lauf schien sich zu bewahrheiten – werksseitig wurde kein Fall von einem Kolbenfresser bekannt. Erst als dieses Triebwerk 1979 in die neuen Modelle der S-Klasse (W 126) übernommen wurde, traten anfangs vereinzelt Motorschäden auf, die auf Gußfehler zurückzuführen waren und wohl auch mit der nunmehr erhöhten Stückzahl im Motorenbau zusammenhingen. Allerdings lag die Ausfallquote deutlich unter einem Promille der Jahresproduktion.
Der Motor des 5.0 basierte strukturell auf dem 4,5-Liter-Graugußmotor der Vierhundertfünfziger. Neben dem Werkstoffwechsel wurden auch die Atemwege geändert: Vergrößerte Auslaßventile und erweiterte Auslaßkanäle dienten mehr dem Wärmehaushalt des Motors als einer Leistungserhöhung. Für die Gemischaufbereitung war die mechanische Bosch-K-Jetronic ohne Eigenantrieb zuständig. In den Zylinderabmessungen stimmte dieses Triebwerk übrigens nicht mit der ab Herbst 1979 in größerer Serie gebauten endgültigen Version überein: Der 5.0 besaß eine Bohrung von 97 und einen Hub von 85 Millimetern. Daraus ergab sich ein Hubraum von 5025 ccm. Die Folgeserie wies bei unverändertem Hub eine auf 96,5 Millimeter verkleinerte Bohrung auf, aus der ein Volumen von 4973 ccm resultierte.
Bei einer gegenüber dem 450 SLC konstanten, vergleichsweise bescheidenen Nenndrehzahl von 5000 Touren gab der 5.0 eine Höchst-

In der Front- und Heckperspektive – hier ein 450 SLC 5.0 – unterschieden sich die Coupés nur wenig von den SL-Roadstern.

leistung von 240 PS ab. Auch das maximale Drehmoment war gestiegen: Nun standen 41,0 statt 38,5 mkg zur Verfügung. Der Alu-Motor wurde serienmäßig und ausschließlich mit der Dreigang-Wandler-Automatik gekoppelt. Dem vielfach geäußerten Wunsch, dem 5.0 mit einem mechanischen Fünfganggetriebe noch mehr Temperament einzuhauchen, konnte aus technischen Gründen nicht entsprochen werden: Daimler-Benz verfügte über kein Schaltgetriebe, das dem Drehmoment gewachsen gewesen wäre. Einige 5.0 wurden von Kunden nachträglich auf mechanische Getriebe von ZF oder Getrag umgerüstet.

Das Fahrwerk war mit dem des »einfachen« 450 SLC-Schwestermodells bis auf eine strammere Gesamtabstimmung identisch. Eine Ausnahme stellte lediglich der Anfahr-Drehmomentausgleich an der Hinterachse dar, der einem Einsacken des Hecks beim Beschleunigen entgegenwirkte. Serienmäßig wurden die Fünfliter-Coupés mit den geschmiedeten Leichtmetallrädern der Firma Fuchs bestückt. Die Reifendimension blieb gegenüber den übrigen V 8-Varianten mit 205/70 VR 14 unverändert.

Neben dem im Vergleich zur Graugußversion um 45 Kilogramm leichteren Motorblock erfuhr auch die Karosserie des 5.0 gewichtsreduzierende Maßnahmen: Motorhaube, Kofferraumdeckel und beide Stoßstangen waren aus Aluminiumblech gepreßt und brachten ein weiteres Abspecken um 70 Kilogramm ein. Dennoch war der – auch in der Fachpresse vielfach etwas übertrieben als »Alu-Coupé« bezeichnete – Wagen mit seinen 1515 Kilogramm, die er leer auf die Waage brachte, alles andere als ein Leichtgewichtler und in dieser Hinsicht mit den in Blickrichtung auf einen Wettbewerbseinsatz geschaffenen Leichtbaucoupés BMW 3.0 CSL und Porsche Carrera RS/RSR keineswegs vergleichbar. Die Zielvorstellung war eine andere – die Realisierung eines Hochleistungs-Reisewagens der Spitzenklasse.

Auf das ebenso berauschende wie prestigeträchtige Phänomen Geschwindigkeit deuteten auch die zwar wenig aufwendigen, aber nicht unbedingt dezenten äußeren Karosseriemodifikationen hin: An der Hinterkante des Kofferdeckels war eine stark kontrastierende Abrißkante aus weichem synthetischem Kautschuk angebracht worden, die aus unerfindlichen Gründen schwarz eingefärbt war und geradezu nach einem in einem provinziellen *speed shop* erworbenen Provisorium aussah. Weniger auffällig wirkte der Frontspoiler, eine am Lufteintritt unter der Vorderstoßstange befestigte Kunststoffblende. Diesen aerodynamischen Hilfsmitteln wurde vom Werk eine durchaus meßbare Wirksamkeit bescheinigt: Der Luftwiderstands-Beiwert war dem Vernehmen nach um knapp zehn Prozent verbessert worden, etwa im gleichen Verhältnis konnten die Auftriebskräfte an der Vorderachse reduziert werden. Daß man den 450 SLC 5.0 aber auch ohne die Plastikzutaten sicher bewegen und dabei dem Formempfinden den Vorzug einräumen konnte, zeigt die Möglichkeit, den 5.0 ganz offiziell und ohne Preisänderung auch ohne Gummibürzel am Heck zu bestellen – allerdings bestand dann der Kofferdeckel aus Stahlblech. Von dieser Alternativlösung wurde gar nicht so selten Gebrauch gemacht, wie übrigens auch von der ab Herbst 1972 werksseitig eingeräumten Option, bei allen Mercedes-Modellen auf Typenkennzeichen und Hubraumziffern am Wagenheck zu verzichten.

Im Herbst 1979 erschien die Neuauflage der S-Klasse – erwartungsgemäß wurde deren Motorenpalette auch den Coupés implantiert: Im Mai 1980 löste der 380 SLC mit dem »kleinen« Leichtmetall-V 8 den bereits seit März nicht mehr hergestellten 350 SLC ab. Seit April 1980

Durch den Einsatz von Leichtmetallen war der 5.0 um mehr als 100 Kilogramm leichter als der Basis-450 SLC.

Der 450 SLC 5.0 wurde oft als »Leichtmetall-coupé« bezeichnet, obwohl dieses Attribut nur dem Triebwerk, den Rädern sowie Motorhaube und Kofferraumdeckel zustand.

Beim 5.0 wandte Daimler-Benz im Serienautobau erstmals aerodynamische Hilfsmittel an – Bugspoiler und Heckabrißkante.

lief der 500 SLC vom Band, der sowohl den (zunächst bis Oktober für den US-Markt weitergebauten) 450 SLC ersetzte als auch den 5.0, mit dem er ohnehin weitgehend übereinstimmte, in seinem Status als Sondermodell überflüssig machte.
Beträchtliche Unterschiede zum Roadster taten sich hinsichtlich des Fahrverhaltens auf. Mit seinem aufgeschweißten Dach erwies sich der SLC als völlig verwindungsfrei – ein Gesichtspunkt, der letztlich auch für die Fahrdynamik von Bedeutung ist. Durch den gestreckten Radstand, der der Fahrgastzelle eine fast sänftenähnliche Positionierung zumaß, ergaben sich eine ausgeglichenere Federungscharakteristik und ein gutmütigeres Benehmen in Grenzsituationen – die Lastwechselreaktionen beim plötzlichen Gaswegnehmen in Kurven waren weitaus weniger ausgeprägt als beim SL. Auch beim 5.0 war das Fahrwerk nicht im geringsten überfordert. Extreme Kurvengeschwindigkeiten beinhalteten keinerlei Problematik, mit seiner ausgesprochen neutralen Auslegung verkörperte der SLC ein wirklich gut liegendes Auto. Dabei konnte auch der Federungskomfort trotz des sportlich-straff abgestimmten Fahrwerks als vorbildlich angesprochen werden.
Nachdem der SLC gegenüber dem Zweisitzer ein völlig unterschiedliches Fahrgefühl vermittelte, tat sich die Frage auf, warum man nicht in alter Tradition auch ein viersitziges Cabriolet mit dem langen Radstand herausbrachte. Dieser Gedanke war in Untertürkheim tatsäch-

lich längere Zeit ventiliert worden, um dann ad acta gelegt zu werden: Eine derartige Version wäre durch die notwendigen massiven Verstärkungen der langen Bodengruppe zu schwer geworden. Man überließ das Feld hier den Karossiers und »Veredlern« wie Caruna in der Schweiz oder Buchmann in Frankfurt.

Hinsichtlich ihrer Fahrleistungen lagen die SLC-Modelle auf dem Niveau der entsprechenden SL-Versionen. Mit Ausnahme des 5.0 waren die Coupés – ihrem Charakter gemäß – nicht dazu angetan, sich mit Vollblutsportwagen zu messen. So ermittelte *auto, motor und sport* für den Automatik-350 SLC eine Spitze von 211,8 km/h und 10,2 Sekunden für den Sprint von 0-100 km/h. Dabei zeigte sich der 350 SLC seinem Vorgänger – dem 280 SE 3.5 Coupé – unterlegen. Die vergleichbaren Testwerte für den 450 SLC lauteten 216,9 km/h und 9,7 Sekunden. Deutlich überlegen zeigte sich der 450 SLC 5.0: Die Schweizer *Automobil Revue* maß eine Beschleunigungszeit von 8,5 Sekunden, während *auto, motor und sport* bei dem gleichen Exemplar eine Spitze von 232,3 km/h zu Protokoll nehmen konnte. Der 380 SLC lief laut Werkangabe 215 km/h, der 500 SLC 225 km/h, wobei das Fünfliter-Coupé laut Hersteller nur 7,8 Sekunden von 0-100 km/h benötigen sollte. 280 SLC-Fahrer mußten sich mit 205 km/h und einem 10,1-Sekunden-Spurt begnügen.

Zwar verhießen die Fahrleistungen der SLC-Varianten noch längst keine Wettbewerbseignung, aber die Achtzylinder-Coupés stellten nicht zuletzt aufgrund ihrer ausgeglichenen Fahreigenschaften und ihrer voller ungeweckter Kraftreserven steckenden Motoren durchaus nicht chancenlose Basisfahrzeuge für den Motorsporteinsatz dar. Im Werk wurde hinter hermetisch verschlossenen Türen mit stark erleichterten Karosserien, getunten Triebwerken und verbesserter Aerodynamik experimentiert. Im Frühherbst 1973 drehte Dieter Glemser auf dem Nürburgring mit einem modifizierten 450 SLC – durchaus nicht unter Ausschluß der Öffentlichkeit – atemberaubende Proberunden. Die von mehr oder weniger zufällig anwesenden Kennern der Szene gestoppten Rundenzeiten lagen unter dem seinerzeit gültigen Nürburgring-Rundenrekord für Tourenwagen! Das 4,5-Liter-Geschoß, das optisch noch Seriennähe vermittelte, besaß bullige Kotflügelverbreiterungen und einen wuchtigen Frontspoiler. Das Wagengewicht lag angeblich bei 1150 Kilogramm, die Motorleistung wurde auf rund 450 PS geschätzt. Dieser Bolide blieb ein Einzelstück der Versuchsabteilung und verschwand alsbald wieder in der Versenkung. Daimler-Benz hatte – wie so oft zuvor – das Machbare abgetastet und gab sich zufrieden, ohne eine Verwirklichung in der Praxis anzustreben.

Ein ähnlich potentes Gefährt tauchte jedoch viereinhalb Jahre später auf – unter anderer Flagge. Die Edelschmiede AMG im württembergischen Affalterbach baute unter der Leitung des ehemaligen Daimler-Benz-Ingenieurs Hans-Werner Aufrecht einen Gruppe-5-450 SLC auf, der für den Einsatz in Langstreckenrennen gedacht war. Dieses Sportinstrument war – dem Zweck entsprechend – martialisch verfremdet worden: Ein großflächiger Frontspoiler, klobige Kotflügelverbreiterungen, ultrabreite, geteilte Rennfelgen und eine bizarre Abrißkante am Heck fanden ihre definitive Ergänzung unter der Motorhaube in einer stark modifizierten Einspritzanlage. Einige Rennen der Saison 1978 wurden mit der Paarung Heyer/Schickentanz am Volant und der finanziellen Unterstützung eines deutschen Likörfabrikanten – aber ohne jegliche Kenntnisnahme seitens Daimler-Benz – angegangen. Das Außenseiter-Engagement lohnte sich: In Monza und am Salzburgring plazierte sich das in jeder Hinsicht eindrucksvolle Gerät jeweils auf dem dritten Rang der Gesamtwertung. Dagegen brachte die Nennung zum 24-Stunden-Rennen von Le Mans eine herbe Enttäuschung ein – dem AMG-450 SLC gelang es nicht, die Hürde der beim Sarthe-Kurs üblichen Qualifikationsrunden zu überwinden und den der Hubraumklasse entsprechenden Mindestschnitt zu erreichen. Dennoch war das keine Blamage für einen allein auf sich gestellten Kleinbetrieb, den die schwäbische Tuning-Firma damals noch darstellte.

Obwohl mittlerweile Sponsorgelder in größeren Summen ausblieben, versuchte das AMG-Team nach einjähriger Pause 1980 ein Comeback, das dann auch den ersehnten Lorbeer trug: Der SLC errang in Monza den zweiten Platz und bei einem Pokallauf am Nürburgring gar den Gesamtsieg. Inzwischen trug sich auch das Daimler-Benz-Manage-

Der Fünfliter-Leichtmetall-V8 unterschied sich im Aufbau kaum von der Maschine des Vorgängers in Grauguß.

ment wieder mit Gedanken, den SLC – eventuell eine Turbo-Variante des Fünfliter-Coupés – sporadisch im Rennsport einzusetzen. Obwohl Gespräche mit A-Klasse-Fahrern geführt wurden, verfolgte man diesen Gedankengang nicht weiter.
Man beschränkte sich auf die bereits 1978 eingeschlagene Richtung – die Teilnahme an ausgewählten international ausgeschriebenen Rallyes. In jenem Jahr schickte man drei fast serienmäßige 450 SLC der Homologationsgruppe 1 nach Argentinien an den Start der mit 30 000 Kilometern Streckenlänge unglaublich strapaziösen Vuelta a la America del Sud, der Südamerika-Rallye. Derartige Langstreckenwettbewerbe waren schon früher die Domäne der großen Mercedes, denn hier rangierten Zuverlässigkeit und Stehvermögen vor dem bei Sprint-Rallyes unabdingbaren günstigen Leistungsgewicht. Die Rechnung ging auf: Die Briten Andrew Cowan und Colin Malkin fuhren für die Untertürkheimer den Gesamtsieg ins Haus, das Team Zasada/Kaiser – ebenfalls auf 450 SLC – plazierte sich auf Rang zwei.
Nach diesem bravourösen Auftakt wurde 1979 die klassiche East African Safari in Kenia ins Auge gefaßt. Hannu Mikkola und Arne Hertz konnten ihren 450 SLC immerhin auf dem zweiten Gesamtrang durchs Ziel steuern. Mehr Silberware gab's für die Coupés bei der Rallye Bandama im westafrikanischen Staat Elfenbeinküste. Hier nahmen die 450 SLC gegen das Peugeot-Werksteam die Plätze eins bis vier ein – Gesamtsieger wurden Mikkola/Hertz.
1980 schickte die inzwischen zu offiziellem Status avancierte und in einer 2000 Quadratmeter großen Neubauhalle residierende, 50 Mitarbeiter starke Daimler-Benz-Sportabteilung die Fünfliter-Leichtmetall-Coupés ins Gefecht. Die in Gruppe 4 homologierten 450 SLC 5.0 leisteten – je nach Einsatz – zwischen 300 und 340 PS und brachten im vollen Rallyetrim 1350 Kilogramm auf die Waage. Die TAP-Rallye in Portugal erwies sich als Reinfall, da der Veranstalter diesen Wettbewerb zur Sprint-Rallye umfunktionierte und Spezialfahrzeuge à la Lancia Stratos die weitaus besseren Ausgangschancen besaßen. Waldegaard/Thorszelius belegten Platz vier und das – ebenfalls schwedische – Team Carlsson/Billstam Rang fünf.
Ein neuer Safari-Versuch in Ostafrika endete mit einem angesichts des hohen Investments mageren Plazierungsergebnis an dritter, vierter, zehnter und 14. Stelle des Gesamtklassements. Bei der griechischen Rallye Akropolis fielen zwei der drei gemeldeten 5.0 aus – Vic Preston lief auf Platz 14 ein. Mittlerweile gab es den 500 SLC, der gemäß FIA-Reglement in Gruppe 2 homologiert war und im Werksteam mit 325 PS zur Tat schritt. Zwei dieser Wagen fielen bei der argentinischen Rallye Codasur aus, Mikkola/Hertz waren Vizesieger. Bei der Motorguard Rally in Neuseeland erreichte dieses Team Rang drei, Waldegaard/Thorszelius mußten sich mit Position fünf zufriedengeben, der dritte Fünfhunderter blieb mit Defekt liegen; man hatte Probleme mit den Antriebswellen, das Drehmoment der V 8-Maschi-

Links außen: Die geschmiedeten Fuchs-Leichtmetallräder zählten beim 5.0 bzw. 500 SLC zur Serienausstattung, bei den übrigen Typen waren sie gegen Aufpreis erhältlich.

Links: SLC-Kommandopult.

nen war eben nicht zu unterschätzen. Dafür kam man – gleichsam als Finale Furioso – bei der 1980er Bandama wieder zu hohen Ehren: Waldegaard/Thorszelius stellten die Gesamtsieger, die weniger prominente Besatzung Recalde/Straimel lief auf Rang zwei ein und die afrikanisch-schwedische Kombination Preston/Billstam auf Platz vier.
Das Finale Furioso geriet zum Finale Triste. Als am 18. Dezember 1980 die Bandama-Sieger nochmals zur Ehrung im Daimler-Benz-Werksmuseum anstanden, wurde es ausgesprochen: Wieder einmal zog sich Daimler-Benz in einem hochoffiziellen Akt vom Motorsport zurück. Diese Vorstandsentscheidung fiel just zu der Zeit, als man Rallye-Weltmeister Walter Röhrl als Spitzenfahrer engagiert und in den Rang eines Abteilungsleiters erhoben hatte. Die Saison 1981 war bereits konkret durchgeplant worden: Kampfgerät Nummer eins wäre der zweisitzige 500 SL gewesen, der mit seinem kürzeren Radstand mehr Agilität versprach. Hatte man erkannt, daß selbst die noch hohe Standfestigkeit gewährenden 310 PS des Hardtop-Roadsters nicht ausreichten, um den hochspezialisierten, weniger seriennahen Rallye-Autos neuerer Machart wie Audi Quattro oder Opel Ascona 400 Paroli zu bieten? Nach intensiven Testreihen auf einem Panzerübungsgelände hätte dies feststehen müssen – auch der Hubraum-Bonus der Mercedes konnte die Vorbelastung durch das hohe Gewicht nicht kompensieren. Ohne Siegesaussichten hätte sich kein Hersteller dieses Formats an die Front gewagt. Offiziell ließ man in Untertürkheim allerdings wissen, daß neue Entwicklungsaufgaben jegliche Kapazitäten erforderten und den gesamten Technikerstab unabkömmlich gemacht hätten.
Damit war auch das nationale Engagement der »Scuderia Kassel« beendet – eines halboffiziellen Fabrikteams der Kasseler Daimler-Benz-Werksniederlassung, das mit dem Sponsorship eines Herrenbekleidungs-Herstellers und einiger finanzkräftiger Kunden unter dem Argusauge des unermüdlichen Erich Waxenberger Veranstaltungen der Deutschen Rallyemeisterschaft bestritt. Dort war neben dem 280 E zuweilen auch der 450 SLC unter Holger Bohne mit wechselndem Erfolg zum Einsatz gelangt.
Die Werksflottille der frühzeitig ausgemusterten 500 SLC sollte jedoch noch von sich reden machen: Während ein Exemplar – mittlerweile ohne Original-Afrika-Dreck – das Werksmuseum ziert, wurden zwei weitere Wagen Silvester 1983/84 nochmals ihrem ursprünglichen Element übergeben – der Geröllpiste: Unter dem Eiffelturm standen zwei 500 SLC mit gut 300 PS unter den Hauben am Start der zum weltweiten Spektakulum gewordenen Rallye Paris-Dakar. Wenige gaben den – natürlich vorwiegend im Fahrwerksbereich veränderten – Coupés

Lesen Sie bitte weiter auf Seite 134

Ein eleganter Mercedes 500 SLC des Jahrgangs 1980.

Aus dem Fotoarchiv des Mercedes-Benz-Liebhabers

Nicht nur, weil er in der Anschaffung teurer ist als manch anderer Serienwagen vergleichbarer Größenordnung, erfreut sich ein Mercedes oft größerer Wertschätzung und Pflege. Das Auto mit dem traditionsreichen Stern gilt nun einmal als ein Liebhaberwagen, vor allem, wenn er ein Coupé oder ein Cabriolet ist. Die Fotos auf den folgenden Seiten zeigen einige besonders schöne Liebhaberfahrzeuge, deren Besitzer sie uns für Farbaufnahmen zur Verfügung stellten; die Schwarzweißfotos könnte man auch als »Genrebilder« bezeichnen: Es sind Werbeaufnahmen, deren Reiz vielleicht auch erst spätere Generationen erkennen, so, wie wir heute auch zeitgenössische 190-SL-Fotografien der fünfziger Jahre mit besonderer Aufmerksamkeit betrachten . . .

280 SE 3.5 Coupé aus der Sammlung des Autors.

Oben: Spitzenmodell der S-Klasse – 450 SEL 6.9 an der französischen Riviera.

Rechts: Rekordversuche mit dem C 111-III in Nardo. Wie bei einem Grand-Prix-Rennen müssen alle Boxenstops mit höchster Präzision vor sich gehen.

Ein nagelneuer 500 SL des Jahrgangs 1984.

Rechts: Liebhaberfahrzeug par excellence – ein 280 SE 3.5 Cabriolet mit rotem Lederinterieur.

Besitzer: Fritz Grashei, Hof.

Oben: Daimler-Benz bietet auch im Ausland – hier in Tirol – einen hervorragenden Urlaubs-Kundendienst.

Rechts: Ein Reisecoupé für Anspruchsvolle – ein 450 SLC von 1974.

Oben: Mercedes 350 SE Limousine vor dem adäquaten Domizil seines Besitzers.

Rechts: 450 SE von 1978, aufgenommen im Schloßpark Eremitage bei Bayreuth.

Besitzer: Horst Lindinger, Bayreuth

Oben: Einzelstück eines Edelkombi der britischen Karosseriefabrik Crayford auf Basis des 450 SEL, USA-Version 1978.

Rechts: Zu den Olympischen Winterspielen 1976 wurde die »Olympische Flamme« an Stelle von Fackelläufern mit zwei 280 SE von Wien nach Innsbruck befördert.

S-AV 8108

280 SE, Baujahr 1978, Besitzer: G. Boberach, Eckersdorf.

Unten: Mit dem 170 (W 15) wurde in den dreißiger Jahren bei Daimler-Benz eine Ära progressiven Personenwagenbaus eingeläutet, die noch heute anhält.

MERCEDES-BENZ „TYP 170"

Ein moderner 1,7 Ltr.-6-Zylinder mit Kasten-Tiefrahmen, Schwingachse vorn und hinten, Schnellganggetriebe, Direktlenkung, Öldruckbremse, Eindruckzentralschmierung

Die Daimler-Benz Aktiengesellschaft hat mit ihrem nach neuzeitlichen Gesichtspunkten entwickelten MERCEDES-BENZ „Typ 170" der Öffentlichkeit einen Wagen übergeben, der den gesteigerten Ansprüchen an Geräumigkeit, Fahreigenschaften, Lebensdauer und Qualität in jeder Hinsicht gewachsen ist und eine große Zahl interessanter technischer Konstruktionsvorzüge in sich vereinigt. In der richtigen Erkenntnis der Markterfordernisse wurde dieser preiswerte 6-Zylinder so durchgearbeitet, daß es möglich war, ihn sowohl hinsichtlich des Anschaffungspreises in mäßigen Grenzen zu halten als auch in bezug auf die Unterhaltkosten das Höchstmaß an Wirtschaftlichkeit zu erreichen. Und in der Tat: es gibt kaum ein Automobil dieser Klasse, das für einen mäßigen Anschaffungspreis eine so außerordentlich große Reichhaltigkeit der technischen Ausstattung bietet; man wird schwer einen Wagen dieser Klasse finden, der ein so hohes Maß an hervorragenden Fahrqualitäten und Geräumigkeit aufweist, wie dies gerade der MERCEDES-BENZ „Typ 170" besonders verkörpert. Seit seinem Erscheinen auf dem deutschen und internationalen Markt hat er sich erfolgreich durchgesetzt und Tausende von Freunden erworben. Wenn man jemals die Behauptung aufstellen kann, daß ein Automobil einen ganz neuen Maßstab für die Bewertung von Fahrleistungen und Fahreigenschaften geschaffen habe, so kann man dies in erster Linie vom MERCEDES-BENZ „Typ 170" sagen.

eine Chance, als selbst Porsche mit 4x4-Carreras aufwartete und die Konkurrenz aus dem eigenen Hause – hochfavorisierte G-Modelle, die den Vorjahressieger gestellt hatten – in weitaus höherem Maße ein sicheres Ankommen im 10 000 Kilometer entfernten Ziel gewährleistete. Der von jenem Herrenausstatter, der auch das Kasseler Treiben unterstützt hatte, finanzierte Einsatz stand unter keinem besonders glücklichen Stern, obwohl ein Wagen mit dem Grand-Prix-Piloten Jochen Mass (Beifahrer: Stephen Perry), der andere mit den aus historischen Mercedes-Siegerlisten wohlbekannten Tourenwagen-Haudegen Albert Pfuhl und Hans Schuller besetzt war. Die SLC bewiesen, daß sie auch in der Sahara zweihundert laufen konnten, doch dann zertrümmerte Mass, der mit seinem Hecktriebler ganz vorne mitmischte, den Unterbau seines blau-weiß-gestreiften Coupés nach einem Weitsprung beim Aufsetzen auf einem Felsen und geriet durch die Reparatur in einen Rückstand von fast einem Tag. Zwar ging der Kategoriensieg bei den Nicht-Allradlern an einen Opel Manta, aber Pfuhl/Schuller belegten einen achtbaren 44. Platz im Gesamtklassement, während Mass/Perry nach einer begeisternden Aufholjagd noch auf Rang 62 ankamen. Der SLC hatte als Veteran noch einmal die Zähne gezeigt...

Die SLC-Versionen waren am Anfang ihrer Karriere um jeweils 3700 Mark teuerer als die entsprechenden Roadster – acht Jahre später betrug der Abstand das Doppelte. Der 350 SL kostete während seiner Bauzeit zwischen 33 689 und 50 082 Mark, wenn er mit Schalt-

East African Safari 1980: dritter Platz für den 450 SLC 5.0.

getriebe bestellt wurde. Der 450 SLC erforderte demgegenüber jeweils einen Aufpreis von rund 5000 Mark, und der 5.0 war nochmals um 10 000 Mark teuerer. In ihrer letzten Phase zählten die Coupés auch vom Preis her zu Deutschlands dünner Elite: Selbst für den 280 SLC waren dann fast 52 000 Mark zu entrichten, der 380 SLC schlug mit 61 000 Mark zu Buche und das Topmodell 500 SLC hielt den gewohnten 10 000-Mark-Abstand zum kleineren Achtzylinder ein.
1972 hätte man sich – sofern man 35 000 Mark flüssig gehabt hätte – an Stelle eines 350 SLC auch einen Alfa Romeo Montreal, einen Citroën SM mit Sechszylinder-Maserati-Triebwerk oder einen BMW 3.0 CSi kaufen können. Alle drei Konkurrenz-Coupés waren schneller – sie liefen um 220 km/h – und temperamentvoller, aber dem 350 SL im Platzangebot und teilweise auch im Fahrkomfort deutlich unterlegen. Dabei bot das recht potente BMW-Coupé noch den Vorteil eines mit 30 650 Mark erheblich niedrigeren Preises. Eine veränderte Konkurrenzsituation herrschte am Ende des SLC-Ära: Bezüglich Charakter und Fahrleistungen waren der BMW 635 CSi und der Porsche 928 mit dem 500 SLC vergleichbar, wobei der Porsche wegen der wesentlich kompakteren Abmessungen über ein geringeres Innenraumangebot verfügte, der BMW aber einen um mehr als 16 000 Mark niedrigeren Basispreis ins Gefecht führen konnte. Auf den Exportmärkten traf der Spitzen-SLC auf den Jaguar XJ-S, ein 287 PS starkes Coupé mit 5,4-Liter-V 12-Motor, das in den Punkten Laufruhe, Ausstattung und Fahrleistungen zumindest mit dem – vom Aufbau her gesehen – nicht mehr

East African Safari 1979: Der »Fliegende Finne« Hannu Mikkola auf der Fahrt zum zweiten Platz im Gesamtklassement. Der driftende Bolide ist ein 450 SLC.

taufrischen SLC mithalten konnte und dazu noch meist einen unübersehbaren Preisvorteil bot. Aber mit der perfekten Karosserietechnik und dem hohen Fahrkomfort, Hauptcharakteristika des SLC, vermochte die britische Raubkatze nicht aufzuwarten.
Nachdem bereits seit geraumer Zeit Versuchswagen eines nunmehr wiederum auf Limousinen-Basis entstandenen Coupé-Nachfolgers unterwegs und von Erlkönig-Fotografen auch »eingefangen« worden waren, kam im September 1981 der erwartete Produktionsstopp für die drei SLC-Versionen. Praktisch nahtlos lief die Fertigung des noch perfekteren SEC an, der allerdings nicht mehr in der Sechszylinder-Ausführung angeboten wurde.
Insgesamt waren 62 808 Exemplare aller SLC-Versionen gebaut worden – dank der Nachfrage in den USA stellten die 450 SLC davon allein die Hälfte. Der 380 SLC und noch mehr der 5.0 bzw. der 500 SLC blieben nicht nur wegen ihrer kurzen Bauzeit Randerscheinungen – sie kamen über eine Tagesproduktion von sieben bzw. drei Einheiten nicht hinaus und erfreuten sich einer nicht so großen Beliebtheit wie die Tourensportwagen. Das seltenste SLC-Modell verkörperte der 5.0

Modell	350 SLC (C 107 E 35)	450 SLC (C 107 E 45)	280 SLC (C 107 E 28)	450 SLC 5.0 (C 107 E 50)	380 SLC (C 107 E 38)	500 SLC (C 107 E 50)
Produktionszeit	Febr. 1972 – März 1980	Juli 1972 – Okt. 1980	Aug. 1974 – Sept. 1981	Mai 1978 – März 1980	Mai 1980 – Sept. 1981	April 1980 – Sept. 1981
Motor	V 8 M 116	V 8 M 117	Reihen-6-Zyl. M 110	V 8 M 117 Leichtmet.	V 8 M 116 Leichtmet.	V 8 M 117 Leichtmet.
Bohrung × Hub/ccm	92 × 65,8; 3499 ccm	92 × 85; 4520 ccm	86 × 78,8; 2746 ccm	97 × 85; 5025 ccm	92 × 71,8; 3818 ccm	96,5 × 85; 4973 ccm
Verdichtung	9,5:1 (ab 2/76: 9,0:1)	8,8:1	9,0:1 (ab 12/75: 8,7:1, ab 8/79: 9,0:1)	8,8:1	9,0:1	8,8:1
Leistung	200 PS bei 5800 U/min ab 2/76: 195 PS b. 5500 U/min	225 PS bei 5000 U/min ab 11/75: 217 PS b. 5000 U/min	bis 12/75 und ab 8/79: 185 PS bei 6000 U/min, 12/75–7/79: 177 PS	240 PS bei 5000 U/min	218 PS bei 5500 U/min	240 PS bei 4750 U/min
Ventilsteuerung	2 × 1 obenliegende Nockenwelle (ohc)		2 obenl. Nockenw. (dohc)	2 × 1 obenliegende Nockenwelle (ohc)		
Schmierung	Druckumlauf, 8 l Öl		6 l Öl	9 l Öl	8 l Öl	8 l Öl
Kühlung	Wasserkühlung 14 l	Wasserkühlung 15 l	Wasserkühlung 12 l	Wasserkühlung 12,5 l	Wasserkühlung 12,5 l	Wasserkühlung 13 l
Einspritzung	elektron. Bosch-D-Jetronic, ab 1976 mechan. Bosch-K-Jetronic			mechan. Bosch-K-Jetronic		
Elektrik	Batterie 12 V 66 Ah		12 V 55 Ah	12 V 66 Ah		
Kupplung	Einsch.-Trockenk., hydr. betät.	–	–	–	–	–
Getriebe	4-Gang-Vollsynchron, a. W. 5-Gang, a. W. 4-Gang-Automatik, ab 9/72: 3-Gang-Wandler-Automatik	3-Gang-Wandler-Automatik	4-Gang-Vollsynchr., a. W. 5-Gang (ab 9/81 Serie), a. W. 4-G.-Wandler-Automatik	Dreigang-Wandler-Automatik	Viergang-Wandler-Automatik	
Lenkung	Kugelumlauf-Servolenkung		Kugelumlauflenkung, a. W. Servo	Zahnsegment-Servolenkung		
Fußbremse	hydraul. 2-Kreis-Vierrad-Scheibenbremse					
Feststellbremse	mechan., Hinterräder, fußbetätigt					
Aufbau	selbsttragend, Coupé 2türig, 4sitzig					
Radstand; Spur v/h	2815 mm; 1452/1440 mm					
Gesamtabmessungen (mm)	4750 × 1790 × 1330 mm					
Bereifung	205/70 VR 14		195/70 HR 14	205/70 VR 14		
Tankinhalt	90 l					
Leergewicht	1590 kg	1630 kg	1550 kg	1515 kg	1560 kg	1515 kg
Höchstgeschwindigkeit	210 km/h	215 km/h	200 km/h	230 km/h	220 km/h	230 km/h
Stückzahl	13 925	31 739	10 666	1674	3789	1095

Familienfoto aus dem Jahre 1973: alle Mercedes-4,5-Liter-Modelle. Vorne links ein 450 SL, rechts daneben ein 450 SLC.

mit knapp 1500 Einheiten. In den USA wurde so mancher 450 SL übrigens mit den Leichtmetall-Aggregaten modernisiert.
In einem Daimler-Benz-Prospekttext war der SLC-Modellreihe ein Charakter zugesprochen worden, der sich in der »idealen Kombination aus Herrenfahrer-Coupé und komfortablem Reisewagen« darstellte. Dem konnten das Durchhaltevermögen und die Schlagkraft eines Wettbewerbsgeräts hinzugefügt werden. Damit hat sich der SLC frühzeitig eine Anwartschaft auf den Status als Sammlerwagen – vergleichbar dem Roadster – verdient.

Mit der neuen S-Klasse der Baureihe W 116 entstand eine Wagenfamilie, die mit ihren Vorgängern nur noch entfernt verwandt war:

Mercedes-Benz 280 S, 280/350/450 SE und SEL, 300 SD

Ein Jahr nach Produktionsbeginn der großen Sechszylinder der Baureihe W 108 wurden im Herbst 1966 die Entwicklungsarbeiten an der Nachfolgegeneration der S-Klasse, die sich radikaler als je zuvor vom Konzept der Vorläufer abheben sollte, gestartet. Die Rahmenbedingungen waren klar umrissen: Die Neuen sollten bezüglich Komfort, Fertigungsstandard, Raumangebot und Ausstattung auf dem hohen Niveau der bestehenden Modellreihe liegen, dagegen in den Kriterien Fahrverhalten, Stilistik und Sicherheitstechnik eine Aktualisierung auf breiter Ebene erfahren.
Die eigentliche Erstellung des Basiskonzepts beanspruchte dreieinhalb Jahre, wobei erstmals in hohem Maße computergestützt gearbeitet wurde. Vor allem gelangte dabei das im eigenen Haus entwickelte Rechnersystem ESEM zum Einsatz: Mit Hilfe der elektronischen Datenverarbeitung wurden die Verformbarkeit und Widerstandsfähigkeit der Karosserien bei Kollisionen rechnerisch ermittelt. Auch den Formgestaltern stand der Computer ganz wesentlich zur Seite: Während in früheren Jahren Heerscharen von technischen Zeichnern zentimeterweise Schnitte durch das Urmodell legten und dabei auf recht mühsamem Wege zur dreidimensionalen Endform in Lebensgröße gelangten, wurde nun das von den Designern geschaffene Holzmodell im Maßstab 1 : 5 elektronisch in Längs-, Quer- und Höhenschnitten abgetastet. Die Signale jedes Punktes der Karosserie wurden seiner Lage gemäß digital umgesetzt und auf Lochstreifen gespeichert. Diese Datenträger steuerten eine vollautomatische Zeichenmaschine, die in beliebigen Maßstäben arbeitete und auch Detailzeichnungen bis zum Riesenformat 3 mal 5 Meter anfertigte. Mit einer Zeichengeschwindigkeit von 2,5 Meter pro Minute ermöglichte diese Vorrichtung natürlich eine beträchtliche Raffung des Entwicklungsprozesses.

Auf der Basis der erstellten Schnitte wurde ein Holzmodell im Maßstab 1 : 1 skulpiert, das beispielsweise zu aerodynamischen Versuchen im Windkanal verwendet wurde. Dieses Modell wurde immer wieder abgetastet und modifiziert, um Ungenauigkeiten des Urmodells zu bereinigen. Mit dem endgültigen *mock-up* begann nun die Vielfalt der Detailarbeiten der Konstrukteure, die nicht zuletzt den Konzessionen an die innere und äußere Sicherheit galt. So mußten – ebenfalls über EDV – die Strukturen der verformbaren Front- und Heckpartien und die Steifigkeit der extrem formstabilen Fahrgastzelle errechnet werden. Daneben waren die der Linie des Gesamtkonzepts unterworfenen Stilelemente festzulegen – Radkästen, Radausschnitte, der Einlauf der Seitenscheiben. Auch hier erwies sich der Computer als hilfreich und zeitsparend: Beispielsweise errechnete er die Hüllkurven der Vorderräder, wobei er Federweg und Radeinschlag in Betracht zog, und erstellte einen Lochstreifen, der die Zeichenautomaten steuerte.
Wesentliche Erkenntnisse, die der Entwicklung zugute kamen, wurden durch die Versuchswagen des Typs C 111 und die Sicherheits-Prototypen ESF 05 und ESF 13 eingebracht und teilweise in die Serie der Reihe W 116 übernommen. So fand beispielsweise die Vorderradaufhängung des legendären Wankel-Coupés hier ihre Serienanwendung. Für den letzten Schliff aber war der Straßenversuch unabdingbar – im Frühjahr 1970 wurden die ersten »Erlkönige« der neuen S-Klasse gesichtet. Damit begann weitere Detailarbeit an der Fahrwerksabstimmung, an Bedienungselementen und an der Karosserie und ihrer Einrichtung. Ursprünglich war die Premiere für die Internationale Automobilausstellung in Frankfurt im September 1971 vorgesehen, die dann aber vom Verband der Automobilindustrie abgesagt wurde. Auch der Serienanlauf des W 116 hatte sich durch die ständig veränderten und ergänzten Sicherheits- und Zulassungsbestimmungen in den USA als wichtigstem Exportmarkt verzögert. So wurden die neuen Oberklasse-Limousinen ein Jahr später an der spanischen Costa Brava präsentiert. Das offizielle Debüt fand beim Pariser Salon im Oktober 1972 statt – zu diesem Zeitpunkt fand sich die neue Modellreihe aber schon seit sechs Wochen in Produktion.
Zunächst wurden die S-Limousinen in einer Karosserie- und drei Leistungsvarianten angeboten – in vertrauter Ziffernkombination als 280 S und SE sowie in direkter Nachfolge der 3.5-Typen als 350 SE. Letzteres Modell hatte vorerst sowohl den 280 SE/SEL 3.5 als auch den 300 SEL 3.5 zu ersetzen. Bezüglich der verwendeten Triebwerke gab es wenig Neues zu berichten: 280 S und SE erhielten – wie erwartet und angekündigt – die seit Mai 1972 in die Mittelklasse-Modelle 280/8 und 280E/8 eingebauten modernisierten Sechszylinder mit zwei obenliegenden Nockenwellen. Der Motor des 280 S leistete mit zwei Registervergasern wie in der kleineren Limousine 160 PS und zog damit mit dem alten ohc-Einspritzer ähnlichen Hubraums gleich. Das 280 SE-Triebwerk, das ebenfalls keinerlei Modifikationen erfahren hatte, gab mit der elektronischen Bosch-D-Jetronic 185 PS ab. Auch der 3,5-Liter-V8 des 350 SE war ein alter Bekannter – war er doch seit geraumer Zeit in den Limousinen, Coupés und Cabriolets der Oberklasse und im 350 SL/SLC zu finden. Der kurzhubige Achtzylinder, dessen Gemischaufbereitung gleichfalls in der D-Jetronic bestand, war im Prinzip unverändert geblieben – allerdings hatte man ihm seine fatale Neigung zu Brüchen der Einspritzleitungen mit der daraus resultierenden Brandgefahr gründlich abgewöhnt.
Für den wichtigen Exportmarkt Nordamerika wurde bis Ende November 1972 weiterhin der alte 280 SE/SEL 4.5 gefertigt. Erst vier Monate

Gegenüberliegende Seite: Ein 450 SE aus dem Jahre 1974.

Der relativ seltene 280 SEL mit verlängertem Radstand.

nach Produktionsbeginn der Baureihe W 116 trafen die ersten Wagen der neuen Generation im Dezember 1972 in den USA und in Kanada ein. Einzige Variante der neuen Baureihe war dort allerdings der 450 SE, der wiederum den übrigen Märkten zunächst vorenthalten blieb. Er hatte das gleiche, auf Umweltfreundlichkeit getrimmte Triebwerk wie die Vorläufer, das zunächst 195 PS, ab 1975 gar nur 180 PS abgab, wie zuvor schon in der Kalifornien-Ausführung. Auf die Sechszylinder-Versionen mußten die Amerikaner – sofern überhaupt Bedarf bestand – auf längere Sicht verzichten. Erst nach dem weltweiten Energieschock wurde ab 1975 jenseits des Atlantiks der 280 S angeboten – auf magere 120 PS gedrosselt. Im Jahre 1977 wurde der Vergaser-Sechszylinder dann für den US-Markt durch den 280 SE mit der K-Jetronic ersetzt, der aber kaum bessere Fahrleistungen erbrachte.

Auch im Rest der Welt waren die Motoren der Baureihe W 116 einigen Modifikationen unterworfen: Im Dezember 1975 wurde die Verdichtung der 2,8-Liter-Sechszylinder von 9,0:1 auf 8,7:1 abgesenkt. Dadurch verminderte sich die Leistung des Vergasertriebwerks auf 156 PS, die des Einspritzers auf 177 PS – bei jeweils unveränderter Nenndrehzahl. Ab August 1976 wurde der 280 SE-Motor mit der mechanischen K-Jetronic ausgerüstet. Zwei Jahre später schließlich wurde die Verdichtung des Einspritzers wieder auf den alten Stand von 9,0:1 angehoben – die Nennleistung gab man erneut mit 185 PS an. Bereits im Januar 1976 waren die 3,5-Liter-Achtzylinder auf die zeitgemäßere K-Jetronic umgestellt worden, da die relativ unflexible D-Jetronic nicht optimal an alle Betriebsbedingungen anzupassen war. Gleichzeitig erhielt der Achtzylinder den »hydraulischen Ventilspielausgleich«, eine Art Hydrostößel, die an Stelle einer permanenten Druckölfüllung mit Motorenöl aus der Umlaufschmierung versorgt wurden, den Pegel der ohnehin niedrigen Triebwerksgeräusche absinken ließen und das periodische Ventileinstellen überflüssig machten. Durch diese Maßnahmen – beispielsweise bieten hydraulische Stößel weniger Drehfreudigkeit als ein starrer mechanischer Ventiltrieb – sank die Leistung um fünf auf 195 PS bei einer um 300/min reduzierten Nenndrehzahl ab. Ab August 1978 konnten durch metikulöse Abstimmungsarbeiten vor allem an der Auspuffanlage trotz eines auf 9,0:1 abgesenkten Verdichtungsverhältnisses wieder zehn Pferde gewonnen werden: Bei 5750/min standen nun – von der Fachwelt nahezu unbemerkt – 205 PS zur Verfügung.

Serienmäßig wurden die drei Varianten mit einem Viergang-Schaltgetriebe mit Stockschaltung geliefert. Der Schalthebel war keulenförmig umschäumt. Die Federscheibenkupplung wurde hydraulisch betätigt. Die beiden Sechszylinder waren auf Sonderwunsch auch mit einem Fünfganggetriebe erhältlich, das mit einer etwas kürzeren Achsuntersetzung kombiniert war und dessen oberster Gang Overdrive-Charakteristik aufwies. Wahlweise konnten alle Modelle gegen Aufpreis mit Getriebeautomaten geordert werden, die zumindest für den Heimatmarkt neu waren: Für die 2,8-Liter war ein hydraulischer Drehmomentwandler mit einer maximalen Drehmomentverstärkung von 2,2:1 und dem im wesentlichen unveränderten, bislang mit der hydraulischen Kupplung kombinierten Viergang-Planetengetriebe. Angesichts der exponierten Drehmoment-Charakteristik der dohc-Motoren und des erhöhten Wagengewichts war die Umstellung auf den Wandler angebracht, zumal er sanftere Schaltvorgänge ermöglichte als die alte Flüssigkeitskupplung. Neu war auch das an internationale Gepflogenheiten angepaßte Schaltschema. Ohne Übergas fuhren die Wagen stets in der zweiten Fahrstufe an, ein Start im untersten Gang wurde durch Kickdown bewerkstelligt.

Beim 350 SE zählte ein neuentwickeltes Dreigang-Planetengetriebe, das dem Wandler nachgeschaltet war, zur Sonderausstattung. Die Planetensätze konnten dabei im gleichen Gehäuse untergebracht werden wie bei der vierstufigen Ausführung. Neu war dieser Getriebeautomat allerdings nur für die Europäer – bei den USA-Versionen der

Der dohc-Vergaser-motor des 280 S leistete 160 PS.

Nicht nur im Styling hoben sich die Limousinen der Baureihe 116 von den Vorgängern deutlich ab. Hier Front- und Heckansicht eines 350 SE.

Achtzylinder gehörte die Wandlerautomatik bereits seit fünfzehn Monaten zur Basisausrüstung. Bei allen Typen der Baureihe W 116 erfolgte die weitere Kraftübertragung über eine zweiteilige, wartungsfrei gelagerte Kardanwelle. Die Achtzylinder konnten auf Wunsch mit einem ZF-Sperrdifferential ausgerüstet werden.

Während triebwerks- und getriebetechnisch zwar aktualisierende Maßnahmen getroffen wurden, aber keine Umwälzungen stattfanden, spielte sich die Revolution auf dem Fahrwerkssektor ab. Hier wurden für die S-Klasse völlig neue Wege beschritten. Zwar hatte man es verstanden, der Eingelenk-Pendelachse im Laufe der Jahre allerlei Tugenden anzuerziehen und ihr die dem System innewohnende Brisanz weitestgehend zu nehmen – als zeitgemäß konnte sie jedoch kaum mehr bezeichnet werden. Daß die Einzelradaufhängung bei hoher Fahrsicherheit auch ein Maximum an Fahrkomfort bieten konnte, bewies die seit 1968 im Amte befindliche Mittelklassereihe W 114/115. Auch einer Weiterentwicklung der Vorderradaufhängung waren durch den Fahrschemel enge konstruktive Grenzen gesetzt. Die Notwendigkeiten zeichneten sich klar ab: Die auf höhere Fahrleistungen ausgelegten Großwagen bedurften adäquater Fahrwerke, die imstande waren, auch weitaus potentere Triebwerke in allen Bewegungszuständen zu verkraften.

Unter diesem Gesichtspunkt erhielten die Hundertsechzehner eine völlig neue Vorderradaufhängung, die im Prinzip der beim C 111 in harter Praxis erprobten Vorderachse entsprach: Der Fahrschemel – einst Produkt fertigungstechnischen Dafürhaltens und servicefreundlichen Gedankenguts – war weggefallen. Die relativ hochliegenden unteren Dreiecks-Querlenker mit breiter Basis waren einerseits an einer zwischen den Rahmenlängsträgern eingeschweißten Traverse, andererseits am hinteren Ende an einem kräftig dimensionierten Querjoch in Gummi gelagert. Die oberen Querlenker – stabförmig ausgebildet – waren direkt an den Radläufen befestigt. Die Längsführung erfolgte über die Hebelarme der U-förmigen, mit den oberen Querlenkern verschraubten Kurvenstabilisatoren, die in Radhöhe an der Schottwand angelenkt waren. Sämtliche Elemente waren aus Stahl geschmiedet.

Ein Daimler-Benz-Novum stellte die kinematische Auslegung dieser Vorderradaufhängung dar: Erstmals wurde in Untertürkheim der Lenkrollradius Null bei einem Serienfahrzeug angewandt. Diese fahrwerksgeometrische Aussage bedeutete, daß die gedachte Verlängerung der Radschwenkachse, d. h. der Verbindung beider Achsschenkel-Lagerpunkte, im Reifenaufstandspunkt auf die senkrechte Radmittelebene traf. Diese Auslegung hielt das Fahrzeug weitgehend frei von Lenkungseinflüssen und bot hervorragenden Geradeauslauf. Bei verschieden großen Bremskräften, die etwa aus unterschiedlicher Fahrbahnbeschaffenheit oder ungleichen Reibwerten der Bremsbeläge resultierten, oder bei Reifenschäden blieb der Wagen kursstabil.

Ein weiteres bemerkenswertes Detail der neuen Radaufhängung – wenn auch keine Neuentwicklung – stellte die progressive Bremsnickabstützung dar, die durch Verschränken der Querlenker-Drehachsen einen »Anti-Dive«-Effekt bewirkte: Beim starken Verzögern tauchte der Wagenbug nicht mehr ein. Obwohl der Radstand der neuen Limousinen gegenüber den Vorgängern um zwölf Zentimeter gestreckt worden war, hatte sich der Wendekreis um dreißig Zentimeter vermindert. Dieser Zuwachs an Rangierfreundlichkeit wurde durch den um

Frühlingserwachen für hochklassige Automobiltechnik: symbolhafte Darstellung der neuen S-Klasse.

vier Grad vergrößerten Einschlagwinkel der Vorderräder möglich, der wiederum mit der durch den Lenkrollradius Null veränderten Spreizung zusammenhing. Typisch war das Schrägstehen der Vorderräder bei stärkerem Einschlag.
Die neue Doppelquerlenkerachse bot noch weitere Vorteile: Im Gegensatz zu der bisher üblichen Praxis war die Konstruktion völlig wartungsfrei ausgeführt. Dazu kam noch die platzsparende Anordnung der einzelnen Elemente, die viel Raum für künftig notwendige Zusatzaggregate des Motors oder energieabsorbierende Maßnahmen an Karosseriepartien bot. Zur Fahrwerksperfektion trug auch die stark überarbeitete Lenkung bei: Obwohl Daimler-Benz mit der bisherigen servounterstützten Kugelumlauflenkung über eines der untadeligsten Systeme überhaupt verfügte, wurde nochmals ein Schritt nach vorn getan: Die Baureihe 116 erhielt ein noch präziser arbeitendes Zahnsegment-Lenkgetriebe, das serienmäßig mit einer Vickers-Hochdruckölpumpe der Bauart LSE 90 gekoppelt und aus Gründen der Aufprallsicherheit hinter der Vorderachse plaziert war. Gegenüber der bisherigen progressiven Untersetzung war die neue Lenkung über den gesamten Wirkungsbereich gleichförmig ausgelegt und erwies sich bei ihrer vorbildlichen Exaktheit und dem ausgezeichneten Fahrbahnkontakt auch in extremen Radien nicht als nervös. Durch den vergrößerten Nachlauf der Vorderräder ergab sich ein auch bei niedrigen Geschwindigkeiten angenehm hohes Rückstellmoment. Weitere Sicherheitsattribute waren die im Kollisionsfall zusammenschiebbare Lenksäule und das vom SL übernommene, mit Polyurethan umschäumte Vierspeichenlenkrad mit Pralltopf und breiter Polsterplatte.
Weniger Neues gab es bei der Hinterradaufhängung zu vermerken. Im Rahmen einer Standardisierung war im Prinzip die Schräglenkerachse – für die man nach Art des Hauses einmal mehr einen von der üblichen Terminologie abweichenden Fachausdruck erfunden hatte und als »Diagonal-Pendelachse« bezeichnete – der kleineren Modelle W 114/115 und des 350 SL übernommen worden. Natürlich mußte man diese Konstruktion, die den Vorteil kleiner ungefederter Massen bot, den Erfordernissen der Limousinen anpassen und in den wesentlichen Bauteilen verstärken sowie in der Spurweite um 6,5 Zentimeter verbreitern. Bei der Ausformung des bumerangartigen Achsträgers, der die Funktion eines hinteren Fahrschemels erfüllte, mußte Rücksicht auf den nunmehr im aufprallsicheren Bereich über der Achse gelagerten, 96 Liter fassenden Kraftstofftank genommen werden. Wie an den Vorderrädern wurden auch an der Hinterachse Bilstein-Gasdruckdämpfer verwendet, die konzentrisch in den Schraubenfedern plaziert waren. Wie bei den kleineren »Strich-Acht«-Modellen konnte

die Hinterachse der großen Limousinen auf Sonderwunsch gegen rund 600 Mark Aufpreis mit einer hydropneumatisch arbeitenden Niveauregulierung ausgerüstet werden. Dieses mit speziellen Stoßdämpfern verbundene Drucksystem hob das Wagenheck – der jeweiligen Belastung entsprechend – selbsttätig an. Eine lastabhängige Sturzänderung der Hinterräder war damit ausgeschlossen. Diese Vorrichtung erwies sich als wesentlich wirkungsvoller als die Ausgleichsfeder der Vorgängertypen, die dort allerdings Bestandteil des serienmäßigen Lieferumfangs war.
Keine tiefgreifenden Änderungen gegenüber der bisher gebotenen Technik waren bei den Bremsen notwendig. Die Hinterradbremsen waren mit denen der Vorgänger identisch; vorne gab es jetzt auch bei den Sechszylindern innenbelüftete Scheiben, deren Durchmesser um fünf Millimeter auf 27,8 Zentimeter vergrößert worden war. Die bestrichene Bremsfläche konnte so an den Vorderrädern von 1454 auf 1648 Quadratzentimeter erhöht werden. Sanftes Ansprechen und kraftvolles Zupacken waren ebenso herausragende Merkmale dieser Bremsanlage wie eine frappierende Fadingfreiheit – und das bei einem Wagengewicht von fast 1800 Kilogramm. Das von Daimler-Benz in Zusammenarbeit mit Bosch entwickelte Antiblockier-System befand sich zwar 1972 bereits auf einem sehr hohen Reifestand, Probleme bei der Großserienfertigung vereitelten aber das Vorhaben, das ABS von Anfang an oder zumindest frühzeitig als Sonderausrüstung der S-Klasse anzubieten. Wer darauf wartete, hatte sich immerhin bis zum Herbst 1978 zu gedulden.
In der neuen S-Klasse hielt nun auch die bereits in den Typen der Reihe 114/115 eingeführte fußbetätigte Feststellbremse ihren Einzug, was sich als sehr wirkungsvoll erwies. Ihre Arretierung wurde durch einen Zugknopf am Armaturenbrett gelöst. Die Sechszylinder waren – wie die Vorgänger – mit Reifen der Dimension 185 HR 14 auf Sechs-Zoll-Felgen bestückt. Der 350 SE besaß serienmäßig 6,5-Zoll-Räder mit Reifen der Super-Niederquerschnittsgröße 205/70 HR 14, die für die Typen 280 S/SE wahlweise gegen Mehrpreis erhältlich waren.
Die Linienführung der neuen Karosserien bot sich zeitgemäß, aber nicht überspitzt modisch dar. Die nur zaghaft angedeutete Keilform ist vor dem Hintergrund eines Wortes des Daimler-Benz-Chefkonstrukteurs Dr. Hans Scherenberg zu sehen: »Wirkliche Eleganz heißt in Rufweite hinter der Mode bleiben«. Im Prospekt war von »funktioneller Stilistik« die Rede und in der Tat schien hier dem Grundsatz tradierter Karosseriebaukunst in starkem Maße Gültigkeit eingeräumt worden zu sein: *form follows function.* Die konventionelle Silhouette ließ zwar – vor allem im Mittelbau – eine weitläufige stilistische Verwandtschaft zu den Vorgängern erahnen, dennoch konnten keinerlei Zweifel darüber aufkommen, daß man ein völlig neues Auto vor sich hatte, dessen Proportionen noch ausgewogener waren als bei der abgelösten Baureihe 108/109. Daran war der um knapp zwölf Zentimeter gestreckte Radstand nicht unbeteiligt, der den Hecküberhang schrumpfen ließ. Die Wagenlänge hatte nur um sechs Zentimeter zugenommen, während die neuen Karosserien eine Verbreiterung von immerhin 5,5 Zentimetern erfahren hatten. Die Wagenhöhe konnte um 1,5 Zentimeter vermindert werden.
In der Seitenansicht zeigten die neuen Stilelemente, die an die sportliche Baureihe W 107 – besonders an den SLC – erinnerten: Heckleuchten, PVC-Schutzleisten, Vorderblinker und die starke Neigung

Dreiviertelansicht des 450 – ohne Extras, ohne Gimmicks – S-Klasse pur!

der Front- und Heckscheibe entstammten dem gleichen stilistischen Repertoire – besonders aber das hintere Wagendrittel mit dem hohen, aber kurzen Heck und der prägnanten Formgebung des Rückfensters. Während des Prototypenstadiums war eine Zeitlang gar ein drittes Seitenfenster in SLC-Manier mit Hinterglas-Kunststofflamellen als Sichtblenden, zusammen mit einer konkav nach hinten ansteigenden Taille diskutiert und an Versuchswagen ausgeführt worden – noch im Sommer 1970 wurden derartig akzentuierte Keilform-»Erlkönige« im Fahrversuch beobachtet. Diese Details wichen aber einem ruhigeren Styling, das dem Daimler-Benz-Selbstverständnis besser entsprach – und vor allem dem ausgeprägten Sicherheitsdenken, das hochbelastbaren Dachpfosten den Vorzug vor launenhafter Formgestaltung einräumte. Auch die Schwenkfenster in den Vordertüren, die der Vorgänger noch besessen hatte, waren verschwunden.
In der Frontperspektive setzte sich die neue S-Klasse wohl am markantesten von den Vorläufern ab. Die Kühlermaske war erheblich breiter und niedriger geworden und bedingte einen weiteren breiten Kühllufteinlaß unter der gummibesetzten Stoßstange. Die Leuchteinheiten waren wie bei SL und SLC horizontal angeordnet und setzten sich nach der Seite hin in großen, gewölbten Blinkern fort. Beim 350 SE war Halogen-Hauptlicht serienmäßig, der 280 S/SE konnte wahlweise mit den H4-Lampen ausgerüstet werden. Erstmals waren die Glühlampen bei einer Mercedes-Limousine ohne Ausbau des Scheinwerfers von innen zu wechseln. Auf Wunsch konnten alle Modelle mit einer von Bosch entwickelten, sehr wirkungsvollen Scheinwerfer-Reinigungsanlage ausgerüstet werden, die Waschwasserdüsen auf den oberen Stoßecken und hinter der Stoßstange angelenkte Wischer umfaßte. Statt der lange Zeit bei Daimler-Benz üblichen gegenläufigen Schmetterlingswischer verwendete man beim Typ 116 in etwa parallel laufende Scheibenwischer mit eng beieinanderliegenden Drehpunkten. Durch diese Anordnung lagen die Wischerblätter stets annähernd längs zur Strömungsrichtung der Luft und hoben auch bei höheren Geschwindigkeiten nicht ab. Bei Windschutzscheibe und Heckfenster hatte man die beim SL vorübergehend eingeführte Praxis des in die Rahmen geklebten Glases wieder aufgegeben und die Scheiben auf herkömmliche Weise in Gummiprofilen befestigt. Die vorderen Scheibenpfosten waren mit Wasserabweisblenden aus Kunststoff versehen, deren Profil in ausführlichen Windkanalversuchen entwickelt worden war. Die Seitenfenster wurden auf effektvolle Weise frei von Schmutzwasser gehalten: Eine rinnenartig profilierte Alu-Leiste über der Heckscheibe fing das über das Dach laufende Wasser auf und leitete es seitlich ab.
Auch in der Heckgestaltung wiesen die neuen Limousinen viel Ähnlichkeit mit den sportiveren Brüdern auf. Der Kofferraum war gegenüber dem Vorgängermodell deutlich kürzer, aber auch höher geworden. Durch den über die Hinterachse gewanderten Tank konnte das Ersatzrad waagrecht unter einer Klappe auf dem Kofferraumboden plaziert werden. Das Fassungsvermögen des Gepäckabteils verminderte sich dennoch um 31 auf 579 Liter. Die riesigen waagrechten Rückleuchten umfaßten in der linken Einheit auch eine integrierte Nebelschlußleuchte und waren – wie bei SL und SLC – mit stark profilierten Gläsern versehen.
Im Innenraum stand nach wie vor viel Platz zur Verfügung. Die Innenbreite hatte theoretisch geringfügig zugenommen, war aber im Schul-

Lettern, die für viele die Welt bedeuten: 450 SL, SLC, SE und SEL.

Links: Der 4,5-Liter-V8 erster Auflage.

Auch für derart stattliche Wohnanhänger erwies sich der 450 SE als geeigneter Zugwagen.

terraum dennoch etwas eingeschränkt. Auch die Einbuße an Innenhöhe im Wagenfond wurde öfters bemängelt. Im Ganzen wirkte das Interieur – unabhängig von der gewählten Ausstattung – erheblich freundlicher, als man das von Mercedes-Limousinen gewohnt war. Die beiden Sechszylinder konnten gegen Aufpreis mit der sogenannten »gehobenen Innenausstattung« geliefert werden, die gegenüber der Standardeinrichtung durch stoßmindernd gepolsterte Türinnenseiten, geschäumte, von außen wie elliptische Rahmen wirkende Fensterschlüssel und in Vollpfeifenpolsterung ausgeführte Sitze ergänzt wurde. Dieses umfangreiche Extra gab es nur in Verbindung mit der ohnehin mehrpreispflichtigen Leder- oder Velourspolsterung, während die Standardausstattung mit Bezügen aus Stoff oder Kunstleder – als MB-Tex bezeichnet – kombiniert war. Der 350 SE verfügte serienmäßig über die erweiterte Innenausstattung – beim Achtzylinder war sie mit allen vier Polsteroptionen erhältlich.

Die Sitze waren körpergerecht konturiert und – ungeachtet des gewählten Bezugsmaterials – atmungsaktiv gepolstert. Der Fahrersitz – auf Wunsch auch der Beifahrersitz – war serienmäßig mit einer zehnstufigen Höhenverstellung ausgerüstet, die einen Variationsbereich von drei Zentimetern besaß. Kopfstützen gab es zunächst nur auf Wunsch – sie zählten vorne erst ab 1975 zur Basisausstattung, im Fond blieben sie Sonderzubehör.

Das Armaturenbrett war in seiner Gliederung – sah man von den Elementen von Heizung und Belüftung ab – mit dem der SL-/SLC-Modelle identisch. An Stelle der rechts in der Instrumentenkonsole plazierten Zeituhr konnte ein Drehzahlmesser mit kleiner integrierter Quarzuhr geordert werden. Die Anordnung der Schalter und Bedienungselemente entsprang intensiven ergonomischen Überlegungen. Heizung und Belüftung wurden für beide Wagenhälften getrennt über Schubschalter in der Mittelkonsole betätigt. Ein dazwischen angeordneter Knebelschalter bediente das vierstufige Gebläse, das das gesamte Innenraum-Luftvolumen bei stehendem Wagen über vier rechteckige Frischluftöffnungen bis zu dreimal pro Minute austauschen konnte. Die luftseitig regulierte Wagenheizung sprach bereits auf nuancenhafte Mischvorgänge an und erwies sich als wesentlich sensibler als eine Regelung der Warmwasserzufuhr zu den Wärmeaustauschern. Wie bei SL und SLC waren die Vordertüren durch perforierte Kanäle in die Frisch- und Warmluftzuführung einbezogen. Gegen Mehrpreis waren sowohl eine Klimaanlage als auch eine Klimatisierungsautomatik erhältlich.

Das Sicherheitslenkrad wies zunächst zwei seitliche Signaltasten in der starren Polsterplatte auf, ab Jahreswechsel 1972/73 war der Hupkontakt jedoch über die gesamte Platte auszulösen. Die Außenspiegel waren wie bei der Baureihe 107 von innen manuell einstellbar. Die Lautsprecher tönten bis zum Modelljahr 1978 unter dem Armaturenbrett, dann erhielten sie zwei Schallöffnungen auf der Oberkante der Instrumententafel. Die Zentralverriegelung war für die Baureihe 116 ursprünglich als Detail der Serienausstattung vorgesehen gewesen, wurde aber dann aus kalkulatorischen Gründen in die Sonderausstattungsliste aufgenommen.

Natürlich war dem Aspekt der aktiven und passiven Sicherheit, dem inneren und äußeren Insassenschutz bei der neuen S-Klasse erhöhte Bedeutung beigemessen worden, wobei die Erfahrungen mit den Experimentier-Sicherheitsfahrzeugen ESF 05 und ESF 13 – beide waren auf Anregung des Bundesverkehrsministeriums auf Basis des 250/8 entstanden und im September 1971 bzw. Mai 1972 als Einzelstücke

Ein von AMG aerodynamisch und fahrwerksmäßig modifizierter 450 SE.

offiziell präsentiert worden – in hohem Maße einfließen konnten. Die Fahrgastzelle bezog ihre außergewöhnlich hohe Festigkeit aus kräftigen Dachpfosten und Türsäulen und voluminösen Schwellern. Der Dachrahmen war derart massiv konzipiert, daß er Belastungen in einer Größenordnung jenseits zehn Tonnen klaglos standhalten konnte. Gleichzeitig waren die Absorptionskapazitäten erweitert worden – Wagenvorbau und Heck erhielten eine größere vorausberechnete Deformationsfähigkeit als bei den Vorgängern. Die Türen waren versteift worden und dadurch dicker geraten – mit verstärkten Scharnieren und weiter verbesserten Zapfenschlössern boten sie erhöhten Aufprallschutz, auch bei Seitenkollisionen. Alle Säulen und der Dachrahmen wiesen gepolsterte Prallflächen auf, der Dachhimmel war ausgeschäumt. Das Stahlblech-Armaturenbrett wurde kräftig mit PVC umschäumt und mit einer Kunststoffolie überzogen; dadurch konnte es sich im Falle eines Körperaufpralls stufenweise verformen. Die Unterkante der Instrumententafel wies – wie beim Vorgänger – einen effektvollen Knieschutz auf. Die einstige Edelholzpracht hatte einer drastischen Minderung jeglicher Risiken weichen müssen – lediglich ein Streifen hauchdünnen, splittersicheren Furniers in der Mitte des Armaturenbretts ließ ein gesteigertes Wertgefühl aufkommen. Die in den Türsäulen verlaufenden Automatik-Sicherheitsgurte waren zunächst nur gegen Aufpreis lieferbar, zählten aber nach zwei Produktionsjahren zum Serienumfang.

Die beim Debüt der Baureihe W 116 unverhohlen angekündigte Aufwertung der Modellfamilie durch hubraumstärkere Topversionen wurde anläßlich des Genfer Salons im März 1973 begonnen: Dort wurde der erwartete 450 SE vorgestellt. Dieser Typ war bereits seit Dezember 1972 – allerdings ausschließlich für den nordamerikanischen Markt – in Produktion. Von der US-Version unterschied sich die nun außerhalb Nordamerikas angebotene Hauptausführung des 450 SE vor allem in Sachen Leistungsvermögen: Während sich der US-Vierhundertfünfziger, der den kaum veränderten V 8 des 280 SE 4.5 bzw. 300 SEL 4.5 besaß, zum Genusse unverbleiten Kraftstoffs mit einer Verdichtung von 8,0:1 und 195 PS zufriedengeben mußte und noch temperamentloser als sein Vorgänger wirkte, gab der Viereinhalbliter-Motor in der Alten Welt bei 5000/min eine Höchstleistung von 225 PS ab. Das mit einem Verhältnis von 8,8:1 nur mäßig verdichtete Triebwerk mit dem verlängerten Hub entsprach den Motoren der gleichzeitig vorgestellten Sonderklassetypen 450 SL und SLC. Früher als bei diesen sportiven Modellen wurde der in die großen Limousinen eingebaute 4,5-Liter-V 8 mit dem Code M 117 auf die mechanische Bosch-K-Jetronic und den hydraulischen Ventilspielausgleich umgestellt: Ab August 1975 standen nur noch 217 Nominal-PS zur Verfügung. Genau drei Jahre später stieg die Motorleistung nach Änderungen an der Auspuffanlage wieder auf den früheren Stand. Diese Wiederanhebung blieb allerdings den Modellen 450 SE/SEL vorbehalten. Die vergleichsweise gering belasteten Maschinen waren weniger auf Spurtfreudigkeit als auf höchste Laufkultur angelegt und boten eine automatikfreundliche Drehmomentcharakteristik. So war der 450 SE serienmäßig mit einer weiterentwickelten Dreigang-Wandlerautomatik ausgerüstet, die gegenüber dem Getriebeautomaten des 350 SE mit einer 2,5- statt der 2,2-fachen Drehmomentverstärkung arbeitete und selbst bei vollem Beschleunigen noch fast unmerklich schaltete. Eine im Vergleich zum kleineren Achtzylinder längere Antriebsübersetzung – 3,07 : 1 statt 3,46 : 1 – senkte Drehzahlniveau wie auch den Geräuschpegel.

Das Fahrwerk des 450 SE wurde dem drehmomentstarken Triebwerk angepaßt. Während die Vorderachse im wesentlichen unverändert blieb, ergänzte man die hintere Schräglenker-Aufhängung zur sogenannten »Koppelachse«, die eine Anfahrmoment-Abstützung mit der Wirkung eines Watt-Gestänges darstellte. Dabei waren die Festsättel der hinteren Scheibenbremsen an getrennten Bremsträgern befestigt,

die wiederum drehbar an den Schräglenkern gelagert waren. An diese Verbindungsstücke waren strebenartige Zuglaschen angelenkt, die das Bremsmoment abstützten. Dank dieser Geometrie griffen die Anfahr- und Einfederkräfte sowohl unterhalb als auch hinter der Radmitte an und wirkten über den Stabilisator einem Eintauchen oder Aufsteigen des Wagenhecks entgegen.
Serienmäßig wies dieses – vorläufige – Topmodell der Baureihe 116 an den Vordersitzen Automatikgurte und Nackenstützen auf. Dagegen mußten Banalitäten wie eine Heckscheibenbeheizung oder Kokosmatten auch bei diesem Spitzenfahrzeug gesondert bezahlt werden. Das tat aber der internationalen Geltung des 450 SE keinen Abbruch: Trotz der dem Höhepunkt zustrebenden Energiehysterie und den daraus resultierenden Vorbehalten der Vertreter einiger Fachblätter wurde er 1973 von einem Konsortium 45 europäischer Motorjournalisten zum »Auto des Jahres« gekoren, und die US-Fachzeitschrift *Road and Track* verlieh der Limousine das prägnante Prädikat »*Best sedan in the world*«.
Der Vierhundertfünfziger wurde 1973 in Genf in einer zweiten Variante mit verlängertem Radstand vorgestellt: Der 450 SEL knüpfte nach halbjähriger Pause an die SEL-Versionen der Baureihe 108/109 an. Wie bei den Vorgängern waren Radstand und Gesamtlänge um zehn Zentimeter gestreckt worden – ein Unterschied zur Normalversion, der

Ein 450 SE aus dem Jahre 1974.

Rechts: Das von Funktionalität und Sicherheit bestimmte Armaturenbrett eines 450 SEL.

Rechts außen: Selbst im Stand vermittelten die S-Klasse-Limousinen einen Eindruck ihrer beachtlichen Leistungsfähigkeit.

durchaus augenfällig wurde. Die Verlängerung kam allein dem Beinraum im Fond zugute und betraf die hintere Hälfte der Fahrgastzelle ab der B-Säule. Die um das gleiche Maß verbreiterten Fondtüren boten dadurch deutlich verbesserte Einstiegsverhältnisse, zumal sie trotz ihrer strukturbedingten Dicke einen außergewöhnlich großen Öffnungswinkel einnehmen konnten. Das gemäß Werkangabe nur um 15 Kilogramm gestiegene Leergewicht der Langversion erscheint um so zweifelhafter, als der 450 SEL grundsätzlich über eine Reihe von Ausstattungsdetails verfügte, die beim Normalmodell aufpreispflichtig waren: Velours-Sitzbezüge, Zentralverriegelung, elektrische Fensterheber an allen vier Türen, Gepäcknetze an den Vordersitzlehnen und eine heizbare Heckscheibe. So dürfte eine unabhängige Messung, die ein Gewichtsplus von 90 Kilogramm ergeben hatte, näher an der Realität gelegen sein. Auf Sonderwunsch gab es beim 450 SEL sogar eine Trennscheibe, die allerdings die Verstellmöglichkeit der Vordersitze empfindlich einschränkte.
Wie bei den Vorläufermodellen wurde die Langversion stufenweise auch für die schwächer motorisierten Varianten der Baureihe 116 angeboten: Im November 1973 erschien der 350 SEL, und im April 1974 ging der 280 SEL in Produktion. Diese preisgünstigeren Ausführungen besaßen allerdings gegenüber den Grundmodellen keinerlei serienmäßige Zusatzausrüstung – sieht man von der gehobenen Innenausstattung des 280 SEL ab, die diesen außer der Streckung vom Sechszylinder-Basistyp unterschied. Die L-Limousinen – im besonderen der 450 SEL – erfreuten sich auf dem US-Markt zeitweise größerer Nachfrage als die Normaltypen.
Ein – aus dem Blickwinkel des Heimatmarktes gesehen – ausgesprochenes Unikum stellte ein ab Mai 1978 ausschließlich für Nordamerika lieferbares Familienmitglied der Baureihe 116 dar: das war der 300 SD. Diese Version stellte eine wohl einzigartige Kombination aus exklusivem Fahr- und Bedienungskomfort und extremer Wirtschaftlichkeit dar, denn als Triebwerk diente kein anderes als der 2998 ccm große Fünfzylinder-Dieselmotor OM 617, der im 240 D 3.0 debütiert hatte und im Mittelklassetyp 300 D der Baureihe W 123 angeboten wurde. Allerdings hatte man dem Diesel hier durch Turboaufladung gründlich auf die Sprünge geholfen und die Leistung gegenüber der Saugversion um 43 Prozent, das maximale Drehmoment gar um 46 Prozent angehoben. Bei 4200 U/min gab der zwangsbeatmete Diesel 110 PS ab und arbeitete dennoch sparsamer als sein auf Saugbetrieb ausgelegter Bruder. Der schnelle Oiler wurde ausschließlich mit einer Viergang-Wandlerautomatik gekoppelt. Diese Kombination wurde übrigens später auch dem Heimatmarkt zugänglich, wenn auch in anderem Gewande: Ab Oktober 1980 verrichtete dieser Motor mit Lader und Automatikgetriebe seinen Dienst in einem Edelkombi, dem 300 TD Turbodiesel der Baureihe W 123 – allerdings mit 125 PS bei angehobenem Ladedruck und höherer Maximaldrehzahl. Auf dem US-Markt kam dem 300 SD in der Mercedes-Benz-Modellpalette nicht zuletzt die Aufgabe zu, den sogenannten »Flottenverbrauch« – den Durchschnittsverbrauch aller angebotenen Personenwagen – unter das von der Regierung Carter eingeführte Limit zu drücken. Als Diesel stellte er angesichts seines Raumangebots eine besonders reizvolle Alternative zu den aussterbenden *gas guzzlers* dar und vermittelte seinem Eigner zudem die Gewißheit, mit geringen Schadstoffemissionen dahinzurollen. Mit Sicherheit aber gebührt dem 300 SD der Titel »Teuerstes Sparmodell der Welt«.
In den Fahrleistungen lagen sämtliche Versionen der Baureihe W 116

USA-Ausführung der Baureihe 116: Ab Modelljahr 1974 besaßen die voluminösen Stoßstangen hydraulische Pralldämpfer. Die wenig schönen Doppelscheinwerfer entsprechen amerikanischen Beleuchtungsvorschriften.

Die Kühlermaske des Vorgängers macht die optische Straffung des Autogesichts deutlich.

S-Klasse für den nordamerikanischen Markt – einen Aufprall mit 8 km/h auf ein starres Hindernis hatten die Wagen völlig unbeschädigt zu überstehen.

dicht beieinander – ausgenommen natürlich der trotz Turbo von Natur aus behäbige 300 SD, der aber nur auf seinem doch vergleichsweise schmalen Marktsegment eine Rolle spielte. Der 280 S schaffte nach Werkangabe eine Spitze von 190 km/h – mit Automatikgetriebe fünf km/h weniger – und sollte 100 km/h aus dem Stand nach 11,5 Sekunden erreichen. Ein von *auto, motor und sport* geprüftes Exemplar mit Schaltgetriebe lief 195,6 km/h und beschleunigte in 11,1 Sekunden auf 100 km/h – allerdings mit einem unmäßigen Durchschnittsverbrauch von 20,2 l/100 km. Beim 280 SE gab das Werk eine Höchstgeschwindigkeit von 200 km/h (bzw. 195 km/h mit Automatik) und eine Null-auf-Hundert-Zeit von 10,5 Sekunden an – *auto, motor und sport* ermittelte für diese Version mit mechanischem Getriebe 205,7 km/h und 10,0 Sekunden bei einem Testverbrauch von 17,3 l/100 km. Zwei von der niederländischen Fachzeitschrift *AutoVisie* und der *Deutschen Automobil Revue* examinierte Automatik-280 SE liefen jeweils 199 km/h und benötigten bei manueller Beeinflussung der Schaltvorgänge 9,8 bzw. 9,6 Sekunden für den Standard-Sprint. Hier lagen die ermittelten Verbrauchsschnitte bei 21 l/100 km – das aus der Sicherheitskonzeption resultierende hohe Wagengewicht machte sich beim Tanken bemerkbar.
Kaum überlegen zeigte sich der 350 SE in nackten Zahlen: Das Werk konzedierte diesem Typ eine Spitze von 205 km/h (Schaltgetriebe) und 9,5 Sekunden für die übliche Beschleunigungszeit. *auto, motor und sport* bestätigte bei einem Automatik-350 SE die Höchstgeschwindigkeit mit 203,4 km/h und protokollierte 10,1 Sekunden bei der durchgeschalteten Spurtmessung. Aus dem Rahmen fiel der während des Tests errechnete Durchschnittsverbrauch: 24,0 l/100 km konnten nicht als zeitgemäß gelten, zumal der Kraftstoffkonsum nicht einmal bei Autobahn-Schleichfahrt unter 17 Liter zu bringen war. Der 450 SE bewies – relativiert – den höheren Wirkungsgrad. Der große Achtzylinder lief laut Hersteller 210 km/h und erreichte die 100 km/h-Marke nach 9,3 Sekunden.
In ihren Fahreigenschaften plazierten sich die Limousinen der neuen S-Klasse weit jenseits jeglicher Kritik. Ein unbeirrbarer Geradeauslauf, hohe Kurvengeschwindigkeiten und ein quasi neutrales Fahrverhalten mit kaum merklicher Untersteuertendenz ließen die Wagen der Baureihe W 116 auch in Situationen, die man gemeinhin als kritisch bezeichnet, jederzeit beherrschbar bleiben. Selbst ein plötzlicher Lastwechsel bei Kurvenfahrt äußerte sich nur in einem harmlosen, leicht kontrollierbaren Nach-außen-Drängen des Hecks. Auch jähes Bremsen in flott durcheilten Kurven ließ keine Katastrophe hereinbrechen. Wie die Fahrsicherheit mußte auch der Fahrkomfort als weit überdurchschnittlich eingestuft werden. Bei Bummelfahrt und bei flottem Bewegen der Wagen zeigten Fahrwerksabstimmung und Federung ein gleichermaßen hohes Absorptionsvermögen – Fahrbahnunebenheiten aller Größenordnungen wurden vorbildlich weggesteckt. Zum Wohlbefinden der Insassen trug bei, daß sich der Aufbau auch in schnellen Biegungen kaum neigte.
So brauchten die großen Mercedes fünfter Nachkriegsauflage in weiten Bereichen keine Konkurrenz zu fürchten – sofern man ihre Tugenden nicht in Relation zum Preis setzte oder gar der Kostenseite den Vorrang einräumte. Daß die Vertreter der S-Klasse mehr denn je zu den teuersten Automobilen zählten, mußte aufgrund einer derartigen Massierung hochkarätiger Technik folgerichtig erscheinen. Auf Kritik stieß dabei allerdings wieder die Aufpreispolitik der Daimler-Benz A.G., in der sich die Schwaben in keiner Weise von weniger noblen Herstellern unterschieden.
Im Vergleich zu den alten 280 S und SE der Baureihe W 108 waren die Nachfolger auf Anhieb über 4000 Mark teuerer. Um die gleiche Spanne übertraf auch der anfangs 28 860 Mark teuere 350 SE den

Der 300 SD mit dem Fünfzylinder-Turbodieselmotor wurde ab Frühjahr 1978 ausschließlich auf dem amerikanischen Markt angeboten.

280 SE 3.5. Der BMW 3.0 Si war zwar fast auf die Mark so teuer wie der 280 S, fuhr diesem aber mit einem 200-PS-Einspritzmotor auf und davon. Der Opel Diplomat B-V8 war von den Fahrleistungen und vom Platzangebot her, nicht aber in puncto Fahrkomfort und Fahrverhalten mit dem 350 SE vergleichbar, kostete aber 4500 Mark weniger. Allein der Jaguar XJ 6 4.2 war als Randfigur für automobile Gourmets über 5000 Mark teuerer als der bedingt artverwandte 280 SE. Der Kauf eines 450 SE schlug zunächst mit 33 966 Mark zu Buche, die entsprechende Langversion war in der Preisliste mit 38 572 Mark verzeichnet – der im Charakter etwa vergleichbare Vorläufer 300 SEL 3.5 hatte zuletzt 32 634 Mark gekostet.

Durch die fortschreitende Inflation waren die S-Limousinen gegen Ende ihrer Dienstzeit hart am 40 000-Mark-Limit angelangt oder hatten dieses längst überschritten. Im September 1979 – als die Wagen der Reihe W 116 als Auslaufmodelle galten (ihr Preis wurde auch im folgenden Jahr nicht mehr erhöht) – erhielt man für 34 160 Mark einen 280 S, während ein 450 SEL mit 51 087 Mark einen um die Hälfte tieferen Griff in die Schatulle bedingte. Während die Zentralverriegelung mit einem Aufpreis von 418,10 Mark noch als attraktiv und preiswert gelten konnte und auch die Getriebeautomatik bei 280 S bis 350 SEL mit einem Plus von 1943,60 Mark im üblichen Rahmen blieb, vermochte man aber sein Auto mit einer Klimaanlage (3006 Mark) oder gar einem Autotelefon (19 063 Mark) massiver aufzuwerten.
Als die Nachfolgegeneration der S-Klasse, die Baureihe W 126, die bei der IAA 1979 vorgestellt wurde, und ab Dezember des gleichen Jahres

Unten: Ein 350 SE nach einem 50 km/h-Crashtest – die Fahrgastzelle blieb intakt.

Rechts: Das ESF 13 – ein Pate der Reihe 116.

gestaffelt in Produktion ging, schlug den bewährten Limousinen des Typs 116 keineswegs die letzte Stunde. Diese Wagen waren durchaus nicht veraltet und wurden vorerst durch die aerodynamisch optimierten Folgetypen nur ergänzt, zumal noch ein beträchtlicher Auftragsbestand abzubauen war. Als erster Hundertsechzehner lief der 450 SE im April 1980 aus. 280 SEL, 350 SEL und 450 SEL folgten im Mai und Juni. 280 S und SE blieben bis Juli 1980 in Produktion, und das höchste Dienstalter erreichte der im September pensionierte 350 SE. Im gleichen Monat wurde auch – allerdings für den amerikanischen Exportmarkt lange Zeit noch nicht entbehrliche – 300 SD aus dem Lieferprogramm genommen.
Meistverkaufte Variante war der 280 SE mit 150593 Einheiten. Ihm folgten auf der Popularitätsskala 280 S und 450 SEL. Seltenste Ausführung blieb der 350 SEL mit nur 4266 Wagen. Vom ausschließlich nach Nordamerika gelieferten 300 SD wurde die erstaunliche Zahl von 28634 Exemplaren produziert – ein Beweis für die feste Position von Mercedes-Benz-Fahrzeugen in den USA, die auch die vergleichsweise hohe Produktionsziffer (59578) des 450 SEL gegenüber den anderen Langtypen begründete.
In acht Produktionsjahren war fast eine halbe Million Wagen der Reihe W 116 hergestellt worden: Neun verschiedene Typen – der 450 SEL 6.9, dem in seiner Spitzenstellung ein gesondertes Kapitel gebührt, hier eingeschlossen – erbrachten ein Fertigungsergebnis von 473035 Einheiten. Damit hatten die Hundertsechzehner ihre Vorgängersippe W 108/109, die sich aus immerhin sechzehn nicht immer parallel gebauten Typen zusammensetzte und in sieben Jahren 385591 Exemplare hervorgebracht hatte, klar geschlagen – in Relation zur Bauzeit allerdings nur knapp.

Modell	280 S (W 116 V 28)	280 SE (SEL) (W 116 E 28)	350 SE (SEL) (W 116 E 35)	450 SE (SEL) (W 116 E 45)
Produktionszeit	Sept. 1972 – Juli 1980	Sept. 72 – Juli 80 (April 74 – Mai 80)	Aug. 72 – Sept. 80 (Nov. 73 – Juni 80)	Dez. 72 – April 80 (Febr. 73 – Juni 80)
Motor	Reihen-Sechszylinder M 110		V 8 M 116	V 8 M 117
Bohrung × Hub/ccm	86 × 78,8; 2746 ccm		92 × 65,8; 3499 ccm	92 × 85; 4520 ccm
Verdichtung	9,0:1, ab Dez. 75 8,7:1	9,0:1, ab Dez. 75 8,7:1, ab. Aug. 78 9,0:1	9,5:1 (ab Jan. 76 9,0:1)	8,8:1
Leistung	160 PS b. 5500 U/min, ab Dez. 75 156 PS b. 5500 U/min	bis Dez. 75 und ab Aug. 78: 185 PS bei 6000 U/min, 12/75–7/78: 177 PS b. 6000 U/min	200 PS b. 5800 U/min, ab Jan. 76 195 PS b. 5500 U/min, ab. Aug. 78 205 PS b. 5750 U/mm	225 PS bei 5000 U/min, ab Aug. 75 217 PS bei 5000 U/min
Ventilsteuerung	2 obenliegende Nockenwellen (dohc)		2 × 1 obenliegende Nockenwelle (ohc)	
Schmierung	Druckumlauf 6 l Öl		Druckumlauf 8 l Öl	
Kühlung	Wasserkühlung 11 l		Wasserkühlung 14 l	Wasserkühlung 15 l
Gemischaufbereitung	1 Doppel-Register-Verg. Solex 4 A 1	elektron. Einspritzung D-Jetronic, ab Aug. 76 mechan. K-Jetronic	elektron. Einspritzung D-Jetronic, ab Jan. 76 mechan. K-Jetronic	elektron. Einspritzung D-Jetronic, ab Aug. 75 mechan. K-Jetronic
Elektrik	Batterie 12 V 55 Ah		Batterie 12 V 66 Ah	
Kupplung	Einscheiben-Trockenkupplung, hydr. betätigt			–
Getriebe	4-Gang-Vollsynchron, a. W. 5-Gang-Vollsynchron, a. W. 4-Gang-Wandler-Automatik		4-Gang-Vollsynchron, a. W. 3-Gang-Wandler-Automatik	3-Gang-Wandler-Automatik
Lenkung	Zahnsegment-Servolenkung			
Fußbremse	hydr. 2-Kreis-Vierrad-Scheibenbremse			
Feststellbremse	mechan., Hinterräder, fußbetätigt			
Aufbau	selbsttragend, Lim. 4türig			
Radstand; Spur v/h	2865 (2965) mm; 1521/1505 mm			
Gesamtabmessungen (mm)	4960 (SEL: 5060) × 1870 × 1425 (SEL: 1430) mm			
Bereifung	185 HR 14 (a. W. 205/70 HR 14)		205/70 HR 14	
Tankinhalt	96 l			
Leergewicht	1610 kg	1610 (SEL: 1645) kg	1675 (SEL: 1700) kg	1730 (SEL: 1765) kg
Höchstgeschwindigkeit	195 km/h	200 km/h	205 km/h	210 km/h
Stückzahl	122848	150593 (SEL: 7032)	51100 (SEL: 4266)	41604 (SEL: 59578)

Das Spitzenfahrzeug aus dem Hause Daimler-Benz setzte neue Leitlinien für den Bau von Topautomobilen und markierte einen Höhepunkt im internationalen Kraftfahrzeugbau:

Mercedes-Benz 450 SEL 6.9

Im Juli 1972 endete mit der stufenweisen Ablösung der Baureihe W 108/109 auch die Produktion des in Preis und Prestige auf Rang Zwei eingestuften Mercedes-Benz-Spitzenklassetyps 300 SEL 6.3, der es selbst zu motorsportlichen Ehren gebracht hatte. Die Nachfolgegeneration sollte von vorneherein ein Topmodell des gleichen Genre mit noch akzentuierterem Leistungsangebot umfassen. In Stuttgart wurde beim Debüt der neuen S-Klasse auch kein Hehl aus diesem Vorhaben gemacht und der Fachpresse das in naher Zukunft zu erwartende Erscheinen sowohl einer 4,5- als auch einer 6,9-Liter-Version angekündigt. Zu diesem Zeitpunkt liefen Prototypen des 450 SEL 6.9 mit verlängertem Radstand und dem weiterentwickelten V 8 des Großen Mercedes längst im Straßenversuch.

Als 450 SE und SEL im März 1973 in Genf präsentiert wurden, war das hubraumstärkere Topmodell zwar serienreif, von der Firmenleitung aber nach reiflicher Überlegung zurückgehalten worden: Man wollte den Eruptionen, die die Automobilszene gerade in jenem Jahr heimsuchten, einem jäh erwachten Umweltbewußtsein und einem ebenso plötzlich wachgerüttelten Denken in energiepolitischen Kategorien nicht mit einem Automobil superlativen Kalibers begegnen. Mit diplomatischem Geschick wurde vermieden, das Firmenimage durch die Lancierung eines – in der Denkweise der Volksmasse anachronistischen – Leviathans in eine Richtung zu verbiegen, die unpopulär stark nach oben gewiesen hätte. Mit einem 240 D konnte man in jenen Tagen im bundesdeutschen Blätterwald mehr Eindruck machen als mit einem großvolumig motorisierten Luxusliner für Privilegierte.

Als sich der Sturm – der zwar kein Sturm im Wasserglas war, aber zumindest überbewertet wurde – gelegt hatte, wagte sich Daimler-Benz an die Freigabe des 450 SEL 6.9, dessen Auftragsvolumen mit

Sicherheit zu jeder Zeit eine Existenzberechtigung geschaffen hätte. Ohne viel Aufhebens wurde der 6.9 im Mai 1975 vorgestellt, ging aber erst im darauffolgenden September in Serie. Die einst vorgesehene Exklusivauflage von tausend Wagen pro Jahr mußte anhand der vorliegenden Erkenntnisse aus den Auftragsbüchern nahezu verdoppelt werden: Man kam bei Daimler-Benz auf eine Jahresproduktion von 1500 bis 1800 Exemplaren.
Sieht man vom 600 mit seiner unbestrittenen Sonderstellung ab, hatte bisher kein Mercedes-Benz-Personenwagen eine derartige Massierung an konstruktivem Aufwand und hochwertiger Technik in sich vereinen können – selbst der bereits in die Jahre gekommene 600 mußte gegen den 6.9 altmodisch wirken. Kernstück der Hochleistungslimousine war ein Triebwerk, das alsbald zur Legende wurde: Mit einem Hubraum von 6834 ccm stellte der V-Achtzylinder den großvolumigsten europäischen Personenwagenmotor nach dem Zweiten Weltkrieg dar – in dieser Disziplin wurde er auch zehn Jahre später noch nicht geschlagen. In der Geschichte des Mercedes-Benz-Motorenbaus wiesen nur die potenten 7,1-Liter-Sechszylinder des Baumusters M 06 im SS und SSK und die gigantischen 7,7-Liter-Reihenachtzylinder mit dem Code M 07 bzw. M 150 im Großen Mercedes der dreißiger Jahre gewaltigere Hubräume auf.
Das 6,9-Liter-Triebwerk stammte vom 6,3-Liter-V 8 des 600 und 300 SEL 6.3 ab und trug noch den Motorencode M 100. Bei gleichgebliebenem Hub war die Zylinderbohrung von 103 auf 107 Millimeter erweitert worden. Die daraus resultierende Hubraumvergrößerung diente nicht in erster Linie dem Selbstgefühl, sie war vielmehr dazu bestimmt, die durch Emissionsschutzmaßnahmen und durch leistungszehrende, komfortbedingte Nebenantriebe entstandenen Verluste auszugleichen. Das Verdichtungsverhältnis war gegenüber dem 6.3 um 0,2 Punkte auf 8,8:1 gesenkt worden. Die von einer Bosch-Achtstempelpumpe gesteuerte Einspritzung war von einer ebenfalls mechanischen, aber vom Motorenantrieb unabhängigen und kontinuierlich arbeitenden Bosch-K-Jetronic abgelöst worden, die vom Prinzip her einfacher aufgebaut und störunanfälliger war und sich zudem problemlos an bestehende Abgasnormen anpassen ließ. Sozusagen als Nebenprodukt fiel eine Verbrauchsoptimierung ab.
Zwischen dem schweren Graugußblock und den Leichtmetall-Zylinderköpfen saßen neuartige Reinz-Repa-Kopfdichtungen aus Ferrolastic-Material, die nur ein einmaliges Nachziehen der Zylinderkopfschrauben im Werk bedingte. Dies erfolgte nach dem viereinhalbstündigen Prüfstandlauf, den jeder Motor unter Einbezug eines vierzigminütigen Vollgastests nach dem Zusammenbau zu absolvieren hatte. Weiteres Nachziehen der Bolzen während der Einfahrphase konnte entfallen. Der automatische Ventilspielausgleich durch hydraulische Stößel minderte die Motorgeräusche und vereinfachte die Wartung. Als servicefreundlich erwies sich auch die kontaktlose, verschleißfreie Transistorzündung, die ein Einstellen des Unterbrecher-Schließwinkels erübrigte.
Ein Hauptunterschied zum Stammtriebwerk bestand in der Umstellung auf Trockensumpfschmierung. Diese aufwendige Schmiermittelversorgung wurde nicht wegen einer etwaigen thermischen Überlastung des Triebwerks, sondern aus architektonischen Erwägungen gewählt. Natürlich gewährleistet eine Trockensumpfschmierung auch in wettbewerbsmäßig gefahrenen Kurven unabhängig von Fliehkraftgesetzen – denen der Inhalt einer Ölwanne unterworfen ist – volle Betriebssicherheit; beim 6.9 wurde aber erst durch den Wegfall eben

Gegenüberliegende Seite: Der 450 SEL 6.9 – ein Jahrhundertauto in gewohntem Gewande.

Rechts: Fond des 450 SEL – viel Platz und Komfort. Rechts daneben Frontansicht eines W 116.

jener Ölwanne ein Unterbringen des riesigen Motors unter der flachen Haube möglich, da der Block tiefer im Chassis sitzen konnte. Der zwölf Liter fassende Ölbehälter war im rechten Vorderkotflügel plaziert, wobei das große Ölvolumen auch hier ein großzügigeres Fassen der Servicevorschriften erlaubte: Nur alle 15000 Kilometer war ein Ölwechsel geboten.

Das 6,9-Liter-Triebwerk gab bei 4250/min eine Spitzenleistung von 286 PS ab, wobei die spezifische Leistung mit 41,8 PS/Liter gegenüber dem 6.3 nur wenig gestiegen war und noch immer auf dem Niveau biederer, robuster »Bauernmotoren« lag. Das maximale Drehmoment hatte eine kräftige Zunahme erfahren und lag nun mit 56 mkg auf Schiffsdieselniveau, von dem selbst amerikanische Achtlitermotoren nur träumen konnten. In die Vereinigten Staaten wurde der 6.9 mit einer auf 8,0:1 reduzierten Verdichtung und einer umgestellten Einspritzung geliefert – die Leistungsausbeute lag noch immer bei 250 PS. Übrigens begann der Export des 450 SEL 6.9 erst mit beträchtlicher Verzögerung im Spätherbst 1976 – zuerst war die starke Nachfrage auf dem Inlandsmarkt zu befriedigen. Die US-Version wurde gar erst ab Frühjahr 1977 ausgeliefert.
Auch bezüglich seines Fahrwerks unterschied sich der 6.9 beträchtlich von seinen geringeren Brüdern der Baureihe 116. Hier waren die Daimler-Benz-Ingenieure vor eine schwierige Aufgabe gestellt: Die Fahreigenschaften waren einerseits auf die hohe Leistung, das extreme Drehmoment und das ansehnliche Gewicht des bulligen Triebwerks abzustimmen, zum anderen verlangte gerade dieser Spitzentyp nach höchstem Fahrkomfort. Beim 6.3 waren diese Bedingungen ähnlich gelagert gewesen – man hatte sie mit der Luftfederung erfüllt und damit deren Nachteile in Kauf nehmen müssen: Defektanfälligkeit der Ventile, frühes Altern der Bälge und das spätestens alle 5000 Kilometer notwendige Ablassen des Kondenswassers aus dem System.
Mit einer konventionellen Stahlfederung waren die angestrebten Ergebnisse nicht zu erzielen – auch das ausgeklügelte Fahrwerk des 450 SE/SEL bot hier keine vollends befriedigende Lösung. So machte man bei Daimler-Benz erstmals von der hydropneumatischen Fede-

Außergewöhnliche Technik im Gewand der bekannten S-Klasse – das war die Besonderheit des 450 SEL 6.9.

rung Gebrauch, die im Prinzip längst von anderen Herstellern angewandt wurde – Citroën gilt auf diesem Gebiet als Pionier. In der Tat war das durch die Hydropneumatik ergänzte Vierhundertfünfziger-Fahrwerk – inklusive Koppelachse – nicht mehr zu übertreffen. Dabei wurde die Fahrzeugmasse von vier Federelementen getragen, die gleichzeitig als Stoßdämpfer wirkten und aus je einem Gasfederspeicher und einem damit verbundenen Federbein bestanden. Die Speicher waren untereinander und mit zwei Steuereinheiten durch ein kompliziertes Leitungssystem verbunden. Die Haupttugend der »Öl-Gas«-Federung bestand in der automatischen Niveauregulierung, die unabhängig von der Belastung des Fahrzeugs konstante Federwege

ermöglichte. Dadurch konnte eine sehr weiche Kennung gewählt werden, ohne die Fahrstabilität im geringsten zu beeinträchtigen.
Für das Befahren schlechter Wegstrecken ließ sich die Bodenfreiheit – allerdings unter Komforteinbußen – um vier Zentimeter erhöhen. Die Höhenverstellung wurde durch einen Zugschalter am Armaturenbrett betätigt. Entsprechend seinen hohen Fahrleistungen rollte der 6.9 auf

Links: Dem Heimwerker mag's beim Anblick des randvoll ausgefüllten 6.9-Motorraums grausen!

Oben: Der mächtige 6.9-Liter-V8, der interessanterweise über eine Trockensumpfschmierung verfügte. Leistung: 286 PS.

Gürtelreifen der Dimension 215/70 VR 14, wobei als Grundausstattung der hervorragend mit dem Fahrwerk harmonierende Michelin XWX verwendet wurde. Ein mit Hilfe von Lamellenkupplungen selbstsperrendes Differential zählte zur Serienausrüstung und begrenzte den vom imposanten Drehmoment erzeugten Schlupf.
Äußerlich war der Sechs-Neuner – sieht man von den Hubraumziffern an der rechten Seite des Kofferdeckels, von der serienmäßigen Wisch-Wasch-Anlage an den Halogenscheinwerfern und der dickeren Bereifung ab – völlig mit dem nicht einmal halb so teueren 280 SEL identisch. Dieses noble Understatement dürfte das Einverständnis der

Die Hydropneumatik verlieh dem 6.9 hinsichtlich Komfort und Fahrverhalten eine Spitzenstellung.

meisten 6.9-Besitzer gefunden haben: häufig wurden die Wagen auf Kundenwunsch ohne Typenkennzeichen ausgeliefert.
Auch im Interieur waren auf Anhieb keine augenfälligen Unterschiede zu den anderen Mitgliedern der Typenfamilie festzustellen – allerdings ließ die Ausstattung des 6.9 keinerlei Wünsche mehr offen. Zum Serienumfang zählten Veloursbezüge, Colorverglasung, klappbare Armlehnen auch an den Vordersitzen, ringsum elektrische Fensterheber, Zentralverriegelung und ein Drehzahlmesser. Der bis 260 km/h kalibrierte Tachometer zeigte Insidern, welchen Wagentyp sie betrachteten. Die ebenfalls serienmäßige Klimaanlage arbeitete für mitteleuropäische Verhältnisse hervorragend, förderte allerdings bei sehr hohen Außentemperaturen zu wenig Kühlluft. Mehr als ein netter Gag war der ebenfalls zur Grundausstattung zählende Tempomat. Er wurde durch einen Stellhebel an der Lenksäule betätigt und verkörperte durch sein programmierbares Konstanthalten der Fahrgeschwindigkeit eine nicht zu unterschätzende Bedienungserleichterung. Oberhalb von 40 km/h erübrigte sich ein Gasgeben.
Wie der 6.3 zählte auch der 6.9 zur Weltelite der Hochleistungslimousinen. Mit einem Leistungsgewicht von 6,7 kg/PS – beim Sechs-Dreier hatten sich 7,1 kg/PS errechnet – und einem geringfügig verbesserten Luftwiderstand waren höhere Fahrleistungen als beim Vorgänger zu erwarten. Bezüglich der Höchstgeschwindigkeit traf dies auch zu: *auto, motor und sport* ermittelte 234,1 km/h, und ein von der Schweizer *Automobil Revue* getestetes Exemplar übertraf die Werkangabe (225 km/h) gar um 12 km/h – das beste Ergebnis des 6.3 hatte bei 221 km/h gelegen. Dennoch kann dem 6.9 das Prädikat »schnellste Mercedes-Limousine« nicht uneingeschränkt verliehen werden, denn in der Beschleunigung war der Sechs-Neuner der alten Super-Limousine unterlegen: *auto, motor und sport* stoppte vom Stillstand bis zum Erreichen von 100 km/h 8,2 Sekunden, die *Automobil Revue* stellte bei dieser Messung 7,8 Sekunden fest. Der 6.3 hatte in allen Testberichten niedrigere Zeiten erzielt – sein Bestwert lag bei 6,5 Sekunden für die Spanne 0–100 km/h! Das mag einerseits am besseren Wirkungsgrad der beim 6.3 verwendeten Viergangautomatik mit hydraulischer Kupplung – der 6.9 wies eine Dreigang-Wandlerautomatik auf – gelegen haben, zum anderen aber an der längeren Antriebsübersetzung des 6.9 (2,65:1 gegenüber 2,82:1), die auch an der höheren Spitzengeschwindigkeit dieses Automobils wohl nicht ganz unbeteiligt war.
Trotz seiner eindrucksvollen Fahrleistungen und einem mit 1935 Kilogramm ebenso imposanten Leergewicht konnte der 6.9 dank der K-Jetronic mit vergleichsweise günstigen Verbrauchswerten aufwarten. Bei ruhiger Fahrweise waren 17 l/100 km durchaus möglich. Forciertes Vorwärtstreiben jagte den Kraftstoffverbrauch dieses Modells allerdings auf 23 bis 25 Liter Superbenzin auf 100 Kilometer.
Die Fahreigenschaften des 6.9 kamen dank Hydropneumatik und

peinlichster Feinabstimmung des Fahrwerks sowohl sportlicher Ambitionierung als auch einem ausgeprägten Komfortbedürfnis entgegen. Der 6.9 lief auch im Bereich der Höchstgeschwindigkeit ungeachtet der Fahrbahnbeschaffenheit stur geradeaus – bei der leichten Kopflastigkeit mit 56,4 Prozent des Leergewichts auf den Vorderrädern an sich kein Wunder. Das Kurvenverhalten war im Grunde problemfrei und erwies sich als weitgehend neutral. Bei plötzlichem Schub ließen die 286 Pferde den Wagen allerdings deutlich, wenn auch gut kontrollierbar übersteuern. So konnte man den Sechs-Neuner durchaus sportlich vorwärtsbewegen – das Fahrwerk war nicht zu überfordern, eher schon der Fahrer. Das Ausbrechen des Hecks konnte für sorglose Piloten bei nasser Straße oder lockerem Fahrbahnbelag kritisch werden. Auch prominente 6.9-Eigner machten dadurch schon Bekanntschaft mit Leitplanken . . .

Der Fahrkomfort, den der 6.9 bot, war kaum zu übertreffen. Die Hydropneumatik sprach bereits auf geringe Fahrbahnunebenheiten sensibel an und ließ den Wagen auch über längere Bodenwellen mit weichen Aufbaubewegungen dahingleiten. Karosseriegeräusche fehlten völlig, da zwischen Aufbau und Federelementen wirksame Gummilager saßen.

Als der 6.9 vorgestellt wurde, kostete er 69 930 Mark. In diesem stolzen Komplettpreis waren – das darf man nicht vergessen – immerhin Ausstattungsdetails im Werte von 11 000 Mark enthalten, die als Sonderausrüstung sonst einen Mehrpreis erforderten. Allenfalls Leichtmetallräder und ein elektrisches Schiebedach mußten noch gegen Aufzahlung geordert werden. Nach vier Jahren war der Preis des 6.9 – letzte Notierung vor der Produktionseinstellung – auf 81 247 Mark geklettert. In England war der Sechs-Neuner preislich interessanterweise in unmittelbare Nähe des bezüglich seiner Leistungsdaten (6,8-Liter-V 8 mit 250 geschätzten PS) und seines sozialen Status kaum vergleichbaren Rolls-Royce Silver Shadow II angesiedelt (in Deutschland hätte man dagegen an Stelle eines Rolls zwei 450 SEL 6.9 und einen VW Golf kaufen können!).

Der Sechs-Neuner konnte seinem Charakter entsprechend mit drei sportlichen Limousinen unterschiedlicher Preiskategorie, aber identischem Leistungsangebot verglichen werden. Alle drei besaßen vier Türen, mindestens acht Zylinder und erreichten übereinstimmend eine Spitze von 230 km/h. Der Jaguar XJ 12 5.3 brachte das Plus eines exotischen V-12-Motors und einen Preisvorteil von über 27 000 Mark ins Gefecht, der italienische De Tomaso Deauville wurde von einem Großserienaggregat aus Amerika – einem 5,7-Liter Ford-V 8 mit angeblich 300 PS – angetrieben und kostete fast auf die Mark soviel wie der schwergewichtige Stuttgarter Sprinter. Und der Maserati Quattroporte, der einen Fünfliter-V 8 eigener Herstellung mit 280 PS besaß, war 20 000 Mark über dem 6.9 angesiedelt. Nennenswerte Stückzahlen erreichten beide Italiener nicht.

Dagegen hatten, als der letzte 450 SEL 6.9 im Mai 1980 vom Band lief, in vierdreivierteljähriger Bauzeit immerhin 7380 Wagen dieses Typs das Sindelfinger Werk verlassen. »Der ohne Zweifel großartigste je gebaute Mercedes«, wie das britische Fachblatt *The Motor* einmal schrieb, hatte einige Marksteine gesetzt – seine Ablösung durch den zwar ähnlich leistungsfähigen, aber technisch profaneren 500 SEL stieß unter den Connaisseurs weithin auf Ablehnung. Bei welchem Auto gab es statt eines Prospekts schon eine prächtige Leinenbox voller aufwendiger Kunstdrucke . . .

Modell	450 SEL 6.9 (W 116 E 69)
Produktionszeit	September 1975 – Mai 1980
Motor	V-Achtzylinder M 100
Bohrung × Hub/ccm	107 × 95; 6834 ccm
Verdichtung	8,8:1
Leistung	286 PS bei 4250 U/min
Ventilsteuerung	2 × 1 obenliegende Nockenwelle (ohc)
Schmierung	Trockensumpf, 12 l Öl
Kühlung	Wasserkühlung 16 l
Einspritzung	Bosch-K-Jetronic, mechan.
Elektrik	Batterie 12 V 88 Ah
Getriebe	Dreigang-Automatik mit Wandler
Lenkung	Servo-Zahnsegment
Fußbremse	hydraul. 2-Kreis-Vierrad-Scheibenbr.
Feststellbremse	mechan. auf Hinterr., fußbetätigt
Aufbau	selbsttragend, Lim. 4türig
Radstand; Spur v/h	2960 mm; 1521/1505 mm
Gesamtabmessungen (mm)	5060 × 1870 × 1410 mm
Bereifung	215/70 VR 14
Tankinhalt	96 l
Leergewicht	1995 kg
Höchstgeschwindigkeit	230 km/h
Stückzahl	7380

Gepanzerte Limoušinen, hochfrisierte Renner im betonten Understatement-Look oder zu Kombis umgebaute S-Klasse-Wagen – einen Mercedes zu modifizieren, reizte die Spezialisten schon immer:

Mercedes-Benz Spezial

Kaum ein zweites Fabrikat regte mehr oder weniger prominente Karosserieschneider, Zubehörproduzenten und auch Frisierkünstler rund um die Erde derart zu Modifikationen an wie Mercedes-Benz. Die Skala dieser Umbauten reicht vom prosaischen Krankenwagen über elegante Kombis auf der Basis der S-Klasse oder auch des Typs 107 bis hin zur Pullman-Limousine, deren Radstand durch das Einsetzen eines gut meterlangen Karosseriestücks gewaltig gestreckt wurde. In Florida, USA, hat sich ein Karosseriebetrieb auf solcherlei Umbauten geradezu spezialisiert, und in Einzelanfertigung entstanden solche superlangen Sonderfahrzeuge auch in Europa – meist für orientalische Auftraggeber. Der für seine extravaganten Umbauten berühmt gewordene Italo-Schweizer Franco Sbarro wie auch die Frankfurter Firma Buchmann fertigten solche Mercedes-Giganten an, wobei Sbarro ein paar 500 SLC – fast nebenbei – mit dem 6,9-Liter-Triebwerk ausrüstete. Sogar einen der allradgetriebenen Geländewagen der G-Reihe (Mercedes-Benz/Steyr) – Fahrzeuge, die aus verständlichen Gründen in diesem Buch keine Berücksichtigung finden konnten – versah Sbarro mit der größten aller Nachkriegs-Personenwagen-Maschinen.

Unter den bekannten Mercedes-Tunern beschäftigt sich in erster Linie die Firma AMG Motorenbau in Affalterbach mit der Leistungssteigerung von DB-Triebwerken. Das Tuning umfaßt alle Phasen bis zur Schaffung reiner Rennmotoren, während der Waiblinger Daimler-Benz-Vertreter Lorinser seine Kunstfertigkeit auf Aerodynamik, steifere Fahrwerke und Karosserie-Modifikationen konzentriert. Interessant macht eine solche Nebentätigkeit die grundsolide, seriöse Modellpolitik der Daimler-Benz AG. Die Investition in eine nach individuellen Vorstellungen vorgenommene Modifikation, sei es nach rennsportli-

Links: 280 SE – von Crayford in England als Kombi eingekleidet.

Rechts: Heckansicht des Crayford-Estate, der 1977 entstand.

Unten: Ein mit Polyesterzutaten, 16-Zoll-Rädern und Super-Niederquerschnittsreifen »aufgewerteter« 280 SL.

Obere und mittlere Reihe: Die Karosseriefabrik Miesen in Bonn schuf auf Basis der Baureihe 114/115 (einschließlich der Langversion) Krankenwagen, zivile Kombis und Bestattungsfahrzeuge.

Links: Ein auf Malta fotografierter, fachmännisch umgebauter »Strich-Acht«-Pritschenwagen, der noch ein westdeutsches Zollkennzeichen trägt.

Eines von zwei 600-Coupés, die 1965 als Versuchsobjekte auf dem verkürzten Radstand des Großen Mercedes in Sindelfingen entstanden.

Weitaus häufiger war das Gegenteil – die Verlängerung ohnehin nicht zierlicher Mercedes-Limousinen. Diese 450 SE »Custom Phaeton Limousine« ist eine Schöpfung des Horseless Carriage Shop im US-Bundesstaat Florida.

chen Gesichtspunkten oder auch aus ganz anderen Aspekten (so mancher 450 SEL wurde im Auftrag prominenter VIPs in ein kugelsicheres *safety car* verwandelt), war durch langfristige Modellkonstanz stets gerechtfertigt.

Mit dem 450 SLC 5.0 wurden indessen neue Zeichen gesetzt. Und die neue Typenfamilie 190 (W 201), 1983 der Öffentlichkeit vorgestellt, markierte einen Durchbruch, den Anfang einer Epoche, deren Verlauf in einem weiteren Band dieser Reihe zu beschreiben ist.

In Serie gingen sie nicht, die futuristischen Flügeltürer mit Kreiskolbenmotor, aber als rollende Labors erbrachten sie wichtige Erkenntnisse:

Mercedes-Benz C 111

Die legendären C 111 waren weder Serienmodelle, noch konnte man sie käuflich erwerben. Ihre historische Bedeutung rechtfertigt aber eine eingehendere Betrachtung. Die nach ihrem – vom jeweiligen Verwendungszweck geprägten – Charakter recht unterschiedlichen Versionen des rein werksintern genutzten Hochleistungswagens gingen weit über ein bloßes Prototypenstadium hinaus und stellten in jeglicher Hinsicht voll funktionsfähige und sehr anpassungsfähige rollende Labors dar.

Am 26. Oktober 1961 hatte Daimler-Benz für eine fürstliche Summe, die zu 60 Prozent an die Neckarsulmer NSU Motorenwerke A.G. und zu 40 Prozent an die Wankel GmbH, München, ausbezahlt wurde, die Lizenz für die Produktion von Kreiskolbenmotoren über 50 PS Leistung erworben. Den Wankel-Triebwerken schien eine vielversprechende Zukunft bevorzustehen, waren sie doch konventionellen Hubkolbenmotoren bezüglich Drehfreudigkeit, Vibrationsfreiheit, Kompaktheit und in der geringen Anzahl bewegter Bauteile um Längen voraus. Vorerst waren allerdings noch Probleme mit den Dichtelementen zwischen dem Läufer, der die Form eines gleichseitigen Bogendreiecks besaß, und der Laufbahn des Gehäuses, aber auch der immer wieder auftretende Ärger mit den Zündkerzen zu bereinigen. Tatsächlich faßte man nach den mit Drei- und Vierscheibenaggregaten gewonnenen Erfahrungen in Untertürkheim zunächst eine Ausrüstung der Oberklasse-Nachfolgegeneration der siebziger Jahre mit Kreiskolbenmotoren näher ins Auge. Soweit sollte es freilich nie kommen.

Im Jahre 1968 fiel in der Daimler-Benz-Versuchsabteilung der Entschluß, der Straßenerprobung des bereits hochentwickelten Kreiskolbenmotors einen besonderen Akzent zu verleihen, wobei mehrere Fliegen mit einer Klappe geschlagen werden konnten: Das Wankel-

triebwerk sollte einige in Einzelanfertigung hergestellte Grand-Tourisme-Coupés motorisieren, die als universelle Hochgeschwindigkeits-Versuchsträger auch dem Experimentieren mit einer Vielzahl weiterer Komponenten dienen konnten – Versuchen mit Radaufhängungen, Antriebselementen, neuen Karosseriewerkstoffen und aerodynamisch optimierten Formgebungen. Das Projekt, das unter der werksinternen Wagennummer W 101, später C (für Coupé) 101, rangierte, stand unter der Leitung von Dr. Hans Liebold.
Im Februar 1969 waren die Konstruktionszeichnungen fertiggestellt, wobei man erstmals computergestützt gearbeitet hatte. So war die Belastbarkeit tragender Elemente – beispielsweise die Dimensionierung und Formgebung der beiden in Windschutzscheibenrahmen und Heckscheibenverkleidung integrierten Überrollbügel – mit einem Rechnersystem ermittelt worden. Dieser Computerverbund entstammte der Zusammenarbeit mit dem amerikanischen Elektronikkonzern IBM und nannte sich nach seiner Arbeitsweise ESEM (Elasto-Static-Element-Methode). Dieses Verfahren wurde gleichzeitig bei der Entwicklung eines Großserientyps, der Baureihe W 116, angewandt.
Die Erstellung eines Pilotmodells der GT-Miniserie dauerte keine zwei Monate: Ende März 1969 war der erste C 101 fertig. Dieses Fahrzeug entsprach in seinem Äußeren nicht dem gekonnt gestylten Konzept, für das man eine Karosserie aus glasfaserverstärktem Kunstharz vorgesehen hatte. Diese Aufbauten gab man bei der Waggonfabrik Rastatt in Auftrag, die über einschlägige Erfahrungen verfügte, aber die in Handarbeit zu fertigenden Karosserien nicht innerhalb weniger Wochen liefern konnte. So versah man den ersten der Projektwagen – alsbald unter Insidern treffend als »Hobel« bezeichnet – mit einem selbstgeschneiderten Aluminiumgewand, das nicht etwa, wie von Journalisten angenommen, der Tarnung diente, sondern als reiner Notbehelf anzusehen war.
Dieser provisorisch eingekleidete Versuchswagen drehte am 1. April 1969 auf dem Oval der Untertürkheimer Einfahrbahn erste Proberunden; zwei Wochen später erschien das unförmige und in seinem Finish naturgemäß sehr ruppig geratene Auto mit seinen Vätern Liebold und Uhlenhaut erstmals auf öffentlichen Straßen. Am 2. Mai 1969 wurden im Hockenheimer Motodrom Hochgeschwindigkeitsversuche angestellt, die ein nicht in jeder Situation befriedigendes Fahrverhalten an den Tag brachten. Eine Überarbeitung des Fahrwerks erschien noch vor der offiziellen Vorstellung des Wankel-Coupés am Platze.
Bei der IAA im September 1969 bildete das rassige Laborfahrzeug die unbestrittene Attraktion, die – genährt durch längst durch die Fachpresse geisternde offizielle und offiziöse Meldungen, aber auch romantisierte Gerüchte – mit vielfältigen Hoffnungen und Sehnsüchten verbunden war. Was in Frankfurt auf dem Mercedes-Benz-Stand die

Oben: Der C 111-II von 1970 besaß einen Vierscheiben-Wankelmotor.

Links: Das ursprüngliche Dreischeiben-Aggregat, als Mittelmotor ausgelegt.
Unten: Boxenstop des C 111-III in Nardo.

Im C 111-IID war vor der Hinterachse ein Fünfzylinder-Diesel mit Garrett-Turbolader und offener Auspuffanlage eingebaut.

Der C 111-III diente der noch effektiveren Weiterführung der Diesel-Rekordfahrten im süditalienischen Nardo. Ein Unterfangen, mit dem dezente Werbe- und Presseaktionen unternommen wurden.

Massen anzog, war jedoch keineswegs ein 300 SL-Nachfolger. Obwohl die Idee einer kommerzialisierten Kleinserie in der Vorstandsetage kurz ventiliert worden war, blieb man in Untertürkheim – auch gegenüber Blankoschecks – standhaft und beließ den Status der reinen Experimentalstudie. Auch die Wunschvorstellung, Daimler-Benz würde zum hochkarätigen Motorsport zurückkehren und sich mit dem Wankel-Coupé, das nach Anhang J des FIA-Sportgesetzes als Sport-Prototyp der Gruppe 6 definiert oder bei einer Mindeststückzahl von 25 Exemplaren als Sportwagen der Gruppe 4 einzustufen gewesen wäre, um die Marken-Weltmeisterschaft bewerben, erwies sich als trügerisch. Gegen die Lola T 70, Ferrari P4 und Mirage-Ford hätte das schwäbische Mittelmotor-Coupé auch bei einer beträchtlichen Leistungssteigerung kaum Chancen gehabt. Als 1970 gar der Porsche 917 ins Renngeschehen eingriff, wäre das Kräfteverhältnis noch ungünstiger ausgefallen.

Ein Wettbewerbseinsatz war von den Schöpfern des Projekt-Sportwagens auch niemals beabsichtigt gewesen. Vielmehr lautete die klar umrissene Aufgabenstellung, daß alle Charakteristika eines seriennahen Straßenfahrzeugs – jegliche Komfortattribute wie Geräusch- und Wärmeisolierung oder ein leistungsfähiges Heizungs- und Belüftungssystem sowie Laufruhe und eine hohe Lebenserwartung – zu erhalten seien. Exakt nach dieser Vorgabe war der C 111 entstanden, der noch vor seiner öffentlichen Vorstellung eine geänderte Typenbezeichnung annehmen mußte: Peugeot hatte alle dreistelligen Ziffernfolgen mit einer Null in der Mitte als geschützte Warenzeichen angemeldet und bei Daimler-Benz prompt Einspruch erhoben. So entstand die paradoxe Situation, daß eine bereits existierende Wagennummer ein zweites Mal vergeben wurde: Auch die Sechszylinder-Limousinen der »Flossengeneration« und die davon abstammenden Coupés aller Motorisierungsstufen trugen den 111er Code.

Die GFK-Karosserie, die bereits das zweite C 111-Exemplar der Miniserie aufwies, war aus Gründen der Steifigkeit mit der aus dem Rennwagenbau entlehnten stählernen, zusammengeschweißten Rahmenbodenanlage vernietet und verklebt. Die riesigen, kammerartigen Seitenholme der Bodengruppe nahmen die beiden 60-Liter-Tanks, die als Sicherheits-Treibstoffzellen ausgebildet waren, auf. Das Styling resultierte in einer extremen Keilform und wies keinerlei Ähnlichkeiten mit der Linienführung existierender Mercedes-Serienmodelle auf – sieht man von den übergroßen LKw-Sternen auf dem Lufteinlaß des flach abfallenden Bugs und am brutal abgeschnittenen, senkrechten Heckabriß ab. Die Silhouette ließ die Leistungsfähigkeit des Wagens erahnen und gab sich genauso atemberaubend wie etwa die Stilistik eines De Tomaso Mangusta oder Maserati Ghibli. Wie das 300 SL-Coupé – dort war Rücksicht auf den voluminösen Gitterrohrrahmen zu nehmen – verfügte auch der C 111 zwangsläufig über nach oben öffnende Flügeltüren, die durch die Breite der Kastenprofile der Rahmenlängsträger bedingt waren. Doppelte Klappscheinwerfer und gewaltige Lufteinlässe vor den Hinterrädern trugen zur aggressiven Note bei. Bei aller Rasse stießen aber die hohe Gürtellinie und die mäßigen Sichtverhältnisse durch das sehschlitzartige, senkrechtstehende Heckfenster auf die Kritik der Fachjournalisten, die den C 111 in Hockenheim probefahren durften. Der Innenraumkomfort ließ mit Ausnahme des winzigen, durch die Auspuffanlage aufgeheizten Kofferabteils im Wagenheck jegliches Flair eines kompromißlosen Wettbewerbsfahrzeugs vermissen und entsprach den Anforderungen, die man an ein teueres, exklusives Hochleistungscoupé stellte.

Der wassergekühlte Kreiskolbenmotor war vor der Hinterachse angeordnet und bestand aus drei Arbeitseinheiten mit je 600 ccm Kammervolumen. Als der C 111 in Frankfurt präsentiert wurde, absolvierte jedoch längst ein Vierscheiben-Wankelmotor seine Prüfstandsläufe. Der Dreischeiben-KKM besaß Läufer aus Stahlguß, während das Gehäuse aus Leichtmetall bestand und eine galvanische Innenbeschichtung der Trochoidenbahnen mit der hochverschleißfesten Legierung Nikasil (Nickel-Silizium-Karbid) erhalten hatte. Das Verdichtungsverhältnis betrug 9,3:1. Die Gemischaufbereitung bestand in einer mechanischen Direkteinspritzung mit Bosch-Dreistempelpumpe. Je eine Gleitfunkenkerze pro Brennraum – ursprünglich war eine Doppelzündung vorgesehen – wurde von einer Transistorzündanlage versorgt. Das Rotationskolbentriebwerk, das nur 150 Kilogramm wog und nach der üblichen Umrechnungsformel einem 3,6-Liter-Hubkolbenmotor entsprach, leistete bei 7000/min 280 PS. Hohe Drehzahlen gehörten zum Handwerk – unter 5000/min tat sich nicht viel. Selbst auf der Autobahn mußten die Testfahrer häufig zum Schaltknüppel greifen, um das Leistungspotential der Wagen auszunützen.

Deshalb war die Ausstattung mit einem ZF-Fünfganggetriebe, das allerdings nur zäh und unpräzise zu schalten war, unerläßlich. Die Hinterachse entsprach zunächst der neu abgestimmten Schräglenkeraufhängung der Baureihe W 114/115. Die ersten scharfen Runden in Hockenheim wiesen jedoch schnell die Grenzen dieses Systems auf, das bei dem gehörigen Schub des Triebwerks starkes Übersteuern nicht verhindern konnte. Die »Diagonal-Pendelachse« wurde durch eine experimentelle Querlenkeraufhängung mit Schubstreben à la Formel 1 ersetzt. Die Geometrie der Vorderradaufhängung entsprach bereits weitgehend der der späteren Baureihe W 116. Die firmentypische Kugelumlauflenkung fand auch im C 111 Verwendung, da sie mit einer befriedigenden Exaktheit arbeitete. Vier innenbelüftete Scheibenbremsen waren den Fahrleistungen des Wankel-GT, dessen Höchstgeschwindigkeit mit 270 km/h angegeben wurde, jederzeit gewachsen.

Insgesamt wurden von der ersten Serie des C 111 – einschließlich des »Hobels« – sechs Exemplare gebaut, die heute im Depot des Werksmuseums in Fellbach stehen oder als Leihgaben in Automuseen zur Schau gestellt werden.

Bereits nach einem Dreivierteljahr ging der C 111 in die zweite Generation: Im März 1970 wurde beim Genfer Salon der C 111-II vorgestellt, der vor allem eine erheblich modifizierte Karosserie und ein stärkeres Triebwerk besaß. Die Silhouette war im Windkanal aerodynamisch

Der C 111-IID hatte in Nardo drei Weltrekorde und 16 internationale Klassenrekorde aufgestellt und dabei Durchschnittsgeschwindigkeiten von über 250 km/h erreicht.

Links: Der aerodynamisch weiterhin optimierte C 111-IV war mit seinem flugzeugähnlichen Äußeren ein typisches Rekordfahrzeug.

Rechts: Der V8-Ottomotor des C 111-IV wurde von zwei Turboladern der Firma Kühnle, Kopp & Kausch zwangsbeatmet und leistete 500 PS.

optimiert worden: Der vordere Lufteinlaß lag nun tiefer, die Sicht nach hinten hatte durch ein filigraneres Heckstyling stark gewonnen. Die Gürtellinie lag nun deutlich tiefer, die Fensterflächen waren größer. Die Linienführung war gefälliger geworden, im ganzen wirkte der C 111-II zierlicher als sein reichlich bulliger Vorgänger. Durch eine neue Auspuffanlage konnte man nun einen mit 250 Liter Fassungsvermögen gar nicht so kleinen Kofferraum vorweisen. Die »Schlafaugen« wurden nun elektrisch statt mechanisch betätigt. Der Tankinhalt war auf insgesamt 120 Liter vergrößert worden.

Natürlich hatte der C 111-II den Vierscheiben-Wankelmotor erhalten, der im Baukastenprinzip durch Anhängen einer weiteren Arbeitseinheit entstanden war. Die Exzenterwelle war nun fünf- statt viermal gelagert. Die Verwendung einer Vierstempel-Einspritzpumpe ergab sich aus der Erweiterung des Motors, der mit 2400 ccm Kammervolumen einer konventionellen 4,8-Liter-Maschine entsprach. Bei einem Gewicht von 180 Kilogramm war das Nachfolgetriebwerk nur unwesentlich schwerer geworden.

350 PS leistete der Vierscheiben-Wankel bei 7000/min. Das Höchstdrehmoment war von 30 auf 40 mkg gestiegen und stand jetzt bereits bei 4000 gegenüber 5000/min zur Verfügung. Damit erreichte der C 111-II laut Werkangabe eine Spitze von über 300 km/h und beschleunigte in 4,8 Sekunden von Null bis 100 km/h, obwohl das Coupé mit 1300 Kilogramm keineswegs ein Ultraleichtgewicht darstellte.

Auch die zweite Generation dieser Versuchsträger absolvierte sechsstellige Zahlen an Testkilometern. Danach erhob sich die Frage nach der Zukunft dieses Konzepts. Die Lösung lag in der Energiekrise der Jahre 1973/74, die das endgültige Aus für die Wankel-Aktivitäten der Daimler-Benz A.G. bedeuteten. Benzinverbrauch und einfache Anpassung an Emissionsbestimmungen zählten nicht zu den Tugenden der Rotationskolbenmotoren. Zudem blieb die langfristige Zuverlässigkeit – gemessen am hohen Mercedes-Standard – bis in die Endphase der Versuche fraglich. Damit endeten alle Erwägungen einer »offiziellen« Kleinserie.

Vom C 111-II waren nur zwei Exemplare entstanden: Der jüngere der beiden Wagen steht heute im Daimler-Benz-Werksmuseum, der andere wurde im Jahre 1976 einer neuen Aufgabe zugeführt. Als C 111-IID wurde er – um den Mercedes-Fünfzylinder-Dieselmotor zu propagieren – als Rekordbrecher im süditalienischen Nardo eingesetzt. Mit einem Dreiliter-Turbodiesel versehen, der 190 PS abgab, verbesserte der Wagen mit der Seriennummer 031, die nicht Teil einer fortlaufenden Bezifferung war, am 12. Juni 1976 alle 16 internationalen Geschwindigkeitsrekorde für Dieselfahrzeuge und stellte mit 252,249 km/h den Weltrekord über 10 000 Kilometer auf.

Weitere ausgesprochene Rekordwagen auf Basis des C 111 folgten, die aber mit Straßenfahrzeugen nur noch wenig gemein hatten: 1977 war die Entwicklung eines weiteren Diesel-Bestzeitjägers abgeschlossen, dessen Karosserie aus Polyesterharz mit Kohlefaserzwischenlagen bestand und durch Textilglasmatten verstärkt war. Die Formgebung war vom Einsatzzweck diktiert worden und wies den extrem niedrigen Luftwiderstandbeiwert c_w = 0,183 auf. Die Räder waren vollverkleidet, das Wagenheck wurde von einer senkrechten, leitwerkartigen Stabilisierungsflosse beherrscht. Der Fünfzylinder-Diesel ver-

fügte über einen Garrett-Turbolader, der mit 2,1 bar Ladedruck arbeitete. Ein Ladeluftkühler senkte die Temperatur der komprimierten Luft von 180 auf 80 Grad und war in erster Linie für die Leistungssteigerung verantwortlich: Der potente Oiler gab bei 4200/min 230 PS ab.
Am 30. April 1978 stellte dieser C 111-III, von dem zwei Exemplare entstanden waren, in Nardo neun absolute Weltrekorde auf, z. B. über 500 Kilometer einen Schnitt von 321,86 km/h. Die schnellste Runde wurde mit 327,3 km/h durchfahren. Dabei lag der mittlere Verbrauch bei 16 Liter pro 100 Kilometer – angesichts der Leistung wahrlich ein genügsamer Wert!
War der Diesel nun auch bei einem leistungsorientierten Publikum hoffähig geworden, so galt es ein Jahr später, ein noch markanteres Mal zu setzen: Der als Einzelstück konzipierte C 111-IV war dazu ausersehen, den – inoffiziellen, da von der FIA nicht anerkannten – Rundenstrecken-Weltrekord nach Untertürkheim zu holen. Diese Bestleistung war letztmalig 1975 von Mark Donohue mit einem rund 1000 PS leistenden Porsche 917/30 in Talladega, dem schnellsten Rundkurs der Welt im US-Bundesstaat Alabama, auf 355,854 km/h geschraubt worden. Mit einer noch konsequenteren Stromform, doppeltem »Seitenruder« und auftriebseliminierenden horizontalen Front- und Heckspoilern war die kohlenstoff- und borfaserverstärkte GFK-Karosserie des C 111-IV weit von der Grundform eines herkömmlichen Automobils entfernt.
Als Antriebsquelle diente der auf 4,8 Liter aufgebohrte V8-Motor des 450 SE, dem zwei KKK-Turbolader bei 6200/min 500 PS entlockten. Das Vorhaben gelang auf Anhieb: Wiederum auf der Kreisbahn von Nardo verbesserte der C 111-IV am 5. Mai 1979 mit seinem »Vater« Dr. Hans Liebold am Steuer den Rundstreckenrekord beträchtlich auf 403,978 km/h und brach – sozusagen als Nebenprodukt – gleich noch vier vom C 111-III aufgestellte Bestleistungen.
Wenn auch der Wankelmotor in eine – zumindest vermeintliche – Sackgasse geführt hatte, so erschlossen die Versuchsreihen mit dem C 111 doch neue Wege in der Fahrwerkstechnik, eröffneten Anwendungsbereiche neuer Werkstoffe und brachten neue Erkenntnisse auf dem Gebiet der Aerodynamik. Die Coupés mit der prägnanten Typenbezeichnung wurden zur Legende, ehe sie anzustauben begannen.